# 标准化绩效管理

## 规程与案例

（中 册）

标准化绩效管理改革课题组

人民出版社

# 目 录



## 上篇 标准化绩效管理规程

# 下篇 标准化绩效管理案例

## 制度案例

## 指标案例



## 改进案例

## 附录　相关领导在标准化绩效管理现场观摩会上的讲话

# 前　言

党的十八大将推进国家治理体系与治理能力现代化作为全面深化改革的总目标，对政府职能转变、深化行政管理改革提出了新的要求。近年来，一些地方和部门在这方面进行了不少有益探索，尝试将绩效管理、标准化管理等的现代管理理论和技术方法引入行政管理领域，这些探索“借鉴西方绩效管理的经验，又不单纯停留在制度移植与照搬层面”①，已经成为令人瞩目的创新实践。

但从我国管理实践和理论的发展路径来看，行政部门治理体系和治理能力现代化之路尚处于起始阶段。比如在推进绩效管理方面，“由于政府绩效内涵的复杂性、参与主体的多元性以及利益诉求的差异性，政府绩效管理理论和技术方法的相对缺乏使得我国政府绩效管理在摸索中前行”②。怎样将西方现代管理理论、方法植入中国行政管理实际，怎样实现现代管理与传统管理的有机融合，是我国行政部门管理理论和实践发展需要破解的重要瓶颈之一。

2013 年底，河北省财政厅积极应对各种压力和挑战，以时任厅党组书记、厅长高志立同志为组长的厅标准化绩效管理改革领导小组，深入分析外部形势及内部情况，深刻把握行政管理的客观规律及发展趋势，以建立持续激发干部内生动力的长效机制为目标，借鉴国内外先进经验，凝聚广大干部职工的集体智慧，创造性地把标准化管理、绩效管理等现代管理理念和方法引入行政管理，努力构建客观公正的制度环境和自强不息的人文环境。历经数年的改进完善，初步构建起一种植根我国行政部门管理实际，融合现代管理理论、方法及技术和中国传统管理优秀思想的标准化绩效管理体系，走出了一条独具特色的改革创新之路。初步实现了规范行政管理、提高行政效能、激发队伍活力、转变工作作风的效果，不仅解决了行政部门管理中的一系列问

---

① 高小平、盛明科、刘杰：《中国绩效管理的实践与理论》，《中国社会科学》2011 年第 6 期，第 4—14 页。
② 方振邦、葛蕾蕾等：《政府绩效管理》，中国人民大学出版社 2012 年版，第Ⅰ—Ⅱ页。

题，更打破了传统管理理念和思维模式，为推动事业科学发展提供了强大动力。

河北省财政厅的成功实践，是治理体系和治理能力现代化的具体探索和生动实践，为我国行政管理改革与创新提供了新的模板，为标准化管理、绩效管理等现代管理理论的“中国化”注入了新的活力。为全景展示这一现代行政管理模式的管理理念、实践经验，以及较为成熟的操作流程、技术和方法，我们编写了这套《标准化绩效管理》，包括“理念与实践、规程与案例、软件操作手册”上、中、下三册。

本册是“规程与案例”篇，从实际应用入手，用标准化管理的理念和方法系统总结实际工作中比较成熟的做法，既注重框架、逻辑、方法的阐述，又力求较强的可操作性。全书共分“标准化绩效管理规程、标准化绩效管理案例”两部分。其中，规程部分用图文并茂的方式全景展现标准化绩效管理各个环节的基本内容、职责分工、工作流程，详细说明每个步骤的工作要求和注意事项，并全面系统地梳理了各个角色的职责、权限以及管理中应把握好的一些重点问题；案例部分系统梳理了河北省财政厅标准化绩效管理制度体系，选取了部分绩效指标，并介绍了标准化绩效管理推进过程中重点研究的一些问题。

希望通过规程和案例的介绍，带读者一起“走进绩效”，置身标准化绩效管理体系之中；带读者一起“体验绩效”，切身经历标准化绩效管理的全过程，让大家这一现代管理模式有一个清晰、全面、客观的认识和理解，为“做好绩效”打下坚实基础。

**标准化绩效管理改革课题组**

2016 年 7 月

# 上篇

## 标准化绩效管理规程

# 第一章 标准化绩效管理体系概述

标准化绩效管理是以标准化为基础、以“四环节”为核心、以沟通为主线、以信息系统为支撑、以结果应用为保障的全过程管理（见图1－1）。“四环节”即绩效计划、绩效监控、绩效考评、绩效改进；“一主线”即将绩效沟通贯穿管理全过程，强调全员参与、民主决策，管理过程环环相扣、紧密相连、持续运转，形成自我改进、自我优化、自我完善的有机循环系统。

## 第一节 标准化绩效管理的基础要件

### 一、职能优化和流程再造

职能优化就是按照改革要求调整理顺内部机构的职能，明晰各单位（处室）职责任务，解决内部机构重叠、职能交叉、衔接断档等问题。业务流程再造就是在分解和诊断原有业务流程的基础上，重新设计管理过程，全面确认作业流程。通过流程再造，明确每一项业务如何运作，涉及因何而做、由谁来做、如何去做、做到什么程度、做完了传递到哪等几个方面的问题，简化办事程序、缩短办事时限、提高办事效率。

### 二、建立健全岗责体系

岗位职责是指一个岗位所要求的需要去完成的工作内容以及应当承担的责任范围。通过建立健全岗责体系，明确岗位设置，清晰界定单位（处室）和岗位的工作职责、工作内容、工作权限，综合考虑工作量和工作难度，以事定岗、以岗定责，科学编写职责明确、权责协调的岗责体系和任职资格体系，实现人员、能力与工作任务合理匹配。

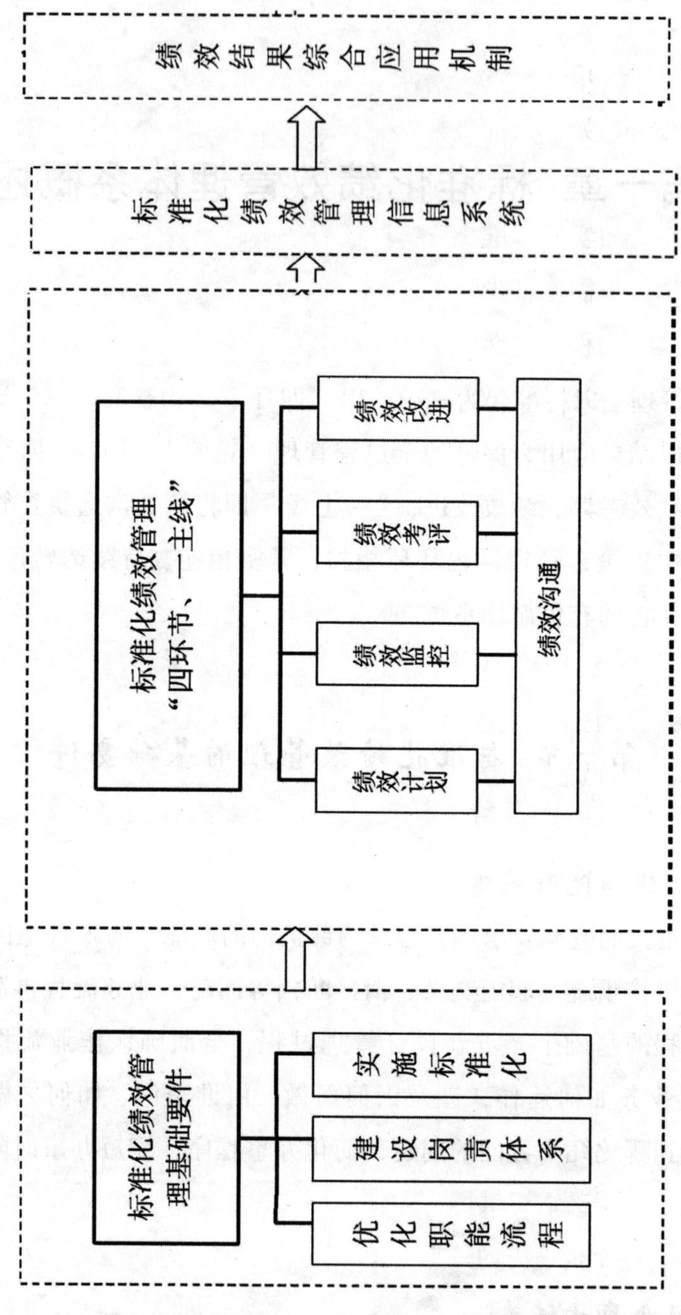


图 1－1　标准化绩效管理体系框架图

### 三、全面实施标准化管理

标准化管理是在机关内部行政管理活动中，依照ISO9000系列标准对重复性事务制定、发布和实施“标准”，实现行政管理行为的规范统一，以获得最佳的管理秩序和管理效能。通过全面实施标准化管理，将各项业务管理流程以标准化制度的形式固定下来，明确每项工作需要多少环节、每个环节的时间和质量要求是什么等内容，实施全过程控制，建立起秩序井然、高效运转的内部管理机制，实现“全员、全覆盖、全过程”的管理，为标准化绩效管理夯实基础。

## 第二节　标准化绩效管理的基本环节

标准化绩效管理以“目标引导、过程控制、持续改进、整体提升”为特征，对部门内各单位（处室）及其工作人员政策执行、岗位履职、目标完成等方面进行全面系统的管理，管理内容涵盖工作各个方面和环节，包括基本职责、要点工作、创新工作、上级部署工作、特别加扣分项目、单位党风廉政建设和个人德勤廉情况等。从流程来看，标准化绩效管理以组织战略目标为起点，由绩效计划、绩效监控、绩效考评、绩效改进四个相互联系、相互依存的核心环节组成的循环系统，并以绩效沟通为贯穿全过程的主线，环环相扣，协调运转，实现持续改进、螺旋上升（见图1－2）。其“四环节”的主要流程和工作内容包括（见图1－3）：

### 一、绩效计划

绩效计划是标准化绩效管理的起点和管理循环中的首要环节。制定绩效计划就是各级领导干部和广大干部职工共同讨论确定，在一个管理周期（一般为1年）内应该完成什么工作和达到什么程度的过程，也就是确定绩效目标指标、约定完成标准的过程。每年年初，各单位（处室）依照本部门战略目标、年度工作要点和岗位职责，以标准化管理为基础，通过全员参与、双向沟通来设定一致认同的绩效目标，并按照“目标导向，指标支撑”的原则，将每个目标分解细化成符合实际的若干绩效指标，从而形成单位（处室）和岗位（个人）绩效计划，达成目标共识。单位（处室）绩效计划来源于两大渠道：第一，将部门年度目标（从部门中长期战略目标分解形成）分解为单位（处室）年度目标，提炼出单位（处室）关键绩效指标（KPI），纳入单

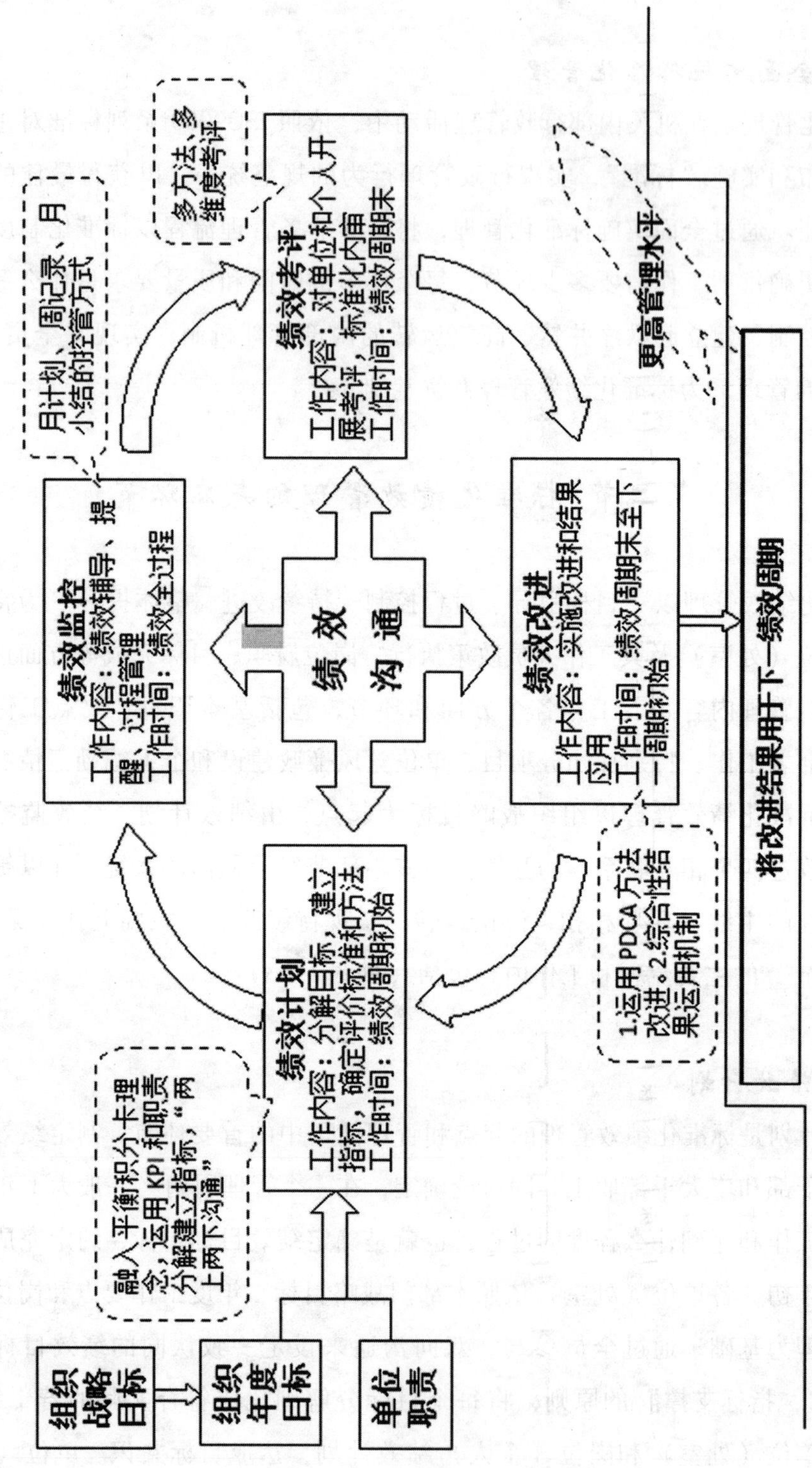


图 1－2　标准化绩效管理循环图

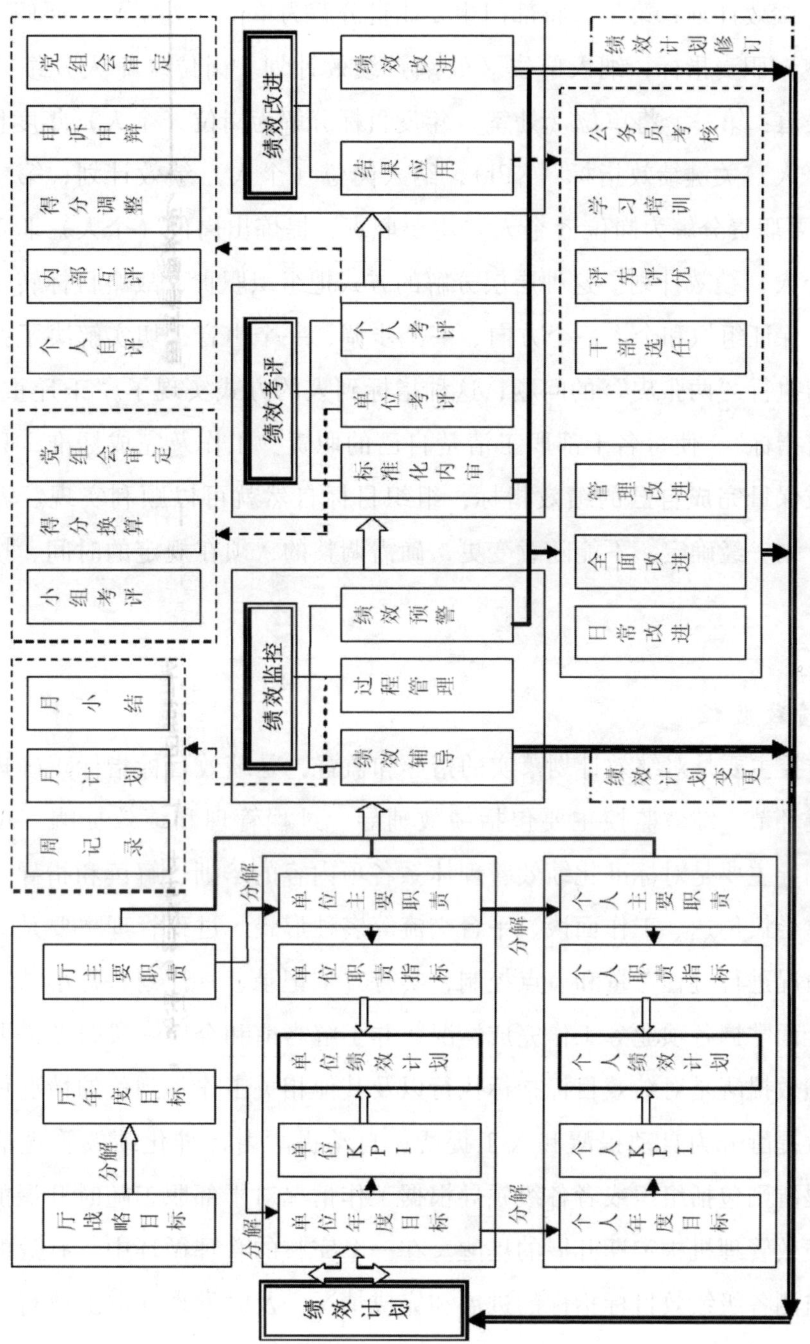


**图1－3　绩效管理核心流程“四环节”分解图**

位（处室）绩效计划；第二，将部门主要职责分解为单位（处室）主要职责，提炼出单位（处室）职责指标，纳入单位（处室）绩效计划。岗位（个人）绩效计划也来源于两大渠道：第一，将单位（处室）年度目标分解为岗位（个人）年度目标，提炼出岗位（个人）关键绩效指标（KPI），纳入岗位（个人）绩效计划；第二，将单位（处室）主要职责分解为岗位（个人）主要职责，提炼出岗位（个人）职责指标，纳入岗位（个人）绩效计划。这种层层分解的方式把组织职责、战略目标转化为个人的自觉行动，保证组织和个人一个方向、一个步调、一个声音，切实解决了指令层层衰减、计划与执行“两张皮”的问题；这种指标到人的方式实现了“千斤重担众人挑，人人头上有指标”，使每名干部职工清楚自己的职责、工作及完成标准，只要大家都能按时保质保量完成自己的绩效指标，组织目标自然就可以顺利实现。需要说明的是，绩效计划一经确定，不能随意变更，确需调整的，须在规定的时间、按规定的程序变更。

## 二、绩效监控

绩效监控主要是对绩效计划落实的指导和监督，是绩效目标指标正确理解和有效执行的关键环节。绩效监控主要包括绩效辅导、过程管理和绩效提醒三项内容。其中：绩效辅导主要是对标准化绩效管理体系各项内容的培训、解读和指导，方式包括业务培训、会议传达、工作面谈、平台交流等多种形式。过程管理主要是对绩效目标指标执行情况进行过程考量和节点控制，实行“周记录、月计划、月小结”的控管模式，可以全面掌握各项业务工作完成情况，并了解当前和今后一段时期需要开展的业务工作。绩效提醒是对绩效目标指标执行以及其他相关工作不到位的情况做出提醒或督导。绩效提醒分为自动提醒和人工提醒，自动提醒由标准化绩效管理信息系统实现；人工提醒则包括组织或者各级领导根据工作情况对干部职工随时开展的提醒，以及标准化绩效管理机构定期开展的提醒。在一个完整的管理循环中，有效的绩效监控可以全面监测各级绩效目标指标的进展和完成情况，及时发现并解决执行过程中出现的问题与偏差。

## 三、绩效考评

绩效考评是绩效管理的重要内容和实现手段。主要内容是运用系统、科学的方法，按照事先约定的标准，测量和评定单位（处室）和岗位（个人）的工作行为、效果及其贡献和价值。绩效考评一般分为“考评准备”、“岗位（个人）及单位（处室）考评”、“考评结果生成”三个阶段，其中“考评准备”包含制发考评工作方案、制发考评清单等基本内容，“岗位（个人）及单位（处室）考评”包含岗位（个人）考评、单位（处室）考评等内容，“考评结果生成”包含得分生成、考评结果展示等内容。按考评周期划分，绩效考评分为季度考评和年度考评。绩效考评是否科学、合理、公正、可行，从整体上决定着标准化绩效管理的水平与效果。

### 四、绩效改进

绩效改进既是绩效管理的目的，也是绩效结果的应用。主要内容是针对绩效考评和标准化内审发现的问题，进行跟踪、汇总、分析和改进，形成螺旋上升的开放式管理循环。绩效改进包括业务改进和体系改进。业务改进又分为管理过程中的日常改进和绩效考评后的全面改进。体系改进是对标准化绩效管理体系各个方面、各项内容不断进行自我优化和完善，确保能够持续符合组织需求、形势变化和现实需要。正是通过不断的绩效改进，推动业务工作和管理体系持续检验校正、优化完善，从而实现标准化绩效管理水平的螺旋式上升。

### 五、绩效沟通

绩效沟通是标准化绩效管理的灵魂与主线，贯穿于管理各个环节，是整个管理中耗时最长，也最为关键、最能产生效果的过程。这个过程的逻辑关系是反复的绩效咨询与绩效解答，并在每个环节都有不同的沟通目的和内容，每次完成沟通后还需详细登记沟通情况。比如，在绩效计划环节，采取“两上两下”方式，组织和个人之间、各级领导和干部职工之间就指标体系及评价标准进行反复沟通商讨，达成一致、形成共识；在绩效监控环节，组织和各级领导通过绩效辅导、“周记录、月计划、月小结”审核、绩效提醒等方式，与干部职工进行即时沟通；在绩效考评环节，组织和个人之间、各级领导和干部职工之间通过申辩申诉、公示展示等方式及时沟通考评进展情况；在绩效改进环节，组织和个人、各级领导和干部职工共同针对绩效考评结果，分析存在问题，制定改进措施。一言以蔽之，标准化绩效管理追求组织和个人、各级领导和广大干部职工之间的广泛合作和持续沟通，通过上下级共同努力实现部门战略目标。

## 第三节 结果应用及技术支撑

### 一、结果应用

结果应用是标准化绩效管理运行的重要保障。坚持正向激励为主，鞭策加压为辅，综合应用绩效考评结果：正向激励主要是将绩效考评结果作为单位评先评优、年度考核以及其他奖励的主要依据，同时作为个人选拔任用、轮岗交流、评先评优、年度考核、学习培训、目标绩效奖励以及其他奖励的主要依据；鞭策加压主要是对绩效考评成绩连续多年排名靠后或退步明显的单位和个人给予公示或约谈的惩戒措施。

### 二、技术支撑

标准化绩效管理信息系统是实现“精细化设计、便捷式操作”的重要技术支撑。这一系统以标准化绩效管理为核心，集行政办公、核心业务办理为一体，可以实现标准化绩效管理过程科学、简易、高效，绩效结果相对客观、真实、可信。

## 第四节 组织机构与职责分工

### 一、组织机构

标准化绩效管理组织架构分为“决策、议事、组织实施和具体执行”四个层级。

a）党组会为决策机构。

b）标准化绩效管理改革领导小组（以下简称领导小组）为议事机构，下设标准化绩效管理改革领导小组办公室（以下简称绩效办），绩效考评期间设立考评小组、监督小组。

c）绩效办、人事教育处、监察专员办公室、机关党委、考评小组、监督小组为组织实施机构。

d）各单位（处室）为具体执行机构。

## 二、职责分工

a）党组会负责研究审定标准化绩效管理制度、绩效考评结果等重大事项。具体包括：审定标准化绩效管理制度办法、绩效考评结果及其他需要研究审定的重大事项。

b）领导小组负责全厅标准化绩效管理工作指导和重要事项审定。具体包括：组织、协调、督导标准化绩效管理工作，研究审定绩效计划、加扣分项目、绩效计划变更、申诉事项、标准化绩效管理体系改进等重要事项。

c）绩效办履行领导小组日常管理职责，负责标准化绩效管理工作的组织实施、审核督导和协调服务；人事教育处负责对个人德勤的考评；监察专员办公室负责对各单位（处室）党风廉政建设和个人廉的考评；机关党委配合监察专员办公室开展对各单位（处室）党风廉政建设和个人廉的考评；考评小组负责对各单位（处室）及其主要负责人工作完成情况的考评和对其他工作人员考评情况的核查。其中：

* 绩效办承担领导小组办公室日常工作；起草、修订和解释标准化绩效管理制度办法；起草发布绩效计划编制指导意见，组织各单位（处室）及其工作人员编制绩效计划，汇总审核绩效目标指标初稿，组织编写涉及多单位（处室）指标，组织录入绩效目标指标；组织开展对单位（处室）的绩效辅导、过程管理和绩效提醒；组织开展绩效考评；组织开展对各单位（处室）的绩效分析、诊断和整改提升，汇总标准化绩效管理运行过程中的意见和建议，提出解决方案；负责标准化绩效管理信息系统业务需求的修改完善和流程优化；负责标准化绩效管理业务培训和工作调研；领导交办的其他工作。

* 人事教育处负责起草、修订和解释德勤考核评价办法；组织对个人德勤的考评；提出相关特别扣分具体建议及证明材料；制订绩效结果应用相关配套制度并组织实施。

* 监察专员办公室负责起草、修订和解释党风廉政建设考核评价办法；组织对各单位（处室）党风廉政建设和个人廉的考评；提出相关特别扣分具体建议及证明材料。

* 机关党委负责配合监察专员办公室开展对各单位（处室）党风廉政建设和个人廉的考评；制订绩效结果应用相关配套制度并组织实施。

* 考评小组负责实施对各单位（处室）及其主要负责人的绩效考评；审核确认

各单位（处室）工作人员考评数据资料真实性、准确性；汇总考评结果。

＊各单位（处室）负责本单位（处室）及其工作人员标准化绩效管理的执行。具体包括：组织落实本单位（处室）标准化绩效管理工作，编制本单位（处室）及其工作人员绩效目标指标，负责本单位（处室）工作人员绩效辅导、过程管理和绩效提醒，采集录入和分析本单位（处室）及其工作人员绩效指标执行数据，审核本单位（处室）工作人员指标考评数据的真实性、准确性，汇总提交绩效考评结果，提供特别加扣分项目资料，配合调查涉及本单位（处室）的申辩申诉事项，负责本单位（处室）及其工作人员的绩效分析、诊断和整改提升，其他标准化绩效管理工作。

# 第二章 标准化绩效管理的基础要件

标准化绩效管理需要建立在科学规范的管理基础之上，层次分明的组织架构、权责匹配的岗责体系、规范的业务流程和操作标准、明确的过程节点和控制规则，都是实施绩效管理的重要基础。因此，推行标准化绩效管理，必须以夯实基础要件为前提。

## 第一节 基础要件概览

### 一、主要内容

主要包括三项内容：

a）优化内部机构职能和业务流程；

b）建立完善的岗责体系；

c）编制标准化管理体系文件。

目的是实现岗位不叠加、职责不缺失、业务不漏项、环节有链接，为推行标准化绩效管理铺就“高速路”。

### 二、职责分工

a）人事教育处负责机构优化、组织岗责体系建设工作。

b）办公室、核心业务单位（处室）负责流程再造工作。

c）绩效办负责标准化管理的组织实施。

d）各单位（处室）负责本单位（处室）流程再造、岗责体系建设及标准化管理体系文件的编写工作。

## 第二节 职能优化和流程再造

### 一、职能优化

a）人事教育处根据改革要求、形势变化等，研究提出包括机构设置、职能调整、编制和领导职数配置、人员安置等相关内容的意见建议。

b）报经厅党组研究同意后，报省编委办审批。

c）接到省编委办批复文件后，按规定程序和要求组织实施。

> 例：2014 年，河北省财政厅根据财政职能新定位和财税体制改革整体要求，按照上下对口、配置科学、协调制衡的原则，对厅机关 9 个内设机构进行了调整，充分考虑工作任务的难易程度和工作量，合理划分职权和责任，相对均衡配置职责，同时建立健全了决策权、执行权、监督权相互衔接、相互制约的运行机制，有效解决了部门内部职责交叉、机构重叠、衔接断档等问题，明晰了职责任务。

### 二、流程再造

由核心业务单位（处室）会同办公室，组织各单位（处室）系统梳理各项业务流程，在分解和诊断的基础上，重新设置管理环节，明确管理责任，简化办事程序、缩短办事时限，提高工作效率。

> 例：2014 年以来，河北省财政厅制定了预算管理业务流程和职责划分规范，按照预算编制、执行、调整、决算、监督、公开的基本流程进行框架设计，涵盖每项流程的具体业务；建立了深化改革、依法行政等 17 项重大事项协调机制，使各单位（处室）的职责更加清晰，协调配合更加顺畅；制定了以内部控制基本制度为核心、10 个专项风险防控管理办法为主要内容的一整套内控制度，有效防范了在政策制定、资金管理、财务运转等过程中的风险点。

## 第三节 岗责体系建设

人事教育处组织各单位（处室）根据“三定方案”确定的单位（处室）职责，明确岗位设置，清晰界定单位（处室）和岗位的工作职责、工作内容、工作权限，综合考虑工作量和工作难度，以事定岗、以岗定责，逐岗位编写《任职资格和标准书》。《任职资格和标准书》由单位（处室）主要负责人审核、人事教育处复核后，报经党组会研究通过后印发执行。

> 例：2014 年以来，河北省财政厅按照“以责设岗、因岗定标、人岗匹配”的原则，对厅内各单位的部门职责、岗位设置、任职资格和标准进行认真研究，通过制作模板范例、印发通知、现场指导等形式，全力推进岗责体系设置工作。经过“四上四下”的修改完善，逐步健全了岗责体系，全厅共设置 411 个岗位，明确了岗位职责、任职资格和标准（任职资格和标准书事例见表 2－1）。

**表 2－1　河北省财政厅办公室秘书科长岗《任职资格和标准书》**

<table>
<tr><td>岗位代码</td><td colspan="3">Cztgz_ Bgs_ mskzg</td><td>岗位名称</td><td>秘书科长岗</td></tr>
<tr><td>直接上级</td><td colspan="3">分管工作副主任岗</td><td>直接下级</td><td>综合文字岗</td></tr>
<tr><td>主要联系部门</td><td colspan="5">对内：省厅各单位（处室）<br>对外：财政部办公厅、省委办公厅、省人大办公厅、省政府办公厅、省政协办公厅、市县财政局等</td></tr>
<tr><td>岗位职责</td><td colspan="5">1. 负责协助主任、副主任牵头综合文字、政务信息、督查督办工作；<br>2. 负责主笔起草厅主要负责同志重大综合文字材料；<br>3. 完成领导交办的其他工作。</td></tr>
<tr><td rowspan="12">任职资格和标准</td><td rowspan="6">必备素质技能</td><td>政治素养</td><td colspan="3">拥护中国共产党的领导，政治立场坚定，具有履行岗位职责所需要的理论水平</td></tr>
<tr><td>职业操守</td><td colspan="3">遵纪守法，廉洁奉公；忠于职守，勤勉尽责；办事公道，服务群众；举止得体，形象良好</td></tr>
<tr><td>知识水平</td><td colspan="3">大学本科以上学历；掌握党的基本理论知识；掌握基本的财经法律法规</td></tr>
<tr><td>基本技能</td><td colspan="3">熟悉公文处理流程，具备机关日常公文写作能力和利用计算机处理公务的能力</td></tr>
<tr><td>执行能力</td><td colspan="3">具备一定的学习、研究和创新能力；能够领会上级意图，掌握贯彻执行的方法，服从和执行上级依法做出的决定和命令；具备沟通协调能力和团队合作意识</td></tr>
<tr><td>身心条件</td><td colspan="3">具备正常履行职责的身体条件；具有心理调适能力和抗压能力</td></tr>
<tr><td rowspan="6">岗位所需素质技能</td><td>专业素质</td><td colspan="3">1. 具有较强的保密意识；2. 具有较强的服务意识；3. 具有较强的原则性</td></tr>
<tr><td>专业技能</td><td colspan="3">1. 具有扎实的财政学、经济学理论基础；2. 熟悉财政工作各环节业务；3. 能够准确把握党的方针政策；4. 具有较高的综合文字水平</td></tr>
<tr><td>创新能力</td><td colspan="3">善于分析新情况，提出新思路，解决新问题，结合实际创造性地开展工作</td></tr>
<tr><td>工作经验</td><td colspan="3">具有 2 年以上基层工作经历</td></tr>
<tr><td>资格证书</td><td colspan="3"></td></tr>
<tr><td>其他要求</td><td colspan="3">必须为中共党员，一般每年培训的时间不少于 12 天</td></tr>
</table>

## 第四节　编制体系文件

绩效办组织各单位（处室）依据各自职责、按照国际通行的质量管理标准，梳理工作任务清单、编制作业指导书（业务流程）等标准化管理体系文件，为标准化绩效管理提供严密规范的“高速轨道”和节点控制规则。

标准化管理体系文件包括管理手册、程序文件、作业指导书等。其中，管理手册由绩效办组织编写，管理者代表审核，部门主要负责人批准；程序文件由有关单位（处室）负责编写，分管厅领导批准；作业指导书由各单位（处室）负责编写，所在单位（处室）主要负责人批准。

>例：河北省财政厅《请示汇报作业指导书》

1 目的

为提高效率，规范请示汇报工作程序，制定本作业指导书。

2 适用范围

适用于厅领导、厅各单位和各市县财政局日常工作请示、领导干部外出请示以及重大事项的处理请示等。

3 依据文件

《河北省财政厅工作规则》（冀财办［2012］9号）。

4 术语和定义

无。

5 职责

各位厅领导、厅各单位负责各自职权范围内请示汇报等相关工作。

6 作业要求

6.1 一般性要求

a）厅领导、厅各处室、单位根据工作性质、工作流程和权限做好日常工作的请示汇报：

-分管厅领导向厅主要负责同志请示汇报工作；

-厅各单位向分管厅领导请示汇报工作；

-各市县财政局向厅领导、厅内各单位请示汇报工作。

b）请示汇报工作应遵守逐级上报的原则：

一般情况下，不准越级请示工作，不准一事多头请示；遇特殊情况需越级请示的，事后要向上一级有关领导说明情况。

c）一般事项在工作时间内请示，重大紧急事项可即时请示；

d）日常请示以《厅内情况报告》书面请示为原则；重大紧急事项或来不及书面

请示的，可以当面或电话请示。

－请示工作前应深入了解，充分掌握情况；

－请示工作应有的放矢，简明扼要；

e）多个单位先后向同一位厅领导当面请示工作时，每个单位原则上不超过15分钟。

6.2 具体要求

6.2.1 厅领导请示汇报

a）各位分管厅领导对所分管工作的主要情况和重大问题，要及时向厅主要负责同志报告；

b）各位分管厅领导对所分管工作遇有重大问题或应当由厅长决定的事项，要及时提出意见，请示厅长审定；

c）厅长认为需要与有关同志商定或召开会议决定的，商定或会议研究后决定。

6.2.2 厅内各单位请示汇报

a）厅内各单位副职对所分管的工作要每月向正职汇报；

b）厅内各单位副职对所分管的工作遇有重要问题或需要由正职审定的事项，要即时提出意见，请示正职审定；

c）厅内各单位负责人认为需要召集本单位人员集体研究或请示分管厅领导审定的，组织会议研究或报请批准。

6.2.3 各市县财政局向厅领导、厅内单位请示汇报

a）应根据要求，做好日常的请示汇报工作；

b）遇有重要事项需当面请示汇报时，应至少提前一个工作日进行预约，其中：须向厅领导当面请示汇报时，应和厅办公室主任或厅长值班室联系预约；须向厅内各单位当面请示汇报时，应和相关单位负责人联系预约。

6.2.4 参加会议、活动请示汇报

a）厅内各单位负责人代表省财政厅参加上级机关及有关部门召开的会议，除会议期间对涉及决策的重大问题及时请示外，会后应在3个工作日内向分管厅领导汇报会议主要内容；对需要我厅办理的事项，应在3个工作日内提出具体意见，及时向分管厅领导或厅主要负责同志请示。

b）厅内各单位负责人到上级机关汇报工作，应至少提前1个工作日向分管厅领导或厅长请示，事后要在3个工作日内向分管厅领导或厅主要负责同志汇报情况。

6.2.5 厅领导、各单位负责人出差、出国（境）请示汇报

a）各位分管厅领导出差，应至少提前1个工作日请示厅主要负责同志批准，并将到达地点、联系方式、回机关时间等告知厅长值班室；

b）厅内各单位负责人出差，应至少提前1个工作日请示分管厅领导和厅主要负责同志批准，并告知厅办公室；出差返回后，1个工作日内告知厅办公室并向分管厅领导汇报出差办理的事项，重要工作要在3个工作日内提交书面汇报材料；

c）厅领导、厅内各单位人员出国（境），按规定报批。遵守《出国（境）管理作业指导书》。

6.2.6 财政部、其他省市财政厅（局）和省直其他部门来人请示汇报

a）财政部司局级以上领导来我省视察指导工作或其他省市财政部门领导到我省学习考察，负责对应联系接待单位应至少提前1个工作日向分管厅领导或厅主要负责同志汇报，并与厅办公室主任沟通有关情况；

b）财政部副部级以上领导来省视察指导工作，由厅办公室负责向省政府报告；

c）省直其他部门来厅办事，需面见厅领导的，由厅办公室主任或厅长值班室即时向有关厅领导请示后办理。

7 相关文件

a）《出国（境）管理作业指导书》ZY120－004－2016；

b）《内部沟通控制程序》CX04－2016。

8 相关记录

《厅内情况报告》ZYJL101－048。

# 第三章 绩效计划

绩效计划是标准化绩效管理的起点和管理循环中的首要环节。这一环节的主要工作是，通过“两上两下”的核心流程，将各项目标任务转化成绩效目标指标，约定完成标准，明确责任人员，达成目标共识，编制形成《单位（处室）绩效计划》和《岗位（个人）绩效计划》。绩效计划实质是通过持续的双向沟通，组织和个人之间就战略目标达成的一种契约。

## 第一节 绩效计划概览

### 一、计划内容

编制完成的绩效计划具有明显的树状结构（见图 3－1），自上而下按层级排列包括绩效目标和绩效指标。

绩效目标是编制绩效指标的依据，包括年度工作任务和预期目标。

绩效指标是绩效目标的具体化，按管理级次分为部门（一级）指标、单位（二级）指标和岗位（三级）指标，主要内容来源于基本职责、要点工作、上级部署工作等，并设立特别加扣分项目。其中，单位（处室）要点工作由部门年度工作要点分解形成，体现为单位（处室）指标中的要点指标；单位（处室）上级部署工作由省委、省政府和上级部委部署工作分解形成，未列入要点工作的部署工作体现为单位（处室）指标中的部属指标；单位（处室）基本职责由本单位（处室）固有的工作职责和各单位（处室）共同承担的工作职责组成，分别体现为单位（处室）指标中的基础指标和共性指标。

各单位（处室）绩效指标基础分为 1000 分，个人绩效指标基础分为 100 分，单项指标分值由基础分乘该指标权重得出。

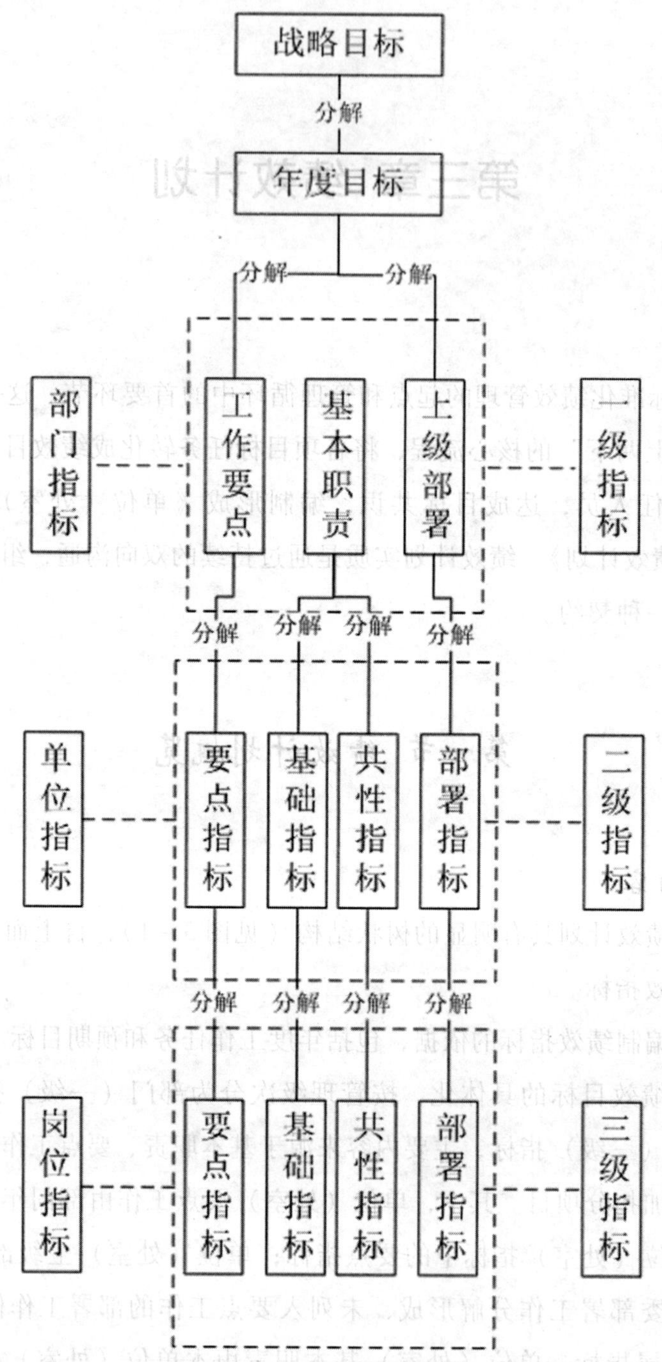


图 3－1 绩效计划构成内容示意图

## 二、指标要素

单位（二级）指标、岗位（三级）指标由指标编码、指标名称、指标释义、指标类型、考评周期、考评标准及评价方法、标准依据、数据来源等八要素构成。

**a）指标编码**

统一为三段格式，即“BM（GW）－×××－××”。第一段标示指标管理级次，单位（处室）指标为BM，岗位指标为GW；第二段标示指标所属单位（处室）；第三段标示指标序号。

**b）指标名称**

指对指标对应工作内容、性质的界定，使用主谓结构短语或名词表述。

**c）指标释义**

指对指标对应工作的解释说明，表述应清楚准确、言简意赅，涵盖指标对应工作全部内容。

**d）指标类型**

包括日常型、阶段型和年度型。日常型指标对应重复性、短期可考量的工作，阶段型指标对应年内某一时间段开展的工作，年度型指标对应持续开展的工作。

**e）考评周期**

分为季度和年度。季度对应日常型指标，年度对应阶段型、年度型指标。

**f）考评标准及评价方法**

指以时间、质量、数量三个维度具体表述的指标评价尺度及考评采取的方式方法。时间、质量和数量应分别明确占指标分值比重（百分比），原则上质量比重高于时间、数量比重。

**g）标准依据**

指通过上级要求、同行业先进水平、历史水平三个方面来准确表述考评标准来源。

**h）数据来源**

指考评数据的采集方式，分为审核评价和系统获取。审核评价指通过人工审核形成考评数据，应列明被考评对象需提供的具体内容；系统获取指从各类信息系统中提取考评数据，应列明系统名称、需提取的具体内容。

### 三、职责分工

**a）领导小组**

负责审定年度绩效计划、绩效计划变更等事项。

**b）领导小组成员单位**

负责涉及多单位（处室）绩效指标的星值评定工作。

**c）绩效办**

负责起草发布绩效计划编制指导意见，组织各单位（处室）及其工作人员编制绩效计划，汇总审核绩效目标指标初稿，组织编写涉及多单位（处室）指标，组织录入绩效目标指标等工作。

**d）涉及多单位绩效指标责任单位（处室）**

负责编制、修订涉及多单位（处室）绩效指标。

**e）各单位（处室）及其工作人员**

负责编制本单位（处室）及其工作人员绩效目标指标。

## 第二节 编制要求

### 一、计划编制基本要求

**a）指标内容全面系统**

覆盖工作任务和职责的所有重要方面和关键领域，并根据其关联性、协同性实现指标的有效衔接。

**b）指标分解细致规范**

以标准化管理体系文件为基础，将目标内容分解到最小的执行单元，定量与定性相结合，能量化的量化，不能量化的细化、流程化。

**c）指标设定准确实用**

概念清晰明确，表述简单易懂，数据可采集、可监控、可查验、可追溯。

**d）指标标准科学合理**

以“跳一跳、摘得到”为原则，参照上级要求、同行业先进水平和历史水平，从时间、质量、数量等多个维度合理设定标准。

## 二、计划编制“八要”

**a）单位（二级）指标设置要全面系统**

各单位（处室）的单位（二级）指标对应本单位（处室）工作职责和分工，应覆盖所有上级部署工作、要点工作和基本职责。同时，指标要分类清晰，避免互相包含、交叉混淆；要高低一致，确保在同一个“辈分上”；要大小适中，对过散过细的指标，要进行必要的归纳整合。

**b）岗位（三级）指标分解要科学合理**

岗位（三级）指标对应具体工作事项，应选择单位（二级）指标的关键环节和工作重点，按照工作岗位分解，确保逻辑清楚，并实现对单位（二级）指标的完全支撑。

**c）指标名称要简短准确**

采用主谓结构短语（名词 + 动词）或名词格式。如果需要界定的内容较多，应放在指标释义中。

**d）指标类型和考评周期要呼应**

日常型指标每季度终了组织考评；阶段型、年度型指标每季度终了考评关键节点，年度终了组织整体考评。指标类型填写“季度型”，考评周期填写“季度”；指标类型填写“阶段型”“年度型”，考评周期填写“年度”。

**e）考评标准及评价方法要可考**

标准高低要适宜，遵循“跳一跳、摘得到”原则，参考上级要求、同行业先进水平、历史水平，合理设置。评价标准和方法要“客观明确”，准确衡量单位（处室）或个人的努力程度。时间方面要选择“6 月 5 日前完成”“收到财政部通知 30 日内”“每月 5 日前”等清晰标准，不应使用“及时、按时、准时”等形容词描述；质量方面要选择“文件正式印发”“通过领导小组审定”“通过厅领导审签”“正式上线运行”“在评审（定）工作中取得 95 分（优秀等次）以上成绩”等可准确衡量的标准，不应使用“科学、合理、全面、规范、准确、逻辑清楚”等形容词描述。

**f）设置计划节点要选对**

要选择“报送省委省政府（或国家部委）”“报厅长办公会研究”“报厅领导审签”“送需求单位（处室）测试”等有明确时间要求、阶段性工作完成并且可取得客观证明材料的关键环节为节点，不应选择“开展调研、统计分析、测算、完成初稿”

等本单位（处室）内部自主掌握的工作阶段作为计划节点。

**g）标准依据要准确有据**

上级要求应具体明确、量化可比；同行业先进水平应标明具体单位和经验做法；历史水平应以前三年工作情况为基准；依据文件应列明名称、文号。

**h）数据来源要可操作**

数据来源要与考评标准一一对应，清楚标示“谁提供”“提供什么”“谁审核”。其中，“审核评价”类应列明被考评对象或相关责任单位（处室）需提供的时间、质量、数量方面的具体证明材料，“系统获取”类应列明系统名称、需提取的具体内容。

## 三、指标编制“八不要”

**a）工作要点指标不要丢**

年度工作要点中涉及本单位（处室）的所有工作不要漏项，应全部列入单位（二级）指标，并分解为相应的岗位（三级）指标。

**b）指标不要“避重就轻”**

指标内容要实现对指标的完全支撑，不要“帽子”大内容小。

**c）涉及多单位指标不要自行设置**

对于涉及多个单位（处室）的指标，指标设置和分配不要“各自为政”，应采用责任单位（处室）统一设置的指标要素，并按照统一规则分配到分管副职和责任人员。

**d）基础指标基本框架不要打破**

各单位（处室）基础指标对应日常工作，不要进行过多调整，应在上一年度基础指标基础上，进一步优化完善，保持指标基本框架的连续性。

**e）指标维度不要少**

原则上每项指标的时间、质量和数量标准都要设定，一般情况至少明确 2 个维度。

**f）标准依据不要空**

各指标“上级要求”“同行业先进水平”“历史水平”“文件依据” 4 个方面的标准依据一般都不要填写“无”或空白，必须充实完整。

**g）指标执行数据责任不要混淆**

各级指标执行数据的提供责任、审核责任、复核责任不要混淆。单位（二级）指标执行数据的审核可表述为“被考评对象按照序时进度或时间节点要求，通过月小结上传××××、××××等资料，考评小组审核，形成指标考评数据”；岗位（三级）指标执行数据的审核可表述为“被考评对象按照序时进度或时间节点要求，通过月小结上传××××、××××等资料，单位（处室）负责人审核，考评小组复核，形成指标考评数据”。

**h）责任人员不要交叉**

单位（二级）指标的分管副职、岗位（三级）指标的责任人员，原则上不能为多名人员。其中，单位（二级）指标只能对应一名分管副职；岗位（三级）指标确实无法完全拆分的，可按工作实际由多名人员承担。

## 第三节　计划编制主要流程

绩效计划以绩效办编制下发《绩效计划编制指导意见》（以下简称《指导意见》，也可以为通知等形式）为启动标志，以绩效计划录入标准化绩效管理信息系统为最终节点，一般历时1－2个月，于每年第一季度结束前全部完成。其中，“两上两下”是绩效计划编制的核心流程，编制绩效指标内容、评价标准以及确定指标权重是核心内容。（整体流程见图3－2，用虚线划分4个不同阶段）

### 一、计划初拟（“一上”环节）

**a）编制指导**

每年3月1日前，绩效办印发绩效计划编制指导意见，并组织各责任单位（处室）编写涉及多单位（处室）指标。指导意见应包含以下内容：

＊ 制定指标编制规则。每年年初，绩效办在总结经验的基础上，根据形势变化和管理要求，修订指标编制规则、确定绩效目标指标框架、明确绩效指标要素及编制要求、提出绩效计划编制中的注意事项，同时对涉及多单位（处室）指标按实际情况进行调整。

＊ 绩效计划规范性报表表样。绩效办下发绩效指标框架表、单位（二级）指标要素表和岗位（三级）指标要素表表样（见表3－1、表3－2）。同时向责任单位（处室）提供涉及多单位（处室）绩效指标要素表（见表3－3）。

＊ 确定编制流程、时限及要求。指标编制规则及要素分解表确定以后，明确“两

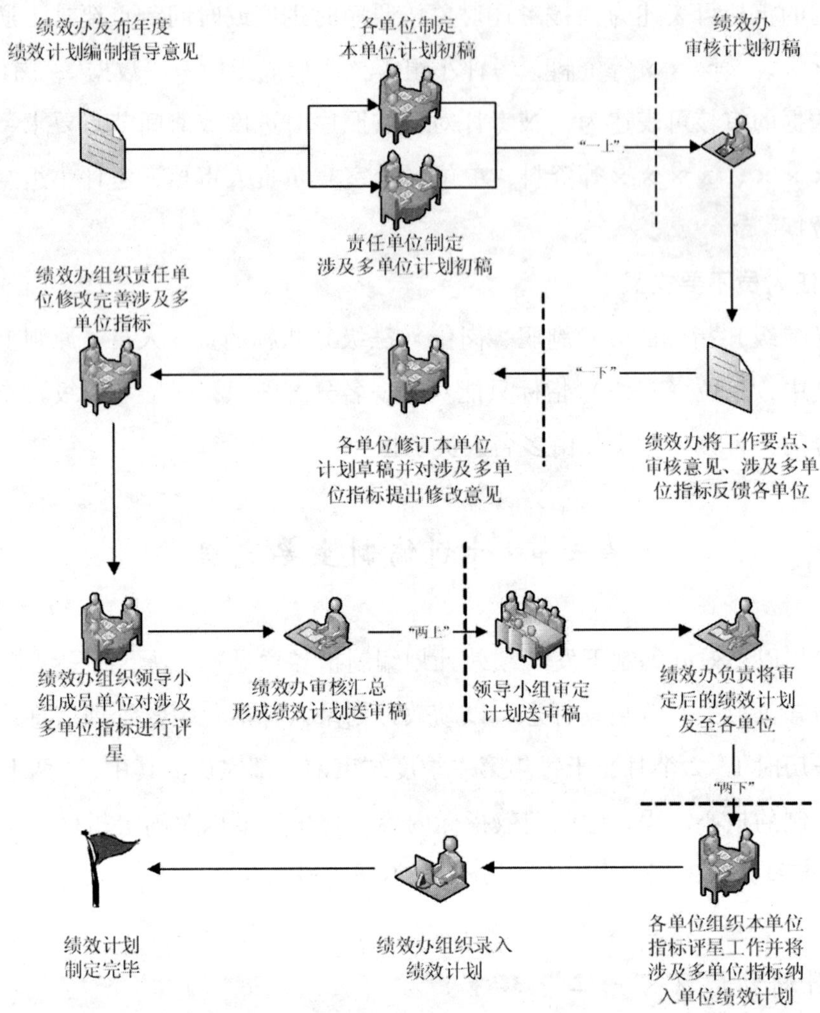


图 3－2　绩效计划编制流程图

上两下”绩效计划编制相关工作时限、要求，以及各级领导的审核责任，起草形成《指导意见》（编制指导流程图见图3－3）。

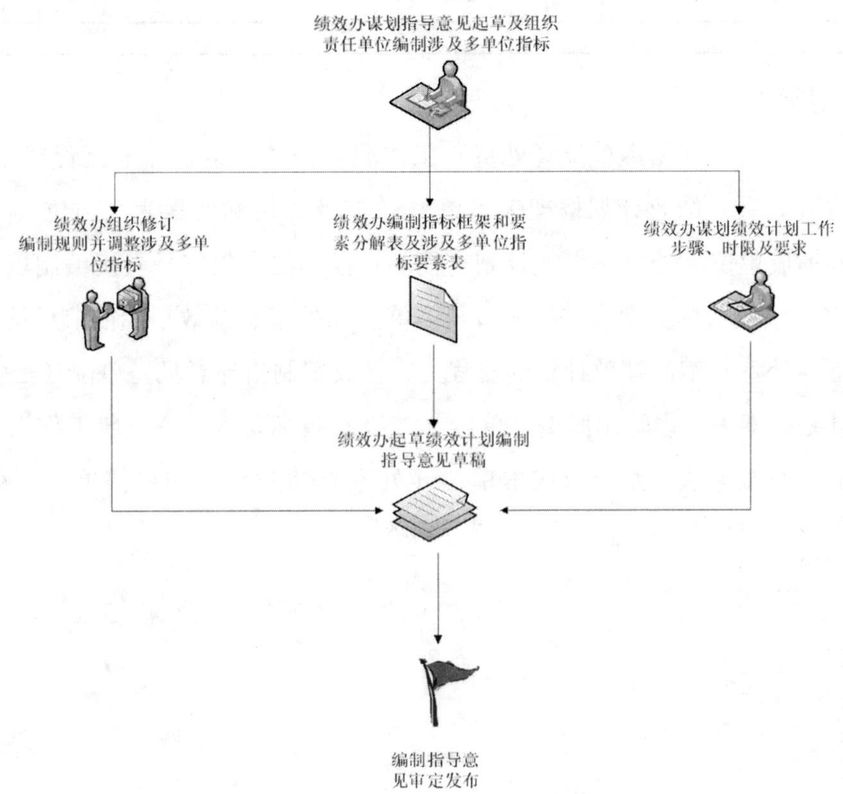


**图3－3　绩效计划指导意见编制流程图**

**表3－1　绩效指标框架表表样**

| 指标类别 | 二级（单位）指标 | | 三级（岗位）指标 | | 承担人员 | 分管副职 | 二级指标星值 |
|---|---|---|---|---|---|---|---|
| | 编码 | 名称 | 节点 | 完成时间 | | | |
| | | | | | | | |

**表3－2　绩效指标要素表表样**

| 指标编码 | 指标名称 | 指标释义 | 指标类型 | 考评周期 | 考评标准及评价方法 | | | 计划节点 | | 标准依据 | | | | 数据来源 | 分管副职/承担人员 |
|---|---|---|---|---|---|---|---|---|---|---|---|---|---|---|---|
| | | | | | 时间方面 | 质量方面 | 数量方面 | 节点 | 完成时间 | 上级要求 | 同行业先进水平 | 历史水平 | 文件依据 | | |
| | | | | | | | | | | | | | | | |

注：单位（处室）指标和岗位（个人）指标表样相同，仅最后一列单位（处室）指标为“分管副职”，岗位（个人）指标为“承担人员”。

表 3－3 涉及多单位（处室）绩效指标要素表表样

| 序号 | 责任单位（处室） | 指标承担单位（处室） | 指标编码 | 指标名称 | 指标释义 | 指标类型 | 考评周期 | 考评标准及评价方法 | | | 标准依据 | | | | 数据来源 | 对应三级指标承担人 |
|---|---|---|---|---|---|---|---|---|---|---|---|---|---|---|---|---|
| | | | | | | | | 时间方面 | 质量方面 | 数量方面 | 上级要求 | 同行业先进水平 | 历史水平 | 文件依据（含标准化文件） | | |
| | | | | | | | | | | | | | | | | |

b）计划起草

各单位（处室）依据本单位（处室）工作职责任务，结合标准化管理体系文件，填写本单位（处室）绩效计划框架表、单位（二级）指标要素表、岗位（三级）指标要素表，形成单位（处室）绩效计划初稿。责任单位（处室）负责编制填写涉及多单位（处室）绩效指标要素表，形成涉及多单位（处室）绩效指标征求意见稿。

各单位（处室）编制绩效计划的流程为：接收编制指导意见→单位（处室）组织编写绩效计划框架表→主管副职编写单位（二级）指标要素表→一般工作人员编写岗位（三级）指标要素表→汇总形成本单位（处室）绩效计划初稿→单位（处室）主要负责人审核。（计划起草流程图见图 3－4）

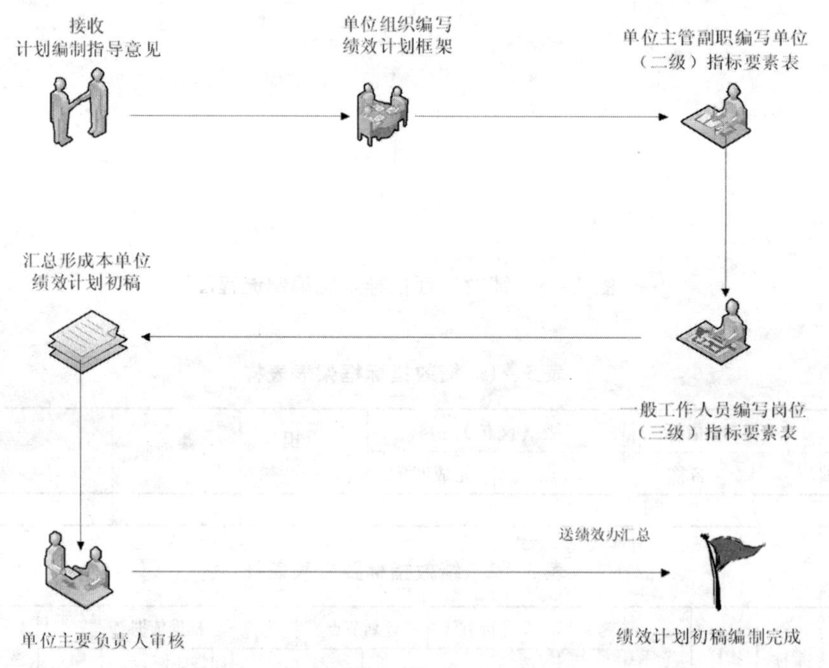


图 3－4 单位绩效计划初稿编制流程图

c）初稿送审

各单位（处室）和责任单位（处室）在绩效计划编制指导意见印发 15 个工作日

内，分别将单位（处室）绩效计划初稿和涉及多单位（处室）绩效指标征求意见稿送绩效办汇总。

## 二、计划初审（“一下”环节）

绩效办汇总各单位（处室）绩效计划初稿后，在5个工作日内完成初步审核，提出修改意见，并对各责任单位（处室）报送的涉及多单位（处室）指标进行汇总，待厅年度工作要点发布后一并反馈各单位（处室）。

审核要求：

> 认真对照绩效目标和一级指标，审核各单位（处室）绩效指标的全面性、完整性、系统性，确保各单位（处室）绩效指标对部门绩效目标指标的全面支撑。

认真对照指标编制规则和“八要八不要”的要求，审核绩效指标的合规性，特别是指标要素的完整性、可行性、可考性。

认真填写《审核意见书》（见表3－4），特别是针对存在问题，提出修订意见建议，按时反馈相关单位（处室）。

**表3－4　审核意见书表样**

| | 指标名称 | 修改建议 | 备注 |
|---|---|---|---|
| 1 | | | |
| 2 | | | |

## 三、计划修订（“两上”环节）

a）**初稿修订**

各单位（处室）在收到审核意见5个工作日内，结合工作要点要求的内容，完成绩效计划初稿的修改完善，同时对涉及多单位（处室）指标提出修改意见，经分管厅领导审定后一并送绩效办。

b）**计划汇总**

绩效办组织各责任单位（处室）修改完善涉及多单位（处室）指标，组织领导小组成员单位（处室）对涉及多单位（处室）指标进行评星，并汇总各单位（处室）绩效计划，形成绩效计划送审稿。

## 四、计划审定（“两下”环节）

**a）计划审定**

涉及多单位（处室）指标和各单位（处室）绩效计划送审稿提交领导小组研究审定。

**b）计划分发**

涉及多单位（处室）指标和各单位（处室）绩效计划送审稿经领导小组审定后，绩效办在3个工作日内分发各单位（处室）。

**c）指标分值（权重）确定**

各单位（处室）及其工作人员绩效指标分值由指标权重乘基础分得出，指标权重采用“五星法”确定。

“五星法”指依据对应工作的重要程度、难易程度和工作量，将指标分别确定为1至5星，其中部属指标、要点指标对应3至5星，基础指标对应1至4星。单项指标权重计算公式为：单项指标权重 = 单项指标设定星数 ÷ ∑各项指标设定星数。单项指标分值的计算公式为：单项指标分值 = （单项指标设定星数 ÷ ∑各项指标设定星数）×1000。其中：

涉及多单位（处室）指标星值确定。涉及多单位（处室）指标由绩效办组织领导小组成员单位（处室）主要负责人按照工作量和难易程度确定指标星值。

单位（处室）其他指标星值确定。由各单位（处室）组织召开处务会对本单位（处室）除涉及多单位（处室）指标的其他各项指标评星。

岗位指标星值确定。工作人员指标分配后，按照个人承担的岗位指标与单位（处室）指标之间的分解对应关系，自动继承单位（处室）指标星数。

**d）计划录入**

各单位（处室）在接到绩效计划3个工作日内，完成绩效指标评星工作，并将涉及多单位（处室）指标纳入本单位（处室）绩效计划。绩效办汇总形成全厅绩效计划，并组织录入标准化绩效管理信息系统（“两下”环节流程简图见图3－5）。

图 3－5　“两下”环节流程图

## 第四节　创新工作认定流程

创新工作认定主要流程为：**项目申报→民主推荐→第三方专业人士评审→厅领导评定→确定备选项目→党组研究→项目认定→发布录入得分**。（见图 3－6）

### 一、项目申报

各单位（处室）于绩效计划下发后，自行选取本单位（处室）创新工作，设置明确的工作目标，填写《创新工作申报审批表》（见表 3－5），附书面申报材料及相关证明材料，送绩效办汇总。

表 3－5　创新工作申报审批表表样

申报单位（处室）：　　　　　　　　　　　　主要负责人（签字）：

| 创新工作 | | | | | | 审批情况 | |
|---|---|---|---|---|---|---|---|
| 项目名称 | 指标编码 | 项目类型 | 预设分值 | 分管负责人 | 承办人员及分值分配 | 厅党组意见 | 备注 |
| | | | | | | | |

### 二、民主推荐

绩效办汇总申报项目，印发各单位（处室）进行民主推荐，每个单位（处室）按照一定比例推荐本单位（处室）以外的申报项目，每个项目获得 1 个单位（处室）推荐记 1 分。

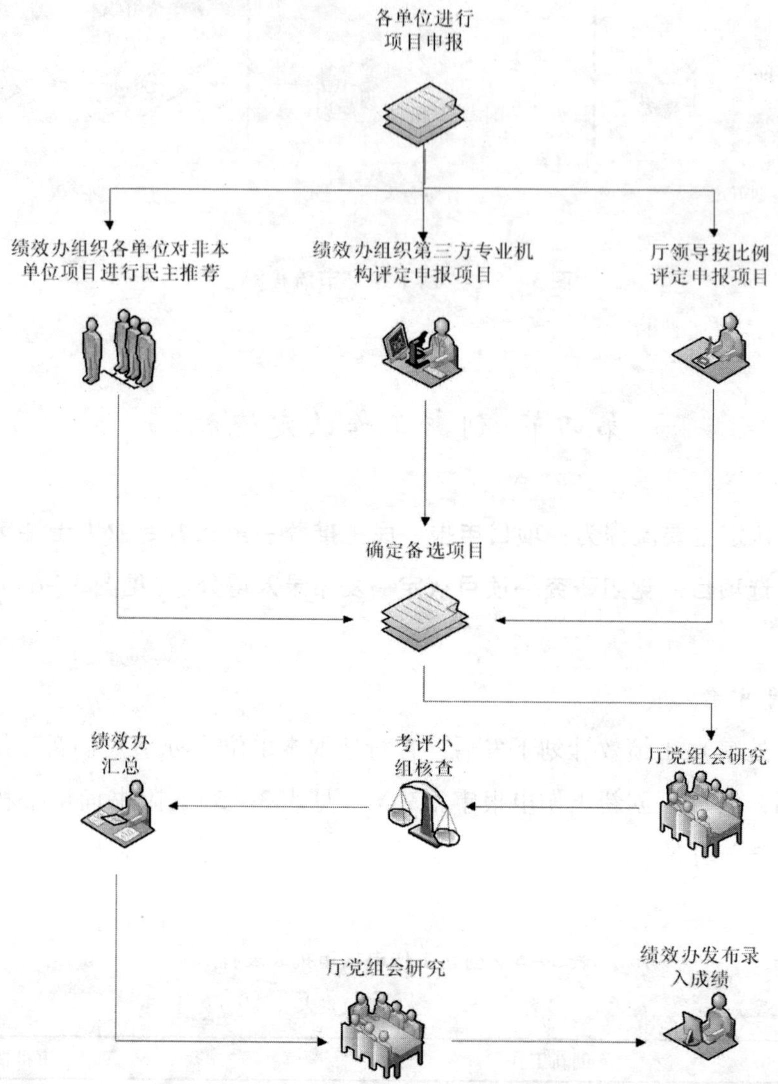


图 3－6 创新工作认定流程图

## 三、第三方评审

绩效办邀请第三方专业人员组建评审小组，采取匿名评审的方式，按照一定比例推荐创新工作，每个项目获得 1 人推荐记 1 分。

## 四、厅领导评定

每位主管厅领导按照一定比例推荐创新工作，每个项目获得 1 人推荐记 1 分；主要厅领导按照一定比例推荐创新工作，每个项目获得 1 人推荐记 1 分。

## 五、确定备选项目

绩效办将申报项目各单位（处室）民主推荐原始得分、第三方专业人员评审原始得分和厅领导评定原始得分，换算成百分制后，按其所占权重计算确定每个项目的综合得分，按照一定比例从高到低确定拟立项的创新工作，报厅党组会研究。综合计分方法为：

申报项目综合得分 = 各单位（处室）民主推荐换算得分 ×30% + 主管厅领导评定换算得分 ×30% + 第三方专业人员评审换算得分 ×20% + 主要厅领导评定换算得分 ×20%。其中：

申报项目各单位（处室）民主推荐换算得分 = 该项目民主推荐原始得分/全部项目民主推荐最高原始得分 ×100

申报项目第三方专业人员评审换算得分 = 该项目评审原始得分/全部项目评审最高原始得分 ×100

申报项目主要厅领导评定换算得分 = 该项目厅领导评定原始得分 ×100

申报项目主管厅领导评定换算得分 = 该项目主管厅领导评定原始得分/全部项目主管厅领导评定最高原始得分 ×100

获得主要厅领导推荐的申报项目直接报厅党组会研究。

## 六、党组研究

厅党组会研究确定年度创新工作和档次。

### 七、项目认定

考评小组在年度绩效考评环节，对创新工作完成情况进行检查核实，接收相关单位（处室）证明材料，送绩效办汇总后报厅党组会研究确定。

### 八、发布及录入

a）创新工作加扣分分值经厅党组确定后，绩效办在标准化绩效管理信息系统上发布加扣分结果等相关情况。

b）全厅年度绩效考评申辩申诉环节结束后，绩效办将认定的创新工作加扣分统一录入标准化绩效管理信息系统。

## 第五节 绩效计划变更

绩效计划确定后，对于厅领导交办、督查督办等重大事项，实行“实时跟踪、月度统计、季度公示、年度考核”管理机制，动态纳入绩效计划。除此之外，原则上年度执行中绩效计划不作调整。确需调整的，在当年 9 月 30 日前由绩效办汇总单位意见报领导小组审定后调整。计划变更主要有 3 种情况（具体流程见图 3－7）。

### 一、临时交办重大事项

因省委、省政府及厅党组年度内新安排部署等原因需调整绩效计划的，按以下程序进行调整：

**a）获取数据**

绩效办负责从办公室、机关党委等渠道实时获取相关事项。

**b）汇总公示**

绩效办负责将每月汇总整理获取的项目数据报厅领导审定，经厅领导审定后每季度进行公示。

**c）指标转化**

对公示无异议的项目，由绩效办按照“添指标法”“添项法”将事项转化为绩效指标。

**d）组织评星**

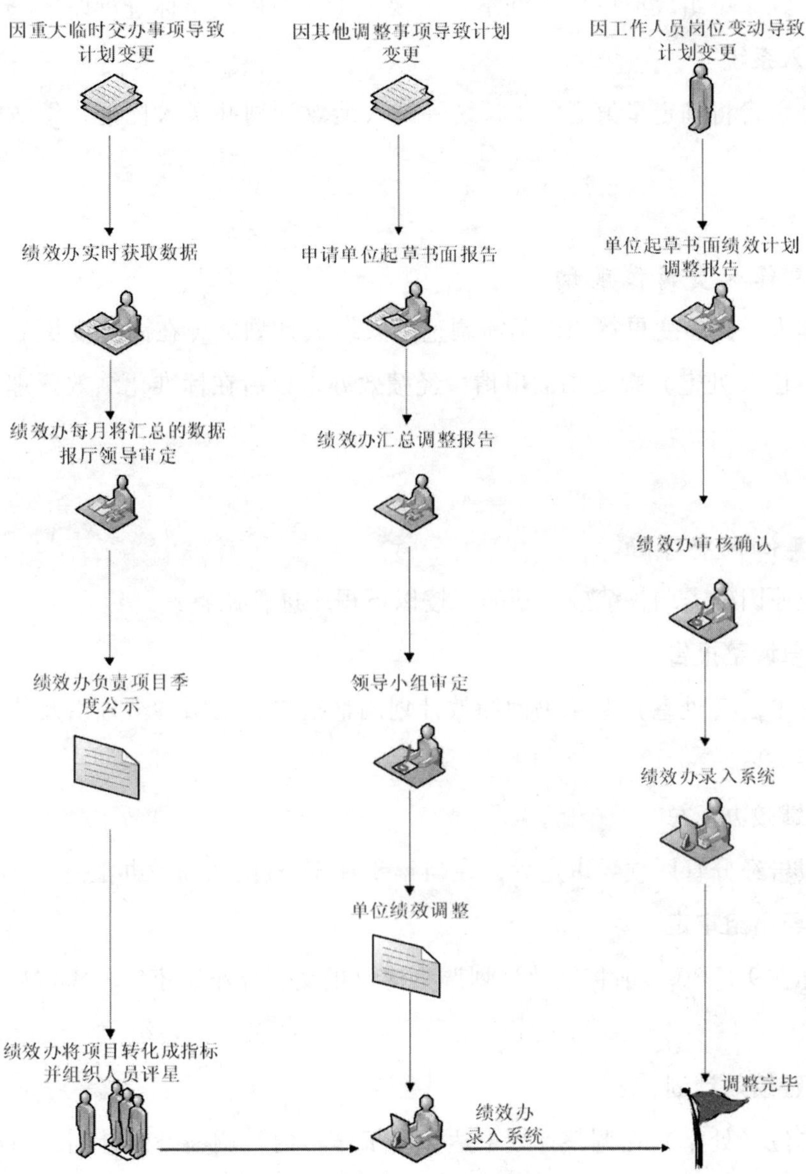


**图 3－7 绩效计划变更流程图**

组织经领导小组成员单位（处室）主要负责人对确定指标进行评星。

**e）录入系统**

绩效办负责将确定星值后的指标统一纳入绩效计划并录入标准化绩效管理信息系统。

## 二、工作人员岗位变动

因工作人员岗位变更等原因确需调整个人绩效计划的，在岗位变更后5个工作日内，由本单位（处室）提交书面申请，经绩效办审核后在标准化绩效管理信息系统中相应调整。

## 三、其他调整事项

因其他原因确需调整绩效计划的，按以下程序进行调整：

**a）起草调整报告**

由调整单位（处室）起草书面绩效计划调整报告，列明调整理由及依据、具体目标指标调整方案。

**b）报绩效办汇总**

调整报告经分管厅领导审定后，在当年8月31日前送绩效办汇总。

**c）领导小组审定**

绩效办在9月30日前将绩效计划调整建议提交领导小组审定，审定后下达调整计划。

**d）调整绩效计划**

申请单位（处室）在调整计划下达3个工作日内，调整绩效计划，将相关信息反馈绩效办。

**e）调整计划录入**

绩效办负责将调整后的绩效计划录入标准化绩效管理信息系统。

# 第四章 绩效监控

绩效监控是连接绩效计划和绩效考评的中间环节，也是标准化绩效管理流程中的关键环节，是通过对绩效计划执行情况进行实时跟踪，实时提醒，及时纠正各种偏差的过程。这种以周为单位记录、以月为周期留痕的监控方式，既保证了动态监控的效果，又将监控的成本降到了最低。

## 第一节 绩效监控概览

### 一、目的和内容

在一个完整的绩效管理闭环运行过程中，有效的绩效监控可以全面监测各级绩效指标的进展和完成情况，及时发现并解决绩效目标实施过程中出现的问题与偏差，从而确保部门绩效目标的顺利实现。有效的绩效监控，不但能够为管理者做出决策提供支持，在监控的过程中，还大大增强了工作透明度。绩效监控对于各级领导干部至关重要，传统管理中的工作调度就属于绩效监控的范畴。绩效监控主要包括绩效辅导、过程管理和绩效预警三项内容。

### 二、职责分工

**a）岗位（个人）**

负责编写个人月计划、周记录、月小结；

负责按照序时进度或时间节点要求，通过月小结上传承担的岗位（三级）指标执行情况的相关证明材料。

**b）单位（处室）分管负责人**

负责单位（处室）分管岗位（个人）的月计划、周记录、月小结的审定；

负责编写个人月计划、周记录、月小结；

负责按照序时进度或时间节点要求，通过月小结上传承担的单位（二级）指标执行情况的相关证明材料；

针对分管岗位（个人）绩效计划执行情况及存在的问题，进行实时提醒和综合提醒。

**c）单位（处室）主要负责人**

负责单位（处室）分管负责人的月计划、周记录、月小结的审定；

负责制定单位（处室）的月计划、周记录、月小结；

负责按照序时进度或时间节点要求，通过月小结上传单位（二级）指标执行情况的相关证明材料；

针对岗位（个人）绩效计划执行情况及存在的问题，进行实时提醒和综合提醒。

**d）绩效办**

负责对计划执行中的共性问题进行统一辅导；

负责对个性问题进行即时辅导；

负责针对单位（处室）绩效计划执行情况及存在的问题，进行实时提醒和综合提醒；

负责定期进行指标数据监控，建立健全并整理保存厅（局）绩效监控档案；

**e）决策层主管领导**

负责审定分管单位（处室）的月计划、周记录、月小结。

负责针对分管单位（处室）绩效计划执行情况及存在的问题，进行实时提醒和综合提醒。

## 第二节 绩效辅导

绩效辅导分为统一辅导和即时辅导。

### 一、统一辅导

年度绩效计划下达后20个工作日内，绩效办以制发辅导资料、举办培训、召开会议等方式，对厅内各单位共性问题进行统一辅导。单位（处室）负责对本单位工作人员共性问题进行统一辅导。统一辅导工作结束当日，绩效办和单位（处室）填写

《绩效辅导登记表》（见表4－1）。

**表4－1　绩效辅导登记表**

| 辅导对象 | 具体问题 | 问题类别 | 辅导解答情况（方式、内容） | 辅导人 | 辅导时间 |
|---|---|---|---|---|---|
| | | | | | |
| | | | | | |
| | | | | | |

（使用说明略）

## 二、即时辅导

绩效计划执行过程中，绩效办以会议、通知、面谈、电话、邮件及平台交流等方式，对厅内各单位个性问题进行即时辅导。单位（处室）负责对本单位工作人员个性问题进行即时辅导。即时辅导工作结束当日，绩效办和单位（处室）填写《绩效辅导登记表》（表4－1）。

> 例：在河北省财政厅标准化绩效管理推行之初，很多同志对于将具体工作量化为一个个的带有“数字”考评标准指标难以接受，认为与实际工作脱节，难以完成。针对这种情况，绩效办聘请知名大学教授给大家讲解绩效理论知识，厅主要领导也就财政工作与标准化绩效管理的相结合的实践问题亲自给大家授课。同时，还组织绩效管理人员走进处室，面对面与大家开展交流，答疑解惑。通过多种形式的辅导培训，同志们对绩效管理的态度由一开始的“抵触”慢慢变为“接受”。在辅导的过程中，下属也同上级建立了更为密切的联系。

# 第三节　过程管理

实行“月计划、周记录、月小结”的过程管理模式，强化节点控制，做到过程留痕。周记录指各单位（处室）及其工作人员围绕绩效计划落实，从工作开展、执行分析、心得体会等方面记录绩效指标每周进展情况。月计划指各单位（处室）及其工作人员围绕绩效计划落实，从时间、质量、数量等方面制定绩效指标月度完成计划。月小结指各单位（处室）及其工作人员围绕绩效计划落实，从时间、质量、数量等方面总结绩效指标月度完成情况。

## 一、周记录

周记录每周进行，在次周结束前完成。周记录的流程为：**岗位（个人）制定周记录→单位（处室）分管负责人审定→单位（处室）分管负责人制定分管工作周记录→单位（处室）主要负责人审定→单位（处室）主要负责人制定单位（处室）周记录→决策层主管领导审定。**

## 二、月计划、月小结

月计划制订和月小结每月下旬同步进行，在次月第3个工作日前完成。单位（处室）的月计划、月小结由决策层主管领导审定，工作人员的月计划、周记录、月小结由上一级领导审定。

月计划、月小结的流程为：**岗位（个人）制定个人月计划、月小结→单位（处室）分管负责人审定→单位（室）分管负责人制定分管工作月计划、月小结→单位（处室）主要负责人审定→单位（处室）主要负责人制定单位（处室）月计划、月小结→决策层主管领导审定**（流程图见4－1）。

岗位（个人）制定个人当月月计划、上月月小结，并在月小结上传指标执行情况的相关证明材料。

单位（处室）分管负责人审定分管岗位（个人）月计划、月小结，并依据岗位（个人）月计划、月小结制定分管工作月计划、月小结，并在月小结上传指标执行情况的相关证明材料。

单位（处室）主要负责人审定分管负责人月计划、月小结，并依据分管负责人月计划、月小结制定分管工作月计划、月小结，并在月小结上传指标执行情况的相关证明材料。

决策层主管领导审定分管单位（处室）月计划、月小结。

相比之下，月计划、月小结的流程与周记录的工作流程基本一致，不同在于：周记录只需文字记录绩效计划执行有关情况即可，月计划、月小结还需要上传绩效计划执行证明材料。

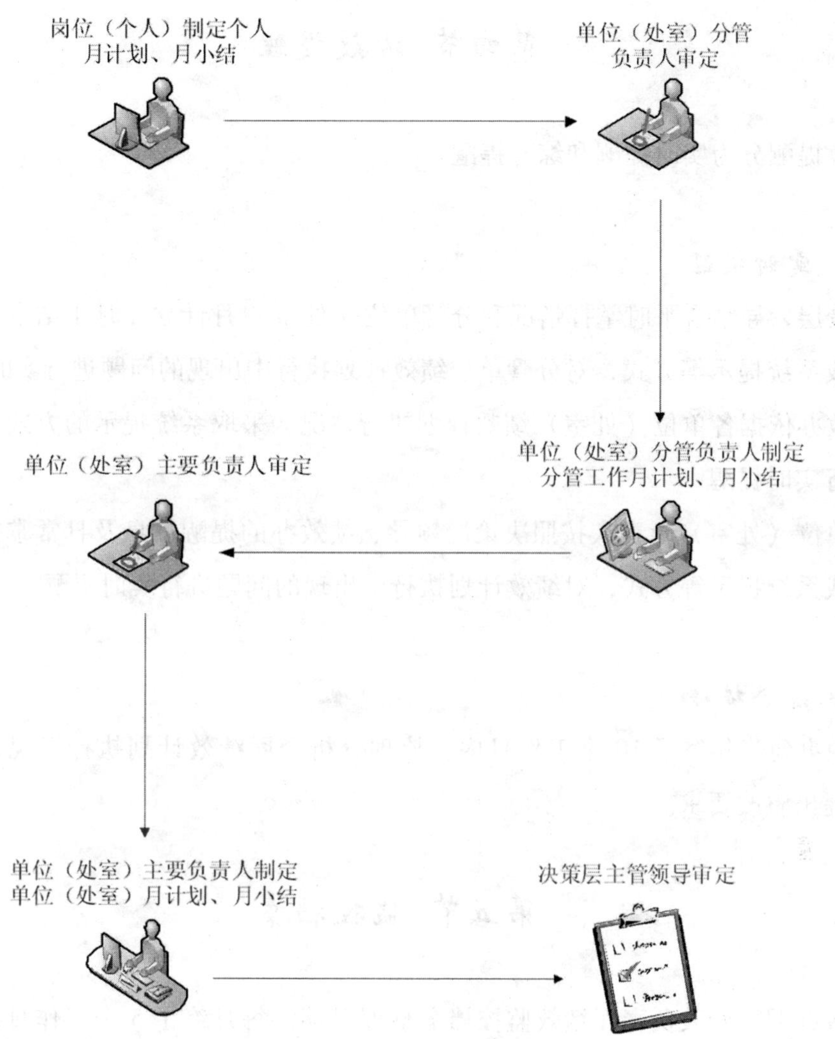


**图 4－1　月计划、月小结流程图**

> 例：在每月的前 3 个工作日，河北省财政厅工作人员通过标准化绩效管理系统录入岗位（个人）当月月计划、上月月小结，并在月小结上传指标执行情况的相关证明材料；单位（处室）分管负责人审核分管岗位（个人）月计划、月小结，制定分管工作月计划、月小结；单位（处室）主要负责人在规定时间内审核单位（处室）分管负责人月计划、周记录、月小结，制定单位（处室）月计划、月小结。形成逐级审核、逐级监控、上级为下级负责的模式，这种阶段性留痕的监控方式，既保证了动态监控的效果，又将监控的成本降到了最低。

## 第四节 绩效提醒

绩效提醒分为实时提醒和综合提醒。

### 一、实时提醒

决策层领导结合平时掌握情况和分管单位（处室）月计划、月小结审核情况，采取面谈或系统提示等方式，对分管单位绩效计划执行中出现的问题进行实时提醒。

绩效办依据各单位（处室）绩效计划执行情况，采取系统提示的方式，对出现的问题进行实时提醒。

各单位（处室）负责人按照决策层领导、绩效办的提醒信息及日常掌握情况，采取面谈或系统提示等方式，对绩效计划执行中出现的问题进行实时提醒。

### 二、综合提醒

绩效办每半年终了10个工作日内，梳理分析全厅绩效计划执行情况，通报存在问题，提出整改要求。

## 第五节 监控档案

绩效办明确专人负责厅绩效监控档案整理保存，每月终了5个工作日内，完成标准化绩效管理记录资料的汇总整理。

# 第五章 绩效考评

绩效考评指依据绩效计划和有关规定，由考评主体按照职责分工对各单位及其工作人员的绩效目标指标执行情况、单位党风廉政建设和个人德勤廉情况进行考核评价的过程。按照公正、公平、公开的原则，适时考核、准确评价单位（处室）、岗位（个人）的绩效，是标准化绩效管理的重要内容和实现手段，其实质是通过系统、科学的方法评定和考量单位（处室）、岗位（个人）的工作行为、工作效果及其对组织（部门）的贡献和价值。

## 第一节 绩效考评概览

绩效考评相对复杂，集中体现在“三多”：一是绩效考评主体多，包含绩效办、考评小组以及各单位（处室）等等；二是考评步骤多，仅生成考评结果就有生成初始得分、生成换算得分、结果展示等步骤；三是并行工作多，绩效考评开始后，不同阶段都有多项工作同时开展，比如考评准备阶段就需要同时开展发布考评清单、收集第三方数据等工作。

### 一、考评对象及计分方法

标准化绩效管理的考评对象为全部单位（处室）和全体干部职工，分别采取“双千”“双百”的计分方法。

**a）对单位（处室）考评采取“双千分制”计分法**

基本职责、要点工作、上级部署工作方面共设定1000分，根据绩效指标考评结果确定分值。

单位党风廉政建设共设定1000分。根据党风廉政建设考评结果确定考评等次，酌情扣减绩效指标考评得分，“优秀”、“较好”等次的，不扣分；“一般”和“较差”

等次的，将实际得分与“较好”等次最低分值的差额作为扣分分值。

特别加扣分项目按规定标准确定分值。

**b）对个人考评采取“双百分制”计分法**

财政工作和个人德勤共设定100分。其中，各单位（处室）正职由所在单位（处室）绩效考评得分按百分制转换，并结合个人德勤考评结果确定分值；单位副职（含参与职责分工的调研员，下同）由所分管工作绩效考评得分率按百分制转换，并结合个人德勤考评结果确定分值；其他工作人员由个人绩效指标考评结果结合个人德勤考评结果确定分值。

个人廉设定100分。根据个人廉考评结果确定考评等次，酌情扣减绩效指标考评得分，“好”、“较好”等次的，不扣分；“一般”和“差”等次的，将实际得分与“较好”等次最低分值的差额作为扣分分值。

特别加扣分项目按规定标准确定分值。

## 二、考评周期及考评内容

按时间周期划分，绩效考评分为季度考评和年度考评。

**a）季度考评**

季度考评每季度终了15个工作日内完成，考评内容包括日常型指标执行情况、阶段型和年度型指标关键节点完成情况。

**b）年度考评**

年度考评年度终了25个工作日内完成，考评内容包括所有绩效目标指标全年执行情况、单位党风廉政建设和个人德勤廉情况。

年度考评和季度考评的主流程、工作要求基本相同，但又有一些区别：第一，在考评流程上，基本步骤一致，但季度考评步骤相对简单，比如季度考评不含特别加扣分评定、得分换算等步骤；第二，在考评内容上，季度考评包括日常型指标执行情况、阶段型和年度型指标关键节点完成情况，年度考评内容包括所有绩效目标指标全年执行情况、单位（处室）党风廉政建设和个人德勤廉情况；第三，在考评结果上，季度考评结果仅作展示使用，年度考评须分单位类别、个人职级进行排名。

## 三、考评主体及职责分工

针对不同考评对象和考评内容，考评主体包括人事教育处、监察专员办公室、机关党委、考评小组、监督小组、相关职能单位、绩效办以及各单位（处室）。

**a）岗位（个人）**

负责对照绩效指标考评标准，对本身承担的岗位（三级）指标开展自评。

**b）单位（处室）**

负责对照绩效指标考评标准，完成本单位（处室）（二级）绩效指标的自评，以及一般工作人员岗位（三级）指标自评结果的审核工作。

**c）相关职能单位（处室）**

负责提供第三方评价指标执行数据。

**d）考评小组**

考评小组成员从各单位（处室）干部职工中抽调，负责对单位（二级）指标的考评、岗位（三级）指标考评数据的核查、特别加分项目的初审、有关申辩事项的核实等。

**e）监察专员办公室和机关党委**

负责对各单位（处室）党风廉政建设和干部职工廉的考评。

**f）人事教育处**

负责对干部职工德、勤的考评。

**g）监督小组**

负责考评全过程监督、有关申辩事项的核实等。

**h）绩效办**

负责组织整体考评过程，审核指标考评数据，汇总换算考评得分等。

### 四、主要工作流程

绩效考评按照发布考评清单、厅内各单位及其工作人员自评、考评主体考评、审核汇总、领导小组审议、得分发布、申辩申诉、形成考评报告、党组会审定、结果展示的程序进行，可以划分为“考评准备、单位（处室）及岗位（个人）考评、考评结果生成”三步曲。用这“三步曲”为主线审视整个考评流程，绩效考评就有了清晰的脉络、简洁的步骤和动态的流程（见图5－1）。

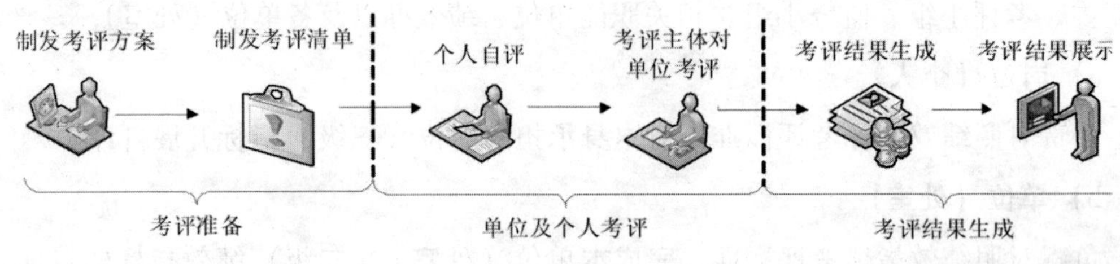


**图 5－1　绩效考评流程简图**

## 第二节　季度考评

流程图见图 5－2。

### 一、考评准备

考评准备是绩效考评“三步曲”的首要阶段，主要由绩效办组织实施。季度考评的准备工作流程是：制发考评工作方案→制发考评清单→收集第三方评价指标执行数据。

**a）制发考评工作方案**

季度终了前，绩效办制发季度考评工作方案，对考评作出安排部署。考评方案应明确考评内容、组织机构、实施步骤和相关要求，保障考评顺利开展。

**b）制发考评清单**

季度终了 3 个工作日内，绩效办制发单位（处室）考评清单，通过标准化绩效管理信息系统分发各单位（处室）；各单位（处室）根据本单位（处室）指标考评清单，制发岗位（个人）指标考评清单，通过标准化绩效管理信息系统分发单位（处室）一般工作人员。

季度考评清单内容包括日常型指标执行情况、阶段型和年度型指标关键节点完成情况。

**c）收集第三方评价指标执行数据**

季度终了 1 个工作日内，绩效办发布第三方考评指标考评数据清单；季度终了 5 个工作日内，各责任单位（处室）按照绩效指标数据来源，提交第三方评价指标数据及证明材料，绩效办汇总后予以公布。

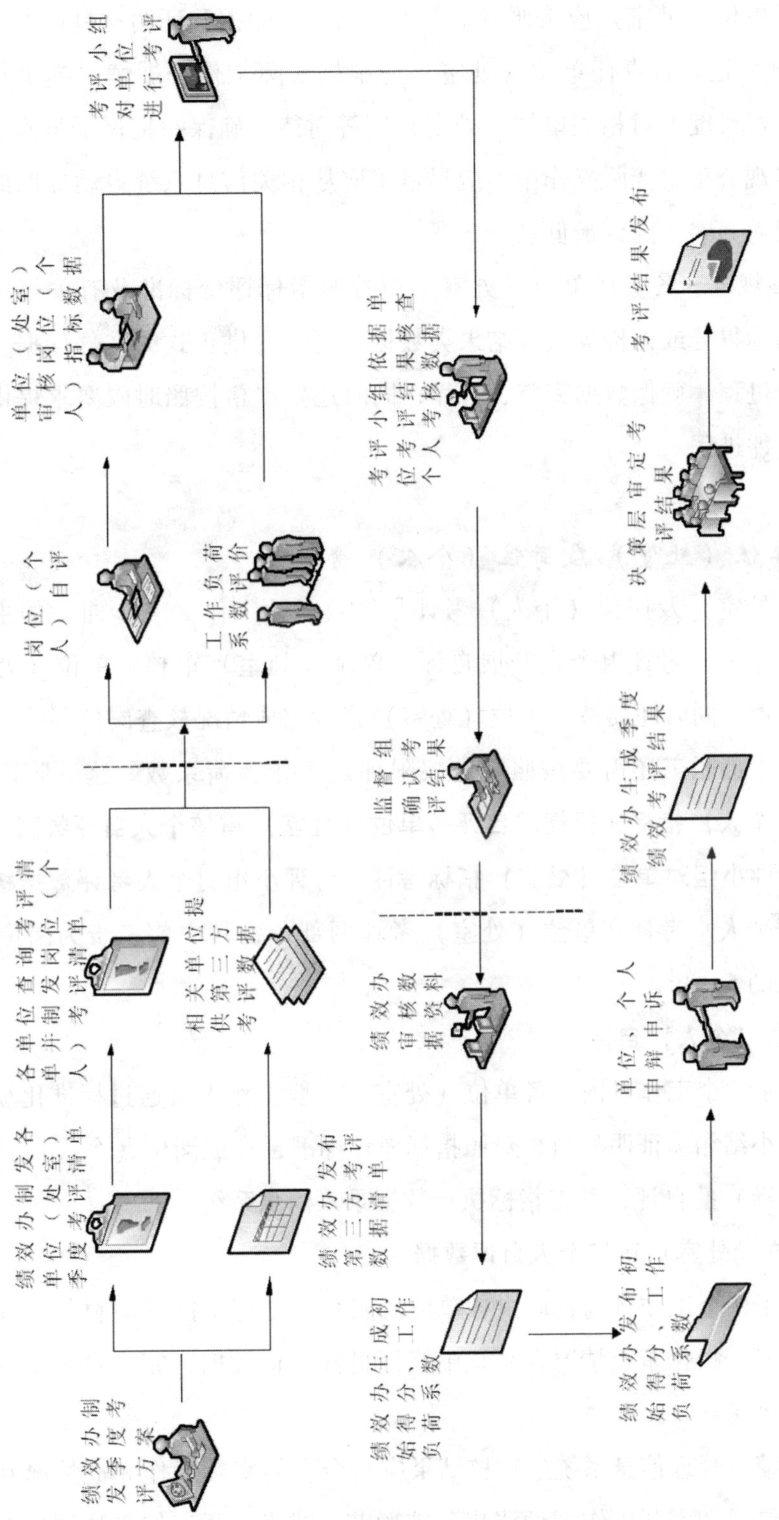
绩效办制发季度考评方案
绩效办制发各单位（处室）季度考评清单
各单位查询考评清单并制发岗位（个人）考评清单
绩效办发布第三方考评数据清单
相关单位提供第三方考评数据
岗位（个人）自评
工作负荷系数评价
单位（处室）审核岗位（个人）指标数据
考评小组对单位进行考评
考评小组依据单位考评结果核查个人考核数据
监督组确认考评结果
绩效办审核数据资料
绩效办生成初始得分、工作负荷系数
绩效办发布初始得分、工作负荷系数
单位、个人申辩申诉
绩效办生成季度考评结果
决策层审定考评结果
考评结果发布

图5-2　季度考评流程图

各责任单位（处室）应按照以下要求提供相关数据和证明材料：

> 客观公正。各责任单位（处室）应根据实际工作开展情况提供相关数据，特别是要把握好尺度，对相关单位（处室）同等对待，确保一把尺子量到底，才能最大程度体现客观公正。实际操作中，应尽量采取从相关信息系统自动提取或生成指标执行数据，把人为因素降到最低。

> 完整规范。各责任单位（处室）应按照指标评价标准及有关规定操作，不仅提供相关指标得分或评价等次等结果类数据，还需提供正式的文件依据、第一手证明材料和计算过程，确保数据完整、可靠；同时还要严格按照时限要求提供数据，以免影响整个考评进程。

## 二、单位（处室）及岗位（个人）考评

单位（处室）及岗位（个人）考评是绩效考评工作“三步曲”的主体阶段。其中，岗位（个人）考评由个人开展自评，单位（处室）审核；单位（处室）考评由考评小组负责，同时还要按照单位（处室）指标完成情况核查岗位（个人）绩效指标得分；各级干部职工还需要按照规定权限评定工作负荷系数。这一阶段的工作流程是：**岗位（个人）指标执行情况自评→单位（处室）审核个人自评数据→工作负荷系数评价→考评小组对单位（处室）指标考评→考评小组对个人考评数据核查**。又可细分为岗位（个人）考评和单位（处室）考评两部分，其中前三步为岗位（个人）考评流程（见图5－3）。

**a）岗位（个人）自评**

季度终了5个工作日内，各单位（处室）一般工作人员通过标准化绩效管理信息系统提取月小结相关证明材料，对照指标考评标准，完成岗位（个人）指标（不含第三方评价指标）的自评，并将指标执行数据录入信息系统。

**b）单位（处室）审核个人自评数据**

季度终了7个工作日内，厅内各单位对照月小结提供的证明材料，逐一审核个人指标完成情况，根据审核情况在系统中修订指标执行数据，完成对本单位工作人员绩效计划的季度考评。

标准化绩效管理信息系统的审核结果应与个人的实际工作完成情况互相对应，不能出现审核结果和实际工作“两张皮”或脱节，或者实际工作未达到标准而审核结果全部完成。实际工作中，单位（处室）主要负责人应亲自把关、亲自审核，对照岗位

（个人）指标考评标准，详细查看个人月小结附件和考评证明资料，对个人自评结果与证明材料不一致的，应按要求退回，并要求修正相关材料或者考评结果。

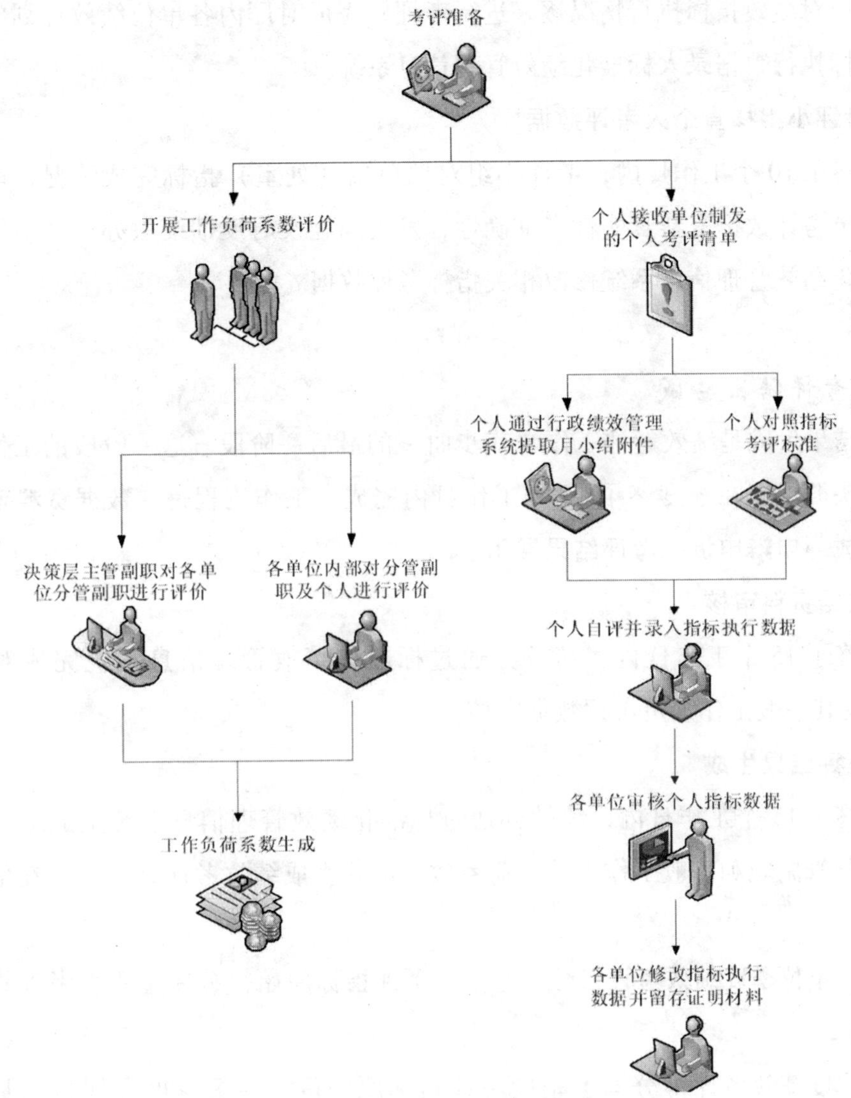


**图 5－3 岗位（个人）考评流程图**

**c）工作负荷系数评价**

季度终了 7 个工作日内，厅内各单位组织工作负荷系数的评定及录入，决策层各主管副职（一般为副厅长）、各单位（处室）人员按照评价权限，对各单位（处室）分管副职及一般工作人员工作负荷系数进行评价，多维度衡量其工作的难易程度和工作量大小（具体操作规程见本章第 4 节）。

**d）考评小组对单位（处室）考评**

季度终了10个工作日内，考评小组以月小结提供的证明材料和第三方数据作为考评依据，对绩效指标执行情况逐一进行考评，完成对厅内各单位绩效计划的季度考评，将指标执行数据录入标准化绩效管理信息系统。

**e）考评小组核查个人考评数据**

季度终了10个工作日内，考评小组对照单位（处室）指标完成情况，审核各单位工作人员考评数据资料真实性、准确性，发现问题及时反馈绩效办，经绩效办确认后在标准化绩效管理信息系统修改相关指标考评数据。

## 三、考评结果生成

考评结果生成是绩效考评工作“三步曲”的最后一阶段。这一阶段的工作主要由绩效办牵头开展，在季度终了15个工作日内完成。工作流程是：**数据资料审核→考评结果生成→申辩申诉→考评结果展示。**

**a）数据资料审核**

季度终了15个工作日内，绩效办通过标准化绩效管理信息系统完成对各单位（处室）及其一般工作人员考评数据审核。

**b）考评结果生成**

季度终了15个工作日内，绩效办通过标准化绩效管理信息系统生成绩效指标原始得分、分管副职和一般工作人员负荷系数，汇总生成绩效考评结果，并在信息系统内公布。

其中：单位季度绩效考评得分 = ∑季度考评指标原始得分 ÷ ∑季度考评指标基础分 ×1000；

个人季度绩效考评得分 = ∑季度考评指标原始得分 ÷ ∑季度考评指标基础分 ×100。

**c）申辩申诉**

各单位（处室）及其工作人员对考评结果有异议的，可按照有关规定，提出申辩申诉，具体操作流程及工作要求见本章第4节。

**d）考评结果展示**

绩效办将各单位及其工作人员季度绩效考评结果通过标准化绩效管理信息系统在全厅范围内展示。

## 第三节　年度考评

流程图见图 5 - 4。

### 一、考评准备

年度考评的准备工作在年度终了 5 个工作日内完成，主要流程是：**指标分类→考评工作方案制发→年终结算类指标录入→考评清单制发→第三方评价指标执行数据收集**（见图 5 - 5）。

**a）指标分类**

年度终了前（一般于每年 11 月份开始，在 12 月初前完成），绩效办对单位（处室）和岗位（个人）指标逐条进行梳理，依据指标内容和评价标准，对业务相近、数据来源一致的具有较强可比性的指标进行细化分类，广泛征求各单位（处室）意见并报领导小组审定后，在标准化绩效管理信息系统中完成分类。

指标分类是将指标绩效得分换算为“可比”得分的基础，应参照以下要求分类：

* 标准统一。同一类别的绩效指标所含内容及评价标准要统一，指标的内容业务相近、数据来源一致、难易程度大体相同，且指标高低一致、辈分相同，确保同类指标具有较高的可比性。

* 科学详尽。所分类别应相互独立，类别语义明确，不能重复、相近或产生歧义；同时，所有单位（处室）指标和岗位（个人）指标都要进行合理分类，不能遗漏。

* 类别稳定。划分的类别要保持一定的稳定性，可以根据每年形势变化、工作内容对部分类别适当调整，但年度间不宜出现颠覆性的变化，以充分体现职责工作的延续性。

**b）制发考评工作方案**

年度终了前，绩效办制发年度考评工作方案，对考评作出安排部署。考评方案应明确考评内容、组织机构、实施步骤和相关要求，保障考评顺利开展。

**c）录入年终结算类指标**

年度终了前，绩效办对年初难以确定承办单位（处室）和办理数量的工作进行梳理，根据实际办结情况分别按照“添指标法”、“添项法”统一结算，加入相关单位

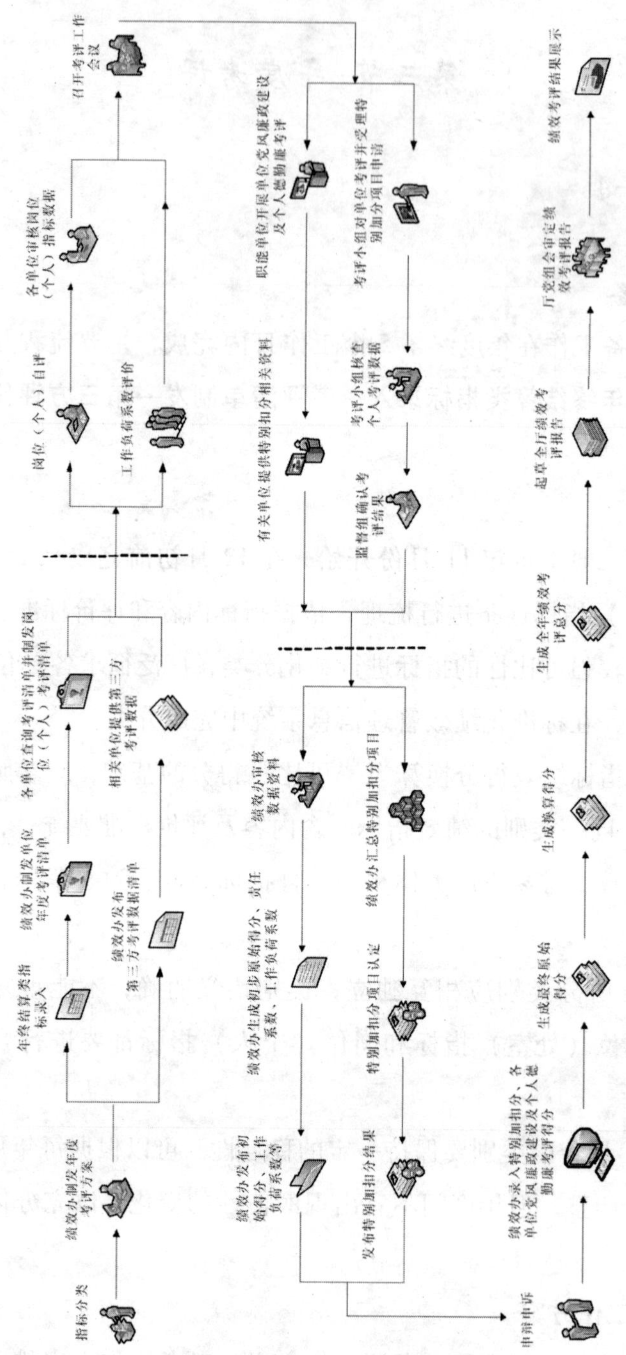

指标分类
绩效办制发年度考评方案
年终结算类指标录入
绩效办制发单位年度考评清单
各单位查询考评清单并制发岗位（个人）考评清单
绩效办发布第三方考评数据清单
相关单位提供第三方考评数据
岗位（个人）自评
各单位审核岗位（个人）指标数据
工作负荷系数评价
召开考评工作会议
职能单位开展单位党风廉政建设及个人德勤廉考评
有关单位提供特别扣分相关资料
考评小组对单位考评并受理特别加分项目申请
考评小组核查个人考评数据
监督组确认考评结果
绩效办审核数据资料
绩效办生成初步原始得分、责任系数、工作负荷系数
绩效办发布初始得分、工作负荷系数等
绩效办汇总特别加扣分项目
特别加扣分项目认定
发布特别加扣分结果
申辩申诉
绩效办录入特别加扣分、各单位党风廉政建设及个人德勤廉考评得分
生成最终原始得分
生成换算得分
生成全年绩效考评总分
起草全厅绩效考评报告
厅党组会审定绩效考评报告
绩效考评结果展示

图 5－4 年度考评流程图

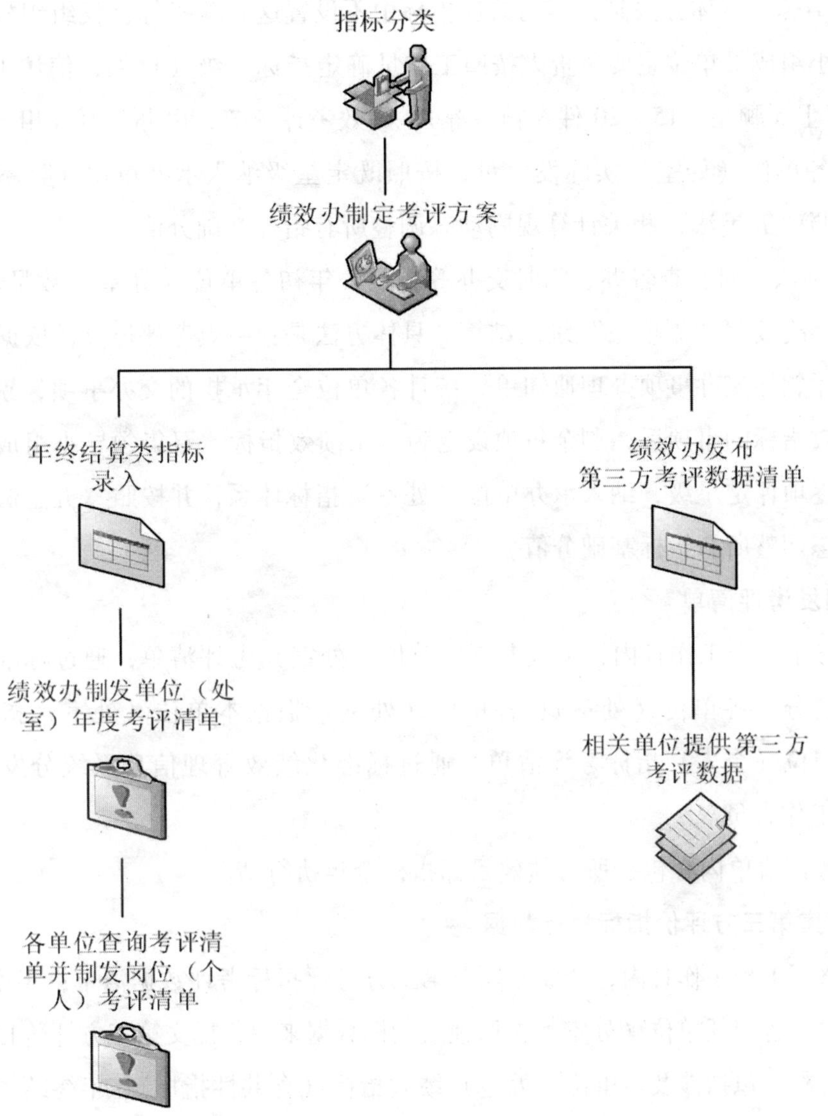


**图5－5　年度考评准备流程图**

（处室）绩效指标。

对一些年初难以确定是否发生的工作，采取年终结算的方法动态管理，不仅是充分体现工作实际的灵活做法，也是确保管理全覆盖的重要手段。实际工作中，可根据工作性质和实际办结情况，采取“添指标法”或者“添项法”处理：

＊ 添指标法。对各单位（处室）来说，信访工作、人大代表建议和政协提案等工作年初难以确定是否发生或者难以确定办理多少，这些工作在年终按照“添指标

法”统一结算。具体方法是：年初共性指标中不设置这三项指标，仅组织标准化绩效管理领导小组成员单位主要负责人按照工作量确定指标星级（比如，信访工作可确定为20件以上5颗星，15－20件4颗星等）；绩效考评环节，由办公室等相关单位（处室）统计各单位（处室）实际发生量，按照既定星级纳入承办单位（处室）指标体系，并按照“五星法”相关计算规则动态调整所有指标基础分值。

＊ 添项法。对督查督办、临时交办等事项，年初各单位（处室）数量难以确定，这些工作年终按照“添项法”统一结算。具体方法是：绩效考评环节，依据《厅内会议议定和厅领导交办事项办理通知单》统计各单位全年承担的交办事项，剔除年初已经设为绩效指标的事项后，剩余每项设定为一个绩效指标，召集领导小组成员单位主要负责人逐项评定星级，纳入承办单位（处室）指标体系，并按照“五星法”相关计算规则动态调整所有指标基础分值。

**d）制发考评清单**

年度终了3个工作日内，绩效办制发单位（处室）考评清单，通过标准化绩效管理信息系统分发各单位（处室）；各单位（处室）根据本单位（处室）指标考评清单，制发岗位（个人）指标考评清单，通过标准化绩效管理信息系统分发单位（处室）一般工作人员。

年度考评清单内容包括所有绩效目标指标全年执行情况。

**e）收集第三方评价指标执行数据**

年度终了1个工作日内，绩效办发布第三方考评指标考评数据清单；年度度终了5个工作日内，各责任单位（处室）按照绩效指标数据来源，提交第三方评价目标指标数据及证明材料，包括涉及多单位（处室）绩效指标（含共性指标）、年终结算指标及部分经营性单位（处室）绩效目标执行数据，绩效办汇总后予以公布（相关要求同季度考评）。

## 二、单位（处室）及岗位（个人）考评

年度考评这一阶段的工作在年度终了15个工作日内完成，主要流程是：**岗位（个人）指标执行情况自评→单位（处室）审核个人自评数据→工作负荷系数评价→召开考评工作会议→考评小组考评→岗位（个人）考评数据核查→单位（处室）党风廉政及个人德勤廉考评。特别加分项目申报、特别扣分具体建议与单位（处室）考评同步开展**。其中，召开考评工作会议及其以后的步骤为单位（处室）考评流程

（见图 5－6）。

**a）岗位（个人）自评**

年度终了 5 个工作日内，各单位（处室）一般工作人员通过标准化绩效管理信息系统提取月小结相关证明材料，对照指标考评标准，完成岗位（个人）指标（不含第三方评价指标）的年度自评，并将指标执行数据录入信息系统。

**b）单位（处室）审核个人自评数据**

年度终了 10 个工作日内，厅内各单位对照月小结提供的证明材料，逐一审核个人指标完成情况，根据审核情况在系统中修订指标执行数据，完成对本单位工作人员绩效计划的年度考评（工作要求同季度考评）。同时，审核汇总工作人员特别加分项目申请及证明材料。

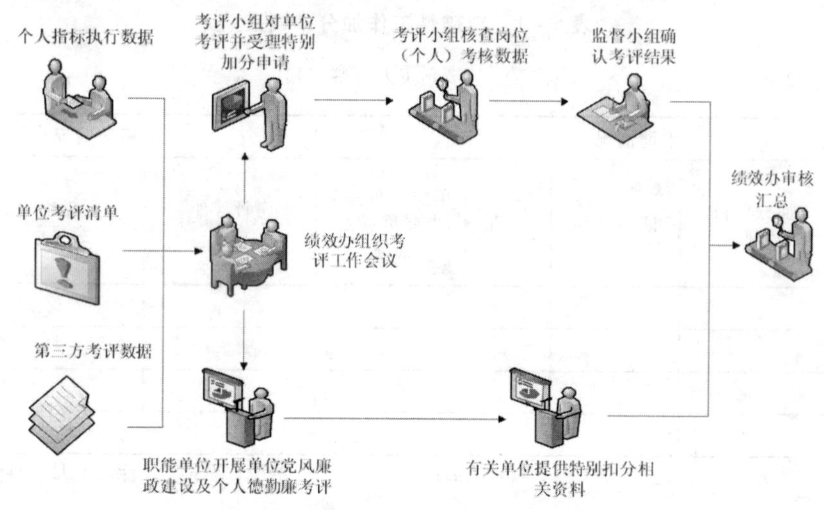


**图 5－6　单位（处室）考评流程图**

**c）工作负荷系数评价**

年度终了 10 个工作日内，厅内各单位组织工作负荷系数的评定及录入，决策层各主管副职（一般为副厅长）、各单位（处室）人员按照评价权限，对各单位（处室）分管副职及一般工作人员工作负荷系数进行评价（工作要求同季度考评）。

**d）召开考评工作会议**

年度终了 6 个工作日内，绩效办牵头组织绩效考评工作会议，领导小组成员单位、各考评小组、监督小组、相关职能单位（处室）参加，安排部署绩效考评工作。

**e）考评小组对单位（处室）指标考评**

年度终了15个工作日内，考评小组以月小结提供的证明材料和第三方数据作为考评依据，对绩效指标执行情况逐一进行考评，完成对厅内各单位绩效计划的年度考评，将指标执行数据录入标准化绩效管理信息系统。

同时，考评小组审核汇总各单位（处室）及其工作人员特别加分项目申请及相关证明资料。其中，对创新工作完成情况进行检查核实，接收相关单位（处室）证明材料，送绩效办汇总；对突破性工作，由单位（处室）填写《突破性工作加分申请表》（见表5－1），附相关证明材料，提交考评小组，考评小组对接收的各类证明材料进行审核，符合加分条件的，拟定初步意见，送绩效办汇总，不符合加分条件的，予以退回并说明原因。

**表5－1　突破性工作加分申请表**

所在单位（处室）：　　　　主要负责人（签字）：

| 申请情况 | | | | | 审批情况 | | |
|---|---|---|---|---|---|---|---|
| 申请人［单位（处室）］ | 加分项目及理由 | 证明日期 | 分值 | 单位（处室）主要负责人意见 | 考评小组意见 | 厅党组意见 | 备注 |
| | | | | | | | |
| | | | | | | | |
| | | | | | | | |
| | | | | | | | |

申请人［单位（处室）］：　　　　联系电话：　　　　申请日期：　　年　　月　　日

（使用说明略）

**f）考评小组对个人考评数据核查**

年度终了15个工作日内，考评小组对照单位（处室）指标完成情况，审核各单位工作人员考评数据资料真实性、准确性，发现问题及时反馈绩效办，经绩效办确认后在标准化绩效管理信息系统修改相关指标考评数据。

上述工作完成后，考评小组需完成年度考评报告起草工作，报告内容包括：被考评单位绩效计划执行总体情况、考评中发现的问题、工作改进建议和考评结果。报告连同厅内各单位及其工作人员特别加分项目申请、证明材料一并提交绩效办。

**g）单位（处室）党风廉政建设及个人德勤廉考评**

年度终了10个工作日内，绩效办牵头组织民主测评会议，统一开展厅内各单位党风廉政建设、个人廉和个人德勤等方面的民主测评，人事教育处、监察专员办公室、机关党委等单位按照职责分工分别实施具体事项的民主测评。

年度终了15个工作日内，监察专员办公室完成厅内各单位党风廉政建设和个人廉的考评。

年度终了15个工作日内，人事教育处完成对个人德勤的考评。

h）**特别扣分建议**

年度终了15个工作日内，人事教育处、监察专员办公室等职能单位（处室）提出特别扣分具体建议，填写《特别扣分审批备案表》（见表5－2），并提供事实依据、处理结果等相关证明材料，交绩效办汇总。

**表5－2　特别扣分审批备案表**

填报日期：　　年　月　　日

| 扣分依据情况 | | | | | 审批情况 | |
|---|---|---|---|---|---|---|
| 被扣分人［单位（处室）］ | 扣分项目及理由 | 证明材料提供单位（处室） | 证明材料提供日期 | 分值 | 厅党组意见 | 备注 |
| | | | | | | |
| | | | | | | |
| | | | | | | |
| | | | | | | |
| | | | | | | |
| | | | | | | |

（使用说明略）

## 三、考评结果生成

年度考评结果生成在年度终了25个工作日内完成，主要流程是：**数据资料审核→特别加扣分项目评定→考评结果生成→发布原始得分（含特别加扣分项目）→申辩申诉→特别加扣分、各单位党风廉政建设及个人德勤廉考评得分录入→最终原始得分生成→最终结果生成→考评结果发布**。

a）**数据资料审核**

年度终了20个工作日内，绩效办通过标准化绩效管理信息系统完成对各单位（处室）及其一般工作人员考评数据审核。

**b）特别加扣分项目评定**

年度考评15个工作日内，绩效办汇总各单位（处室）特别加扣分有关资料，按照特别加扣分评定流程，确定特别加扣分项目。

**c）考评结果生成**

年度终了15个工作日内，绩效办通过标准化绩效管理信息系统生成绩效指标原始得分、分管副职责任系数、分管副职和一般工作人员负荷系数，汇总生成绩效考评结果（绩效考评原始得分），提交领导小组审议。

**d）原始得分发布**

绩效考评原始得分经领导小组审议后，绩效办在标准化绩效管理信息系统发布。

**e）申辩申诉**

各单位（处室）及其工作人员对考评结果有异议的，可按照有关规定，提出申辩申诉（工作流程及要求同季度考评，具体操作流程及工作要求见本章第4节）。

**f）相关得分录入**

年度终了20个工作日内，申辩申诉环节结束后，绩效办将认定的特别加扣分、单位（处室）党风廉政建设和个人德勤廉考评得分统一录入标准化绩效管理信息系统。

**g）最终原始得分生成**

年度终了20个工作日内，绩效办按照申辩申诉结果修正原始得分，生成最终原始得分。

**h）最终结果生成**

年度终了25个工作日内，绩效办通过标准化绩效管理信息系统对各单位（处室）及其工作人员年度绩效考评原始得分进行换算，生成全年绩效考评总分，同时起草绩效考评报告，并提交决策层（厅党组）审定。

**i）考评结果展示**

绩效办将各单位及其工作人员年度绩效考评结果通过标准化绩效管理信息系统在全厅范围内展示。

# 第四节　几个关键环节

## 一、工作负荷系数评定

**a）评价规则和计算方法**

工作负荷系数每季度评定一次，季度终了后不可修改，全年工作负荷系数为各季度工作负荷系数的平均值。具体评价和计算方法是：

（1）季度工作负荷系数总值。根据被考评人数（N），采用“人均法”计算总值，人均值设为0.99，计算公式为：季度工作负荷系数总值＝0.99×N。

（2）季度工作负荷系数等次。设A、B、C、D、E五个等次，分别对应1、0.99、0.98、0.97、0.96。

（3）评价人可在总值范围内，按照正态分布的规律，对被考评对象评定季度工作负荷系数等次。被考评对象只有1人的，默认评定为B等次，或者设定为可任意评定等次。被考评对象总数2人以上（含2人）的，不能全部评为一个等次。其中，A等次不超过考评对象总人数的30%，E等次不超过被考评对象的10%（四舍五入，不足整数按整数计算），B、C、D等次不设限制。

**b）各单位（处室）分管副职工作负荷系数**

由决策层主管副职、本单位（处室）正职、本单位（处室）一般工作人员分别按照50%、30%和20%的权重评价得出。实际工作中，对机关单位（处室）与事业单位（处室）合署办公等特殊情况，应明确评价方法。比如，由决策层主管领导、本单位（处室）正职、与处室合署办公事业单位（处室）正职、本单位（处室）一般工作人员分别按照50%、20%、20%和10%的权重评价得出。

决策层主管副职按照主管范围内所有分管各单位（处室）副职总人数计算工作负荷系数总值，统筹设定工作负荷系数。

**c）各单位（处室）其他工作人员工作负荷系数**

由本单位（处室）正职、本单位（处室）副职、本单位（处室）除本人外的一般工作人员分别按照50%、30%和20%的权重评价得出。其中，机关处室与事业单位（处室）合署办公的，由本单位（处室）正职、与处室合署办公事业单位（处室）正职、本单位（处室）副职、本单位（处室）除本人外的一般工作人员分别按照

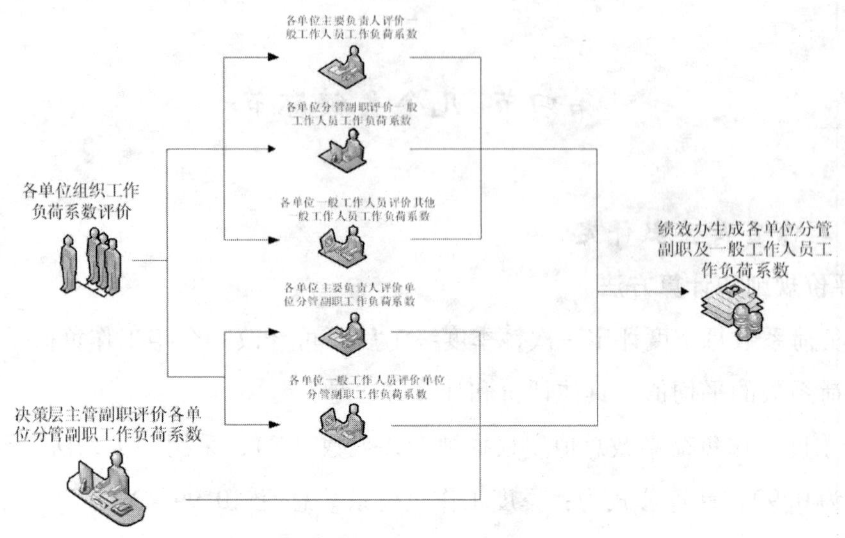


图 5－7　工作负荷系数评价流程图

50%、20%、20%和 10%的权重评价得出。

## 二、特别加扣分项目评定

特别加扣分项目分为特别加分项目、特别扣分项目。特别加分项目包括创新工作、突破性工作、其他加分三类：创新工作由厅内各单位（处室）在年度绩效计划环节自行申报，年度绩效考评环节依据工作完成情况加分或扣分；突破性工作由厅内各单位（处室）在年度绩效考评环节自行申报；其他加分由主管厅领导在年度绩效考评环节提名。特别扣分项目包括行政行为有过错、行政权力运行有过错、行政违法行为、其他工作失误四类，由厅领导或相关职能部门在年度绩效考评环节提出扣分意见。

### a）特别加分项目评定

＊ 认定流程。年度终了 15 个工作日内，考评小组在年度绩效考评环节，对创新工作完成情况进行检查核实，接收突破性工作项目申报及证明材料，送绩效办汇总后报决策层研究确定。主要流程为：**突破性工作申报→突破性工作项目初审→汇总申报项目并分发各单位（处室）→突破性工作项目民主推荐→创新工作、突破性工作、直接推荐加分项目及人员研究审定→特别加分项目发布及录入**（流程图见 5－8）。

第一，项目申报。厅内各单位在年度绩效考评环节填写《突破性工作加分申请

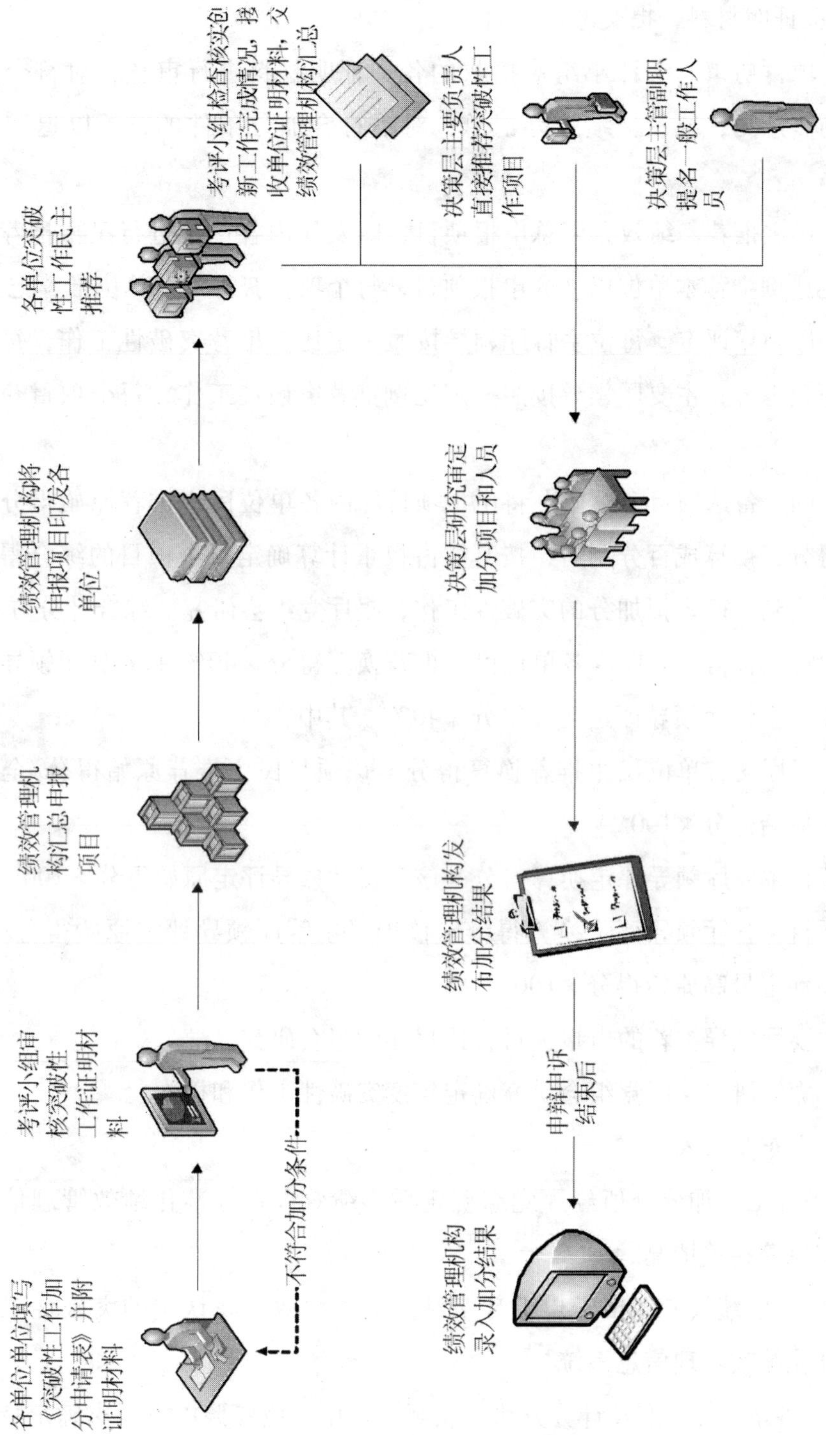
各单位单位填写《突破性工作加分申请表》并附证明材料
考评小组审核突破性工作证明材料
不符合加分条件
绩效管理机构汇总申报项目
绩效管理机构将申报项目印发各单位
各单位突破性工作民主推荐
考评小组检查核实创新工作完成情况，接收单位证明材料，交绩效管理机构汇总
决策层主要负责人直接推荐突破性工作项目
决策层主管副职提名一般工作人员
决策层研究审定加分项目和人员
绩效管理机构发布加分结果
申辩申诉结束后
绩效管理机构录入加分结果

图5－8　特别加分流程图

表》，附相关证明材料，提交考评小组。

第二，项目初审。考评小组对接收的各类证明材料进行审核，对符合加分条件的，拟定初步意见，统一送绩效办汇总；对不符合加分条件的，予以退回并说明原因。

第三，民主推荐。绩效办汇总申报项目，印发厅内各单位进行民主推荐，每个单位按照一定比例推荐本单位以外的申报项目，每个项目获得 1 个单位推荐记 1 分。

第四，厅领导评定。每位主管厅领导按照一定比例推荐突破性工作，每个项目获得 1 人推荐记 1 分；主要厅领导按照一定比例推荐突破性工作，每个项目获得 1 人推荐记 1 分。

第五，确定备选项目。绩效办将申报项目厅内各单位民主推荐原始得分和厅领导评定原始得分，换算成百分制后，按其所占权重计算确定每个项目的综合得分，按照一定比例从高到低确定拟加分的突破性工作，报厅党组会研究。综合计分方法为：

申报项目综合得分 = 厅内各单位民主推荐换算得分 ×40% + 主要厅领导评定换算得分 ×20% + 主管厅领导评定换算得分 ×40%。其中：

申报项目厅内各单位民主推荐换算得分 = 该项目民主推荐原始得分/全部项目民主推荐最高原始得分 ×100

申报项目主要厅领导评定换算得分 = 该项目厅领导评定原始得分 ×100

申报项目主管厅领导评定换算得分 = 该项目主管厅领导评定原始得分/全部项目主管厅领导评定最高原始得分 ×100

获得主要厅领导推荐的申报项目直接报厅党组会研究。

第六，党组研究。厅党组会研究确定年度突破性工作和档次。

第七，发布及录入。

1. 突破性工作加分分值经厅党组确定后，绩效办在标准化绩效管理信息系统上发布加分结果等相关情况。

2. 全厅年度绩效考评申辩申诉环节结束后，绩效办将认定的突破性工作加分统一录入标准化绩效管理信息系统。

* 特别加分项目标准及计分方法。实际操作中，应参照以下要求确定特别加分项目及分值：

（1）创新工作基本条件。

①重大创新基本条件。首创性。指全国财政系统首创、在同类项目中居于全国领

先地位的新制度、新机制、新技术。有效性。指围绕全省财政改革发展，着力解决全省性重点、难点问题，对全省财政工作具有显著推动作用的重大事项。实用性。指工作举措或者成果可复制、可推广，并有相应的文件、数据等证明。

②一般创新基本条件。首创性。指借鉴整合先进经验填补我省空白，并充分体现我省财政特点的再创造。有效性。指围绕全厅战略目标，着力解决全厅性重点、难点问题，对全厅整体工作具有显著推动作用的较大事项。实用性。指工作举措或者成果可复制、可推广，并有相应的文件、数据等证明。

③单位（处室）内部创新基本条件。创造性。指在现有制度、机制、技术基础上，取得实质性进步的新举措。有效性。指着力解决本单位（处室）重点、难点问题，对本单位（处室）工作具有显著推动作用的事项。实用性。指工作举措或者成果可复制、可推广，并有相应的文件、数据等证明。

（2）突破性工作申报条件。

各单位（处室）有下列情形之一，可申报突破性工作。

①改革事项取得突破性进展，工作成果具有先进性、主动性或推广价值；

②在涉及多个单位（处室）的部门重点工作中取得突出成绩；

③创造性地完成本职工作，取得突出成效；

④主动发现、查处并上报违规违纪行为或案件线索；

⑤其他能够推动工作开展，增强队伍凝聚力、执行力以及协作配合等工作事项。

（3）其他特别加分。

对埋头苦干、甘于奉献、加分机会较少的一般工作人员，由决策层主管领导提名，经决策层审核确认后，每人加最大分差的3%。提名原则如下：

①每位决策层主管领导可在其分管单位（处室）范围内按照一般工作人员总数（不含单位（处室）正职和分管副职）的3%提名（按照四舍五入方法取整确定人数，不足1人的按1人提名）；

②被提名人员非单位（处室）正职和分管副职；

③被提名人员不具备本规定其他特别加分项目的加分条件；

④被提名人员未发生本规定其他所列扣分事项；

⑤被提名人员具有埋头苦干、甘于奉献典型示范意义。

（3）特别加分分值。特别加分分值按照同类管理对象绩效换算得分最大分差的一定比例动态确定。特别加分项目全年累计分值不超过最大分差的30%。

（4）加分标准。

①重大创新承办单位（处室）预设分值为最大分差的10%，分管副职合计预设分值为最大分差的10%，具体承办人员合计预设分值为最大分差的10%；一般创新承办单位（处室）预设分值为最大分差的5%，分管副职合计预设分值为最大分差的5%，具体承办人员合计预设分值为最大分差的5%；单位（处室）内部创新作为各单位（处室）评定工作负荷系数的重要依据。

②突破性工作加分标准。突破性工作指部门内各单位（处室）当年谋划开展的，取得突出成效的工作项目。突破性工作承办单位（处室）每项最高加最大分差的5%，分管副职每项合计最高加最大分差的5%，具体承办人员每项合计最高加最大分差的5%。

（5）其他事项。

①单位（处室）和个人全部绩效指标原始得分率低于90%，不再给予特别加分。

②同一项目可获得多次加分的不重复计分，按最高分值计算。

③特别加分认定以考评年度内取得的记载或反映加分项目内容的原始证明材料为依据；确实无法提供原件的，需提供复印件，并加盖收文单位（处室）或部门公章。

④相关依据取得的有效时段为每年度的1月1日至12月31日。

**b）特别扣分项目认定**

* 认定流程。年度终了15个工作日内，绩效办对各责任单位（处室）提交的扣分项目进行汇总后提交决策层审定，对符合规定条件的扣减其一定的绩效得分。主要流程为：**项目受理（包含特别扣分项目提出、特别扣分项目汇总）→扣分项目审定→特别扣分项目发布→扣分结果录入**（流程图见5－9）。

第一，项目受理。涉及特别扣分项目的各单位（处室）及其工作人员，由人事教育处、监察专员办公室等职能单位（处室）在年度绩效考评环节，向绩效办提供事实依据、处理结果等相关证明材料，提出特别扣分具体建议，填写《特别扣分审批备案表》（见表5－2），送绩效办汇总。

决策层领导可根据工作实际，直接确定特别扣分事项。

第二，项目审定。绩效办对受理的扣分项目相关材料进行审核汇总，提交决策层研究审定。

第三，发布及录入。扣分项目及分值经决策层研究审定后，绩效办在标准化绩效管理信息系统上发布审定结果等相关情况。年度绩效考评申辩申诉环节结束后，绩效

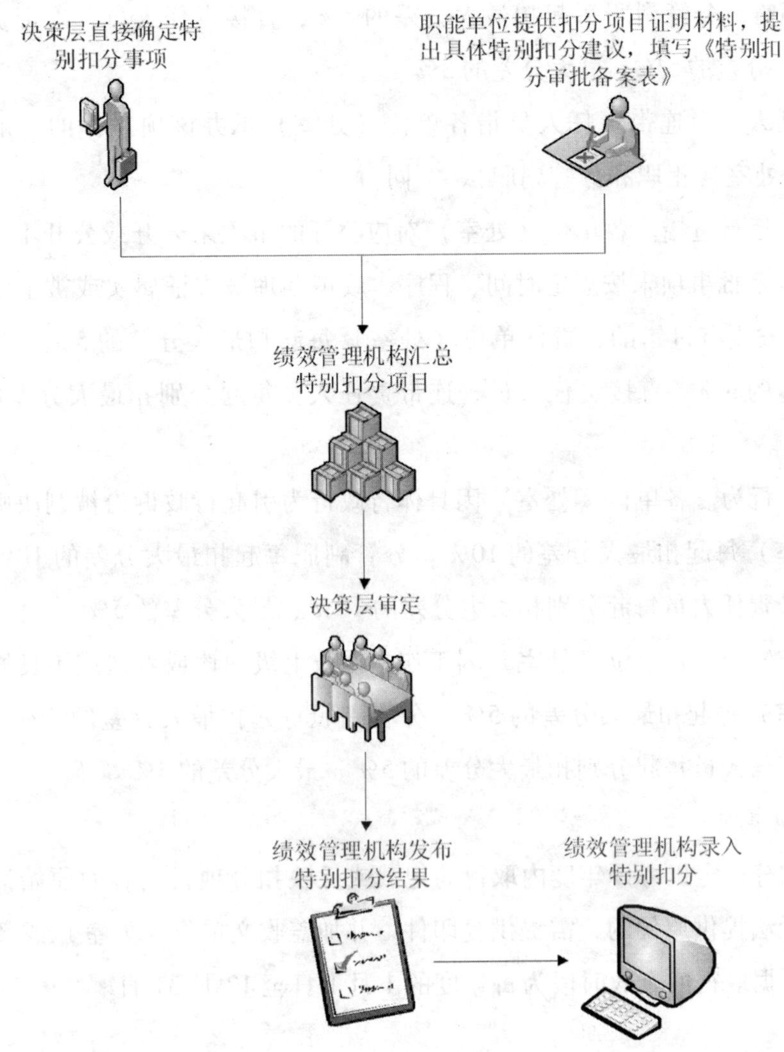


**图5－9　特别扣分流程图**

办将认定的项目扣分统一录入标准化绩效管理信息系统。

＊ 特别扣分项目标准及计分方法。实际操作中，应参照以下要求确定特别扣分项目及分值：

（1）特别扣分分值。特别扣分分值按照同类管理对象绩效换算得分最大分差的一定比例动态确定，特别扣分项目全年累计分值不做限制。

（2）特别扣分项目。

行政行为过错。各单位（处室）在贯彻落实有关政策规定过程中有过错，被上级领导机关或同级组织检查和工作督查、监察中查实确认的，责任单位（处室）每起扣最大分差的5%，分管副职每起扣最大分差的5%，直接责任人员、连带责任人员每起分别扣最大分差的5%、最大分差的3%。

直接责任人员、连带责任人员指各单位（处室）承办该项工作的一般工作人员（不含单位（处室）正职和分管副职），下同。

行政权力运行过错。各单位（处室）对应公开的事项未公开或公开不及时被查证属实的，行政审批事项未按规定时间、程序、政策办理被查证属实或被上级有关单位（处室）检查发现有过错的，责任单位（处室）每起扣最大分差的5%，分管副职每起扣最大分差的5%，直接责任人员、连带责任人员每起分别扣最大分差的5%、最大分差的3%。

行政违法行为。各单位（处室）因具体行政行为引起行政诉讼被判决败诉的，责任单位（处室）每起扣最大分差的10%，分管副职每起扣最大分差的10%，直接责任人员、连带责任人员每起分别扣最大分差的10%、最大分差的5%。

其他工作失误。各单位（处室）因工作失误被上级约谈或者造成不良影响的，责任单位（处室）每起扣最大分差的5%，分管副职每起扣最大分差的5%，直接责任人员、连带责任人员每起分别扣最大分差的5%、最大分差的3%。

（3）其他事项。

①特别扣分认定以考评年度内取得的记载或反映扣分项目内容的原始证明材料为依据；确实无法提供原件的，需提供复印件，并加盖收文单位（处室）或部门公章。

②相关依据取得的有效时段为每年度的1月1日至12月31日。

## 三、申辩申诉

申辩申诉包含申辩和申诉两个方面，是各单位（处室）及其工作人员提出申辩申诉理由证据、考评主体复核信息的过程，其正常开展使单位（处室）和岗位（个人）的权利得到维护，确保了绩效考评结果的公正准确。主要流程为：**申辩→申辩信息复核→申诉→申诉信息复核**（流程图见图5-10）。

a）**申辩**

各单位（处室）及其工作人员对考评结果有异议的，在得分发布后2个工作日内，可以向绩效办提出申辩，并提交《绩效考评结果申辩书》和证明材料。

b）**申辩信息复核**

收到申辩申请后，绩效办根据申辩内容，按照管理权限，将申辩事项交由考评小

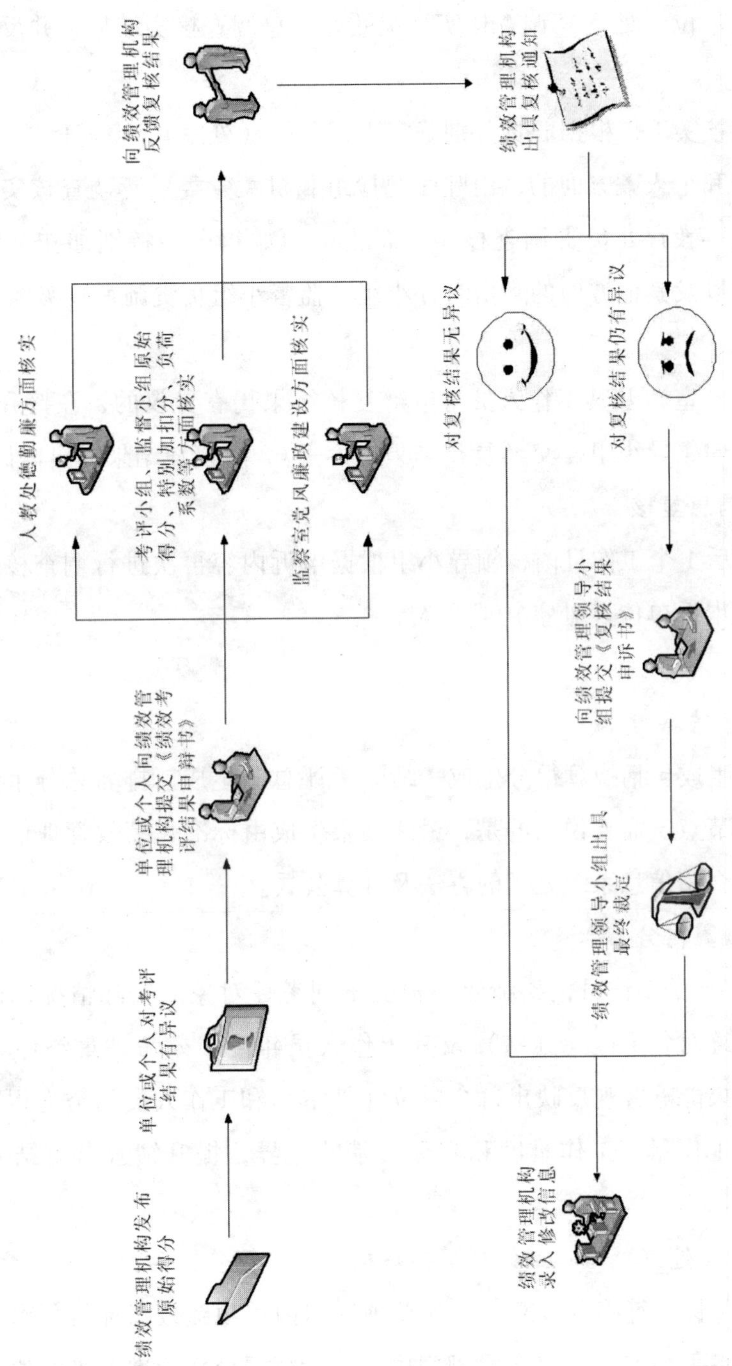


**图 5－10　申辩申诉流程图**

组或其他责任单位（处室）调查核实，绩效办汇总调查核实结果，并反馈申辩复核结果。

申辩调查核实工作根据职责分别确定责任单位（处室），申辩事项属单位（处室）党风廉政建设和个人廉方面的，由驻厅纪检组和机关党委负责调查核实；属个人德勤方面的，由人事教育处负责调查核实；属指标原始得分、特别加扣分、工作负荷系数、责任系数以及其他方面的，由考评小组、监督小组负责调查核实。

**c）申诉**

各单位（处室）及其工作人员对申辩复核结果仍有异议的，在接到复核通知后1个工作日内，向领导小组提交《复核结果申诉书》，对复核结果提出申诉。

**d）申诉信息复核**

接到申诉后1个工作日内，领导小组根据申诉内容再次进行调查核实，并将最终裁定结果反馈申诉单位（处室）或个人。

## 四、最终结果生成

最终结果生成包括换算得分生成、绩效考评总分生成、排名总分生成、同级别排名等4个关键节点。需要说明的是，最终结果生成由标准化绩效管理信息系统自动完成，下文简要介绍信息系统处理的方法及计算公式。

**a）生成换算得分**

年度终了20个工作日内，绩效办根据不同考评对象的实际情况，通过标准化绩效管理信息系统对各单位（处室）及其工作人员年度绩效考评最终原始得分进行换算，使考评结果能够客观反映出每个单位（处室）和工作人员的努力程度，有效体现不同考评对象工作量、工作难度和实际贡献的差异，提升绩效考评结果的横向可比性。

* 各单位（处室）全年绩效指标换算得分，计算公式为：

全年绩效指标换算得分 = Σ ｛［（单项部门内单项绩效指标得分率 - 同类部门内绩效指标得分率平均值）×（各类部门内绩效指标得分率标准差平均值 ÷ 同类部门内绩效指标得分率标准差）+ 各类部门内绩效指标得分率平均值］× 单项部门内绩效指标基础分｝

* 各单位（处室）副职全年分管工作绩效指标换算得分，计算公式为：

全年分管工作绩效指标换算得分 = Σ ｛［（单项部门内单项绩效指标得分率 - 同

类部门内绩效指标得分率平均值）×（各类部门内绩效指标得分率标准差平均值÷同类部门内绩效指标得分率标准差）+各类部门内绩效指标得分率平均值］×单项部门内绩效指标基础分｝×责任系数×全年工作负荷系数

其中：

①全年工作负荷系数=Σ（季度工作负荷系数）÷4

②责任系数是根据单位（处室）内各副职间承担单位（处室）指标分值的相对分差而计算出的换算参数。计算公式为：

单位（处室）副职责任系数=（个人承担绩效指标基础分-本单位（处室）所有副职承担绩效指标基础分平均值）×0.00002+1。

责任系数上限为1.005，对单位（处室）副职责任系数超过1.005的，统一按照1.005计算。

* 个人全年绩效换算得分由两步换算生成，计算公式分别为：

第一步：全年绩效指标换算得分=Σ｛［（单项部门内绩效指标得分率-同类部门内绩效指标得分率平均值）×（各类部门内绩效指标得分率标准差平均值÷同类部门内绩效指标得分率标准差）+各类部门内绩效指标得分率平均值］×单项部门内绩效指标基础分｝×全年工作负荷系数

第二步：个人全年绩效换算得分=［个人全年绩效指标换算得分-本单位（处室）工作人员全年绩效指标换算得分平均值］×［各单位（处室）工作人员全年绩效指标换算得分标准差平均值÷本单位（处室）工作人员全年绩效指标换算得分标准差］+各单位（处室）工作人员全年绩效指标换算得分平均值

**b）生成绩效考评总分**

绩效办将单位（处室）或个人绩效指标换算得分按照特别加扣分结果修正后，减单位（处室）党风廉政建设或个人德勤廉扣分，生成绩效考评总分。

* 单位全年绩效考评总分=全年绩效指标换算得分+特别加分项目计分-特别扣分项目计分-党风廉政建设扣分

* 单位全年绩效考评总分=全年绩效指标换算得分+特别加分项目计分-特别扣分项目计分-党风廉政建设扣分

* 个人全年绩效考评总分计算方法：

①各单位（处室）正职全年绩效考评总分=［（单位（处室）全年绩效指标换算得分+单位（处室）特别加分项目计分-单位（处室）特别扣分项目计分）÷10-

个人德勤扣分］－个人廉扣分

②各单位（处室）副职全年绩效考评总分＝（全年分管工作绩效指标换算得分÷全年分管工作绩效指标基础分×100－个人德勤扣分）＋特别加分项目计分－特别扣分项目计分－个人廉扣分

③其他工作人员全年绩效考评总分＝（个人全年绩效换算得分－个人德勤扣分）＋特别加分项目计分－特别扣分项目计分－个人廉扣分

c）生成排名总分

绩效考评总分生成后，绩效办按照排名总分标准，计算单位（处室）或个人绩效指标排名总分。具体计算公式为：

（1）单位（处室）部门排名总分＝单位（处室）全年绩效考评总分

（2）单位（处室）正职部门排名总分＝个人全年绩效考评总分

（3）单位（处室）副职部门同级别排名总分＝［单位（处室）全年绩效指标换算得分＋单位（处室）特别加分项目计分－单位（处室）特别扣分项目计分］÷10×40%＋［（全年分管工作绩效指标换算得分÷全年分管工作绩效指标基础分×100－个人德勤扣分）＋特别加分项目计分－特别扣分项目计分］×60%－个人廉扣分

（4）其他工作人员部门同级别排名总分＝（单位（处室）全年绩效指标换算得分＋单位（处室）特别加分项目计分－单位（处室）特别扣分项目计分）÷10×40%＋（个人全年绩效换算得分＋特别加分项目计分－特别扣分项目计分－个人德勤扣分）×60%－个人廉扣分

**d）生成同级别排名**

年度终了25个工作日内，绩效办按照单位（处室）性质和个人职级不同对考评成绩进行分类排名。实际工作中，河北省财政厅按照考评惯例将单位（处室）分为业务管理类、综合管理类和事业单位类，岗位（个人）按照单位（处室）类别和职级分类。在每一类别中，单位（处室）和岗位（个人）依据生成的排名总分，按照分数从高到低的顺序进行排列。

# 第六章 绩效改进

绩效改进是针对绩效考评和标准化审核结果反映的情况，就未达到绩效目标的部分或存在不合格项的工作，分析原因、查找问题、进行整改的过程。“一枝并蒂莲，同开两朵花”，绩效改进包括职责工作方面的改进和标准化绩效管理体系的改进，两者同步开展、相互促进、共同提升。

## 第一节 绩效改进概览

绩效改进既是本轮标准化绩效管理的终点，又是下轮标准化绩效管理的起点，起到承上启下的作用。通过分析本轮标准化绩效管理的成效与不足，为下一轮的标准化绩效管理提出明确有效的改进计划，以实现单位及其工作人员绩效和标准化绩效管理体系双提升，标准化绩效管理水平持续发展的目的。

绩效改进主要涉及职责工作的改进，标准化绩效管理的根本目的在于促进工作绩效不断持续改进和提升，针对绩效考评结果反映的情况和问题，结合绩效计划，实施横向纵向的绩效分析，开展双向排查，帮助干部职工就未达到绩效目标的部分查找问题，分析原因，制定提升计划和整改措施，对各项管理制度、业务流程存在的不足进行完善和优化，并纳入下一年度绩效计划。通过绩效改进，可以使工作人员在工作中进一步发扬优点，改进不足，提高工作效率和水平。一方面，可以发现自身具备的长处和特点，为其他人员改进提供了好的方向；另一方面，可以发现自身存在的缺点和不足，找到改进的“参照系”，进一步提高自身的业务能力。

绩效改进还涉及标准化绩效管理体系自身的改进，对管理体系各个方面、各项内容不断进行自我完善和优化。标准化绩效管理体系不是固定不变的，每年都需要根据以往年度的实践运行经验和从各方收集整理的意见建议，对标准化绩效管理体系中需要改进的目标、指标、程序等进行调整和修正，在实践中不断提高管理水平，确保能够持续符合组织需求和现实需要。

## 第二节 职责分工

### 一、岗位（个人）

a）负责依据日常监控情况和提醒信息，制定提升计划，落实整改措施，反馈整改结果；

b）负责依据考评中发现的问题，编写分析报告，制定提升计划，并根据诊断结果落实提升计划；

c）负责结合绩效考评结果和工作实际，就标准化绩效管理制度、流程及目标指标设置、绩效系统功能等方面提出改进意见建议。

### 二、单位（处室）

a）负责依据日常监控情况和提醒信息，制定提升计划，落实整改措施，反馈整改结果；

b）负责依据考评中发现的问题，编写分析报告，制定提升计划，并根据诊断结果落实提升计划；

c）负责依据考评中发现的问题，向工作人员提出绩效改进建议，组织工作人员制定提升计划，落实整改措施，反馈整改结果；

d）负责统一汇总并反馈本单位（处室）工作人员提出的标准化绩效管理体系改进意见建议。

### 三、考评小组

负责在年度考评结束后，针对未达到绩效目标的工作，向相关单位提出工作方面的绩效改进建议，并对绩效整改提升情况进行督导。

### 四、绩效办

负责根据收集的改进意见建议，制定标准化绩效管理体系改进措施，经领导小组审定后，组织进行调整和修订。

### 五、领导小组

负责审定标准化绩效管理体系改进报告。

## 第三节　职责工作改进

从改进内容和方式看，职责工作方面的改进分为执行过程中的日常改进和绩效考评后的全面改进，分别通过日常监控和绩效考评，获取改进信息，持续改进完善工作。日常改进即单位（处室）及其工作人员依据日常监控情况和提醒信息，制定提升计划，落实整改措施，反馈整改结果。全面改进即年度考评结束后，考评小组针对未达到绩效目标的工作，向相关单位（处室）提出工作方面的绩效改进建议，并对绩效整改提升情况进行督导；厅内各单位（处室）依据考评中发现的问题，向工作人员提出绩效改进建议，组织工作人员制定提升计划，落实整改措施，反馈整改结果。

### 一、日常改进

**a）单位（处室）日常改进**

工作流程为：**单位（处室）接到提醒→单位（处室）制定整改措施→提醒主体诊断分析→单位（处室）接收改进建议→单位（处室）实施整改**。具体工作开展情况如下：

单位（处室）接到提醒信息3个工作日内，提出存在问题的整改措施，并录入标准化绩效管理系统，反馈提醒主体。

提醒主体收到绩效改进建议5个工作日内，进行诊断分析，将审定结果反馈单位（处室），并督导完成整改。

**b）岗位（个人）日常改进**

工作流程为：**岗位（个人）接到提醒→岗位（个人）制定整改措施→单位（处室）主要负责人诊断分析→岗位（个人）接收改进建议→岗位（个人）实施整改**（见图6-1）。具体工作开展情况如下：

岗位（个人）接到提醒信息3个工作日内，提出存在问题的整改措施，录入标准化绩效管理系统，反馈单位（处室）主要负责人。

单位（处室）主要负责人收到绩效改进建议5个工作日内，进行诊断分析，将审

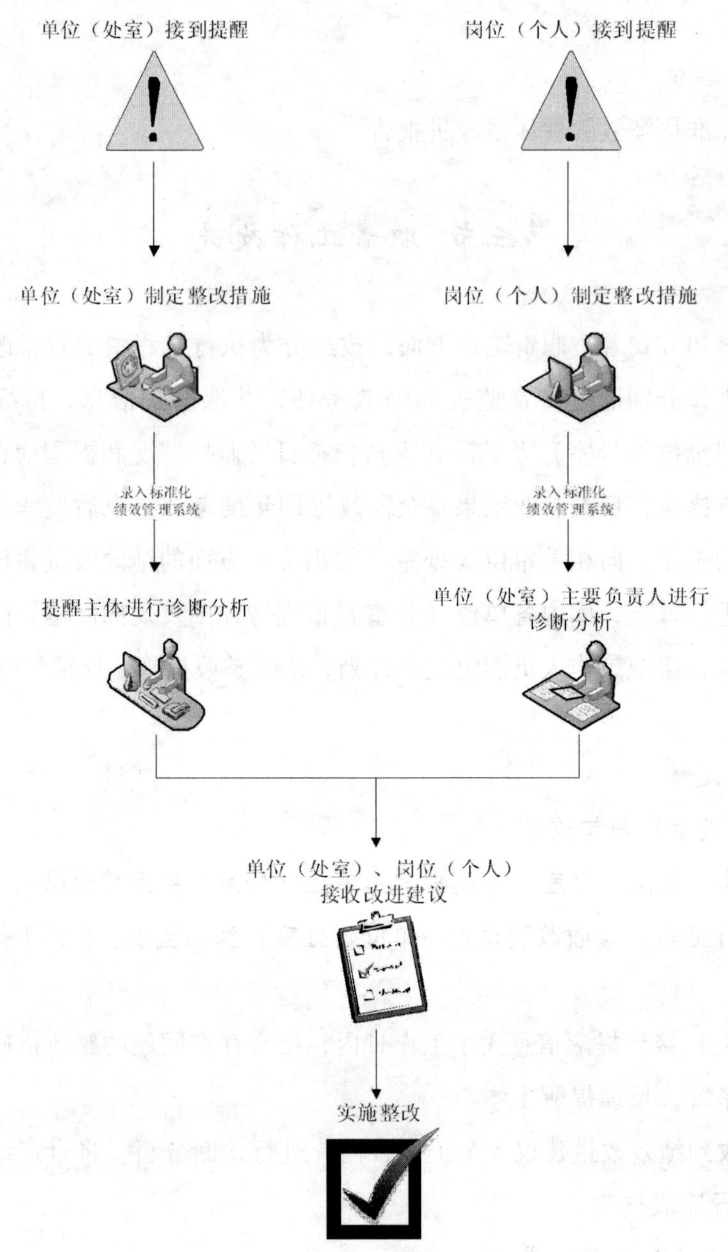


**图 6－1　日常改进流程图**

定结果反馈工作人员，并督导完成整改。

＞例：河北省财政厅某单位（处室）主要负责人通过绩效监控发现对口某厅局财政资金支出进度偏慢，便针对该情况即时提醒并约谈此项指标的承担岗位（个人）。岗位（个人）在 3 个工作日内就支出进度情况及时与对口厅局进行了沟通联系，充分掌握支出进度偏慢的成因，并制定整改措施报单位（处室）主要负责人审定。岗位（个人）通过督导催促、召开协调会等方式，使对口厅局财政支出进度达到规定序时进度。

## 二、全面改进

**a）单位（处室）全面改进**

工作流程为：**考评小组提出改进建议→单位（处室）编写分析报告→考评小组提出诊断建议→单位（处室）接收诊断结果→单位（处室）落实提升计划**（见图6－2）。具体工作开展情况如下：

年度考评结束后3个工作日内，考评小组针对未达到绩效目标的工作，向相关单位（处室）提出工作方面的绩效改进建议。

收到考评小组改进建议5个工作日内，单位（处室）自我分析、查找原因，编写分析报告，制定提升计划，反馈考评小组。

考评小组收到分析报告5个工作日内，汇总整理、诊断分析，提出绩效诊断建议，并将结果反馈各单位。

单位（处室）根据诊断结果落实提升计划，考评小组负责督导。

**b）岗位（个人）全面改进**

工作流程为：**岗位（个人）编写分析报告→单位（处室）主要负责人提出诊断建议→岗位（个人）接收诊断结果→岗位（个人）落实提升计划**。具体工作开展情况如下：

年度考评结束后5个工作日内，厅内各单位（处室）工作人员自我分析、查找原因，编写分析报告，制定提升计划，录入标准化绩效管理系统，反馈单位主要负责人。

单位（处室）主要负责人收到分析报告5个工作日内，汇总整理、诊断分析，形成绩效诊断建议，并将结果反馈工作人员。

厅内各单位（处室）工作人员根据诊断结果落实提升计划，单位（处室）主要负责人负责督导。

> 例：在河北省财政厅的实际应用中，当年度考评结束后，考评小组针对未达到绩效目标或存在不合格项的工作，向相关单位提出工作方面的绩效改进建议和标准化预防改进建议；单位依据考评中发现的问题，向工作人员提出绩效改进建议，帮助工

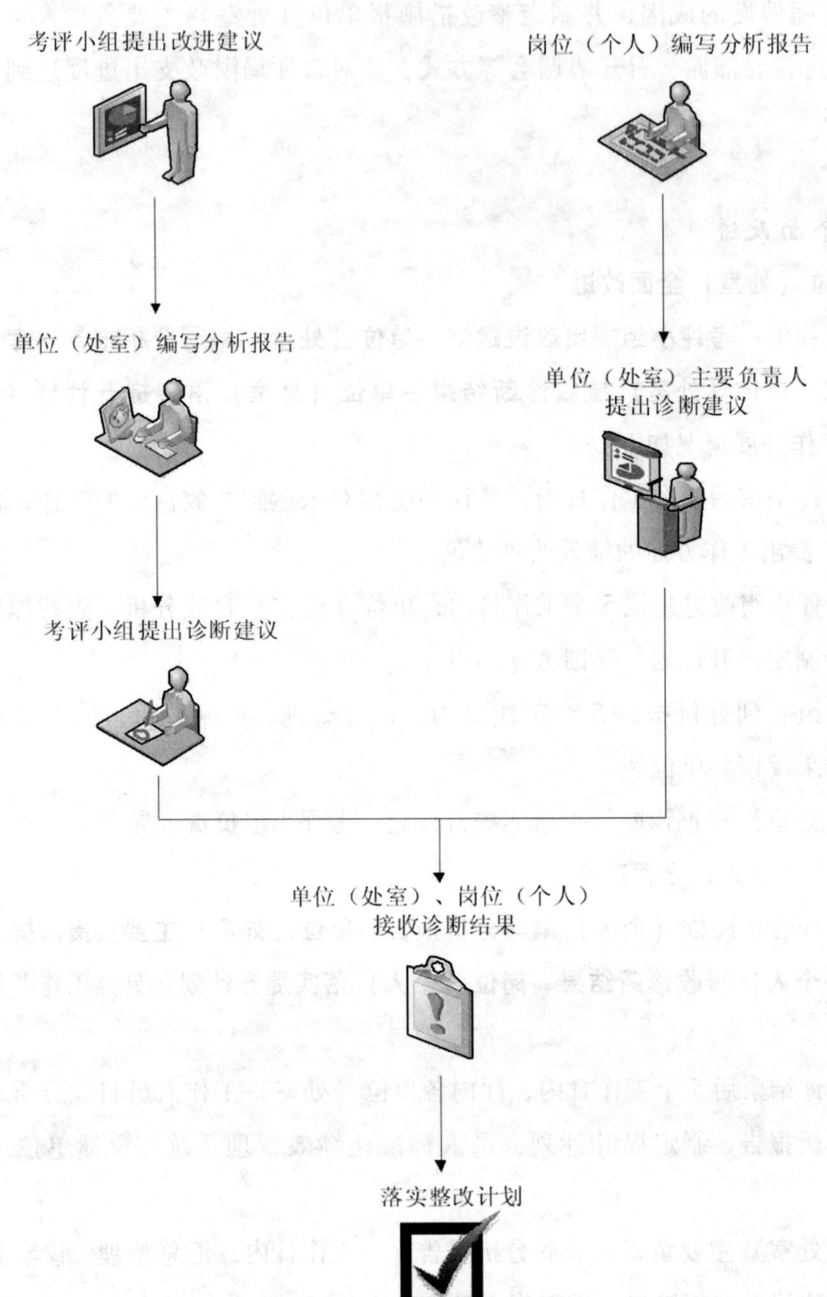


**图6－2　全面改进流程图**

作人员分析原因，制定提升计划。对于未按绩效计划要求完成的目标，如果是外因造成，就调整和优化不合理制度流程，尽力扫清“拦路虎”。如果是内因造成，分清楚是“想做不能做”还是“能做不想做”的问题。“想做不能做”属于能力问题，就加强培训和锻炼，提升工作能力。“能做不想做”属于态度问题，就考虑是激励不够，还是单位及工作人员自身认知问题。具体到标准化绩效管理信息系统中，就需要单位或个人编写不符合项的绩效分析报告，由考评小组和单位负责人负责审核把关并填写诊断报告，改进人根据诊断内容实施整改。

## 第四节 管理体系改进

标准化绩效管理体系改进是根据一个管理周期的运行情况，结合绩效考评结果和工作实际，在广泛征求意见的基础上，对标准化绩效管理制度、流程及目标指标设置、绩效系统功能等方面进行的调整和修订。

标准化绩效管理体系改进流程为：**岗位（个人）提出改进建议→单位（处室）汇总改进建议→绩效办汇总、整理、分析改进建议→绩效办制定改进报告→领导小组审定→绩效办组织实施改进**（见图6－3）。具体工作开展情况如下：

岗位（个人）对标准化绩效管理体系有改进建议的，可即时填写《标准化绩效管理意见反馈表》（见表6－1），单位（处室）汇总后反馈绩效办。

绩效办定期汇总、整理、分析绩效改进建议，年度考评结束后30个工作日内，结合体系运行过程中发现的问题，形成标准化绩效管理体系改进报告，提交领导小组研究审定。

4月10日前，绩效办根据领导小组审定结果，组织完善标准化绩效管理体系。

> 例：2015年度绩效考评结束后，河北省财政厅绩效办立即下发通知征求厅内各单位（处室）对标准化绩效管理体系改进的意见建议，共征集意见建议68条，有效意见建议47条，涉及指标设置、月计划月小结、工作负荷系数、责任系数、特别加扣分等多个方面。对这些意见，绩效办进行了认真归纳梳理，在起草《河北省财政厅关于标准化绩效管理体系改进的报告》过程中，逐条研究，充分吸收。《报告》经厅党组会审定后，绩效办于2016年第一季度考评开展前完成管理体系的各项改进工作。

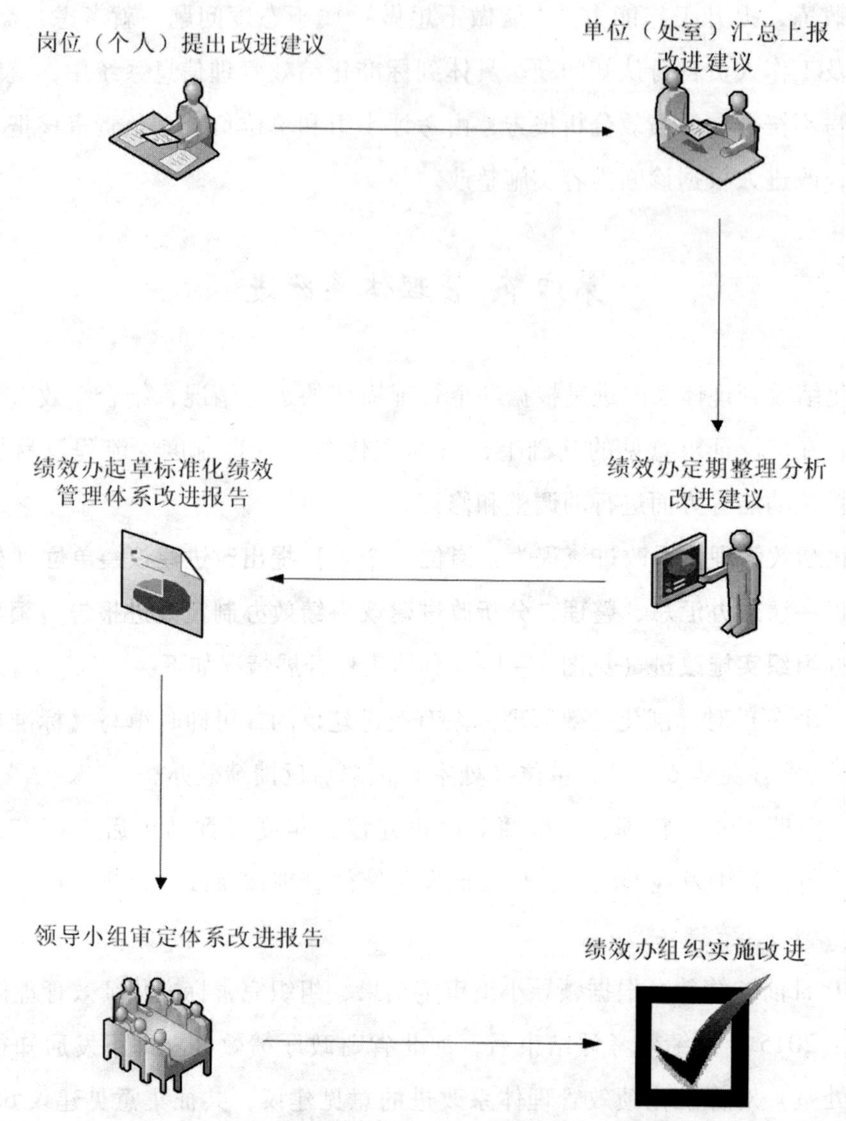


**图6-3 标准化绩效管理体系改革流程图**

**表 6－1　标准化绩效管理意见反馈表**

记录人：

| 单位 | |
|---|---|
| 建议内容及理由 | 年　月　日 |
| 厅绩效办意　见 | 年　月　日 |
| 领导小组审定结果 | 年　月　日 |

（使用说明略）

# 第七章 绩效沟通

绩效沟通是标准化绩效管理的灵魂和主线，是区别于传统考核的重要标志，它贯穿于管理始终，渗透于各个环节，在整个标准化绩效管理中耗时最长，也最为关键、最能产生效果。只有上下级之间、同级之间不断加强沟通协调，分别就绩效计划、指标设置、过程管理、绩效考评、绩效改进等环节内容，进行深入广泛交流，形成工作共识和价值认同，大家心往一处想、劲往一处使，“众人拾柴火焰高”，才能确保标准化绩效管理良性运转、持续改进。

## 第一节 绩效沟通概览

绩效沟通指上下级之间、考评主体与被考评对象之间在标准化绩效管理过程中就相关事项进行的协商和反馈。绩效沟通是标准化绩效管理的关键所在，是一个持续不断的双向交流过程。沟通环节涵盖目标分解、指标建立、计划辅导、过程管理、绩效考评、改进提升和结果运用等各个方面。通过绩效沟通，可以使各单位（处室）及其工作人员清楚工作目标是什么、标准规范是什么、在什么时间需要做到什么程度、做完之后有哪些成效需要总结和不足需要改进等。

## 第二节 沟通方法

沟通的方式多种多样，有口头方式、书面报告方式、正式会议方式、网络沟通方式等，所有这些沟通方式总结起来，可以分为正式沟通和非正式沟通。正式沟通包括定期的书面报告、会议沟通和正式会谈。非正式沟通不限定固定形式内容，应快速高效，及时解决问题。

### 一、正式沟通

正式的沟通方式一般都是事先计划和安排好的，适用于关键问题的解决。在日常的绩效沟通过程中，主要包括定期的书面报告、“一对一”的正式面谈、会议这三种形式。不同的沟通形式都有各自的优缺点。

**a）定期书面报告**

表现形式是使用文字或图表等方式，定期向报告绩效计划进度、遇到的问题、需要的支持等情况。这种沟通方式有固定的书面报告格式，可以培养单位（处室）及其工作人员系统地思考问题，提高逻辑性和书面表达能力，同时沟通内容可提供记录查阅。但大量的文字工作易使单位及其工作人员感到厌烦，同时限于单向交流的形式，缺乏沟通的互动性，不利于发挥沟通交流的原本作用。

**b）“一对一”的正式面谈**

这种沟通方式要求标准化绩效管理各方在规定的时间内，针对绩效计划的执行情况进行沟通交流，最终就某一问题达成共识并制定解决方案。好处是可以进行比较直接深入的交流，及时发现单位及其工作人员的问题与不足，及早消除出现的不利因素。同时面对面的交流，有利于各方建立融洽的关系。

**c）会议沟通**

这种方式更加直接，可以满足团队交流的需要，使成员相互掌握工作进展情况，也可以传递有关组织战略和文化的信息。但是定期的会议沟通耗时耗力，如果时间安排不好会影响业务工作的开展，组织不够理想，也会使会议形式化。

### 二、非正式沟通

非正式沟通适用于就日常疑问及时进行沟通咨询。非正式的沟通方法，形式丰富多样、灵活，如电话沟通、邮件沟通、QQ 群、微信群、开放式讨论等，不需要刻意准备，也不易受到时间、空间的限制，问题出现后马上进行沟通，从而使问题得到最快解决。

## 第三节　沟通内容

如果把标准化绩效管理比作手串，“绩效计划、绩效监控、绩效考评、绩效改进”

四个环节就是手串上的每一粒珠子，而绩效沟通则是那个至关重要的串绳。正是有贯穿于每个环节的绩效沟通的存在，才使得四个环节紧密地联结、层层递进，共同构成了一个有机、完整的渐进式循环系统。

## 一、绩效计划阶段

绩效办与各单位（处室）、各单位（处室）负责人与工作人员之间应根据“三定”方案、岗责体系、业务流程、年度工作要点，对绩效目标指标内容进行反复沟通，达成一致，形成绩效计划。

>例：在河北省财政厅的实际应用中，绩效办与厅内各单位（处室）、各单位（处室）负责人与工作人员之间根据三定规定、岗责体系、业务流程、年度工作要点，对绩效目标指标内容进行反复沟通。沟通内容主要包括如何确定绩效目标，如何将绩效目标逐级分解为省厅、部门和个人三级指标，如何确定指标的“八要素”，怎样明确指标的时间、质量和数量维度，如何确定指标的数据来源等。经过深入地沟通交流，最终达成一致意见，形成绩效计划。

## 二、绩效监控阶段

绩效办与各单位（处室）、各单位（处室）负责人与工作人员之间应根据绩效计划执行情况，适时进行沟通，记录沟通结果。

> 例：河北省财政厅在实际应用中，以标准化绩效管理信息系统为依托，通过查看单位（处室）和个人的月计划和月小结情况，可精确地从时间、数量、质量等不同方面的控制节点，了解每个人每项指标的完成情况，在执行中存在哪些问题。针对单位（处室）和个人绩效计划执行情况及存在的问题，厅领导、绩效办和厅内各单位（处室）负责人可以通过系统提示、面谈、邮件等方式，进行实时提醒和综合提醒。对于需要帮助和支持的，绩效办通过业务培训、会议传达等方式，对计划执行中的共性问题进行统一辅导；或者通过平台交流、工作面谈、电话、邮件等方式，对个性问题进行即时辅导。适时沟通完成后，绩效办填写《绩效沟通情况表》，记录沟通结果，录入标准化绩效管理信息系统。

## 三、绩效考评阶段

考评主体与各单位（处室）、各单位（处室）负责人与工作人员之间应及时沟通考评情况，记录沟通结果。

>例：河北省财政厅在实际应用中，绩效沟通贯穿于绩效考评的三个关键环节。首先是生成最初原始得分环节。当考评主体将单位（处室）、岗位指标考评数据录入系统，系统软件按照指标考评标准及评价方法自动生成厅内各单位（处室）和个人的初始得分后，绩效办将最初原始得分通过绩效系统进行公布，以供被考评者及时了解自己工作完成情况，自身有哪些不足。其次是生成最终原始得分环节。被考评者如若对最初原始得分有异议，可以通过申辩申诉的方式向绩效办反馈，绩效办会根据核实的结果对最初原始得分进行修正，生成最终原始得分，以确保考评结果的客观真实，增加被考评者对考评结果的认可度。最后是调整得分环节。调整得分是为了保证考评结果的公平公正可比，需要由绩效系统在后台进行复杂的数据运算。为让被考评者了解调整原理，绩效办通过举办培训班、会谈等方式，并接受电话和邮件的持续沟通，帮助被考评者理解调分原理，达成结果认同。

## 四、绩效改进阶段

年度考评结束后，绩效办与各单位（处室）、各单位（处室）负责人与工作人员之间应根据绩效结果，对出现的问题进行沟通分析，制定改进措施。

> 例：在河北省财政厅的实际应用中，年度考评结束后，考评小组针对未达到绩效目标或存在不合格项的工作，向相关单位（处室）提出工作方面的绩效改进建议和标准化预防改进建议；单位（处室）依据考评中发现的问题，向工作人员提出绩效改进建议，帮助工作人员分析原因，制定提升计划。具体到信息系统中，就需要单位（处室）或个人编写不符合项的绩效分析报告，由绩效办和单位（处室）负责人负责审核把关并填写诊断报告，改进人根据诊断内容编写提升计划，待提升计划经单位（处室）负责人和绩效办审核通过，整个沟通过程结束。

# 第八章 结果应用

结果应用是标准化绩效管理运行的重要保障。每年年终考评结束后，将考评结果作为干部选拔任用、评先评优、年度考核以及其他奖励的重要依据，同时对考评成绩落后者采取一定惩戒措施，以激发干部职工干事创业的活力和动力。

## 第一节 结果应用概览

### 一、主要内容

结果应用坚持正向激励为主，鞭策加压为辅，综合应用绩效考评结果。正向激励主要是将绩效考评结果作为单位评先评优、年度考核以及其他奖励的主要依据，同时作为个人选拔任用、轮岗交流、评先评优、年度考核、学习培训、目标绩效奖励以及其他奖励的主要依据。鞭策加压方面主要是对绩效考评成绩连续多年排名靠后或退步明显的单位和个人给予公示或约谈的惩戒措施。

### 二、职责分工

a）厅党组负责审定选人用人及评先评优结果。

b）领导小组负责审定绩效办提供的惩戒落后建议。

c）绩效办负责提供年度考评结果及排名。单位排名要分类提供，个人排名要分类分级别提供。同时负责向领导小组提供对排名落后单位和个人的惩戒建议，经领导小组审定后具体执行。

d）人事教育处负责组织选人用人及评先评优活动。

e）厅内各单位负责相关工作配合事宜。

### 三、主要流程

结果应用的主要流程分4部分，分别为处级领导职务干部选拔任用、处级非领导职务干部选拔任用、年度考核和鞭策加压。

## 第二节　处级领导职务干部选拔任用

具体流程见图8－1。

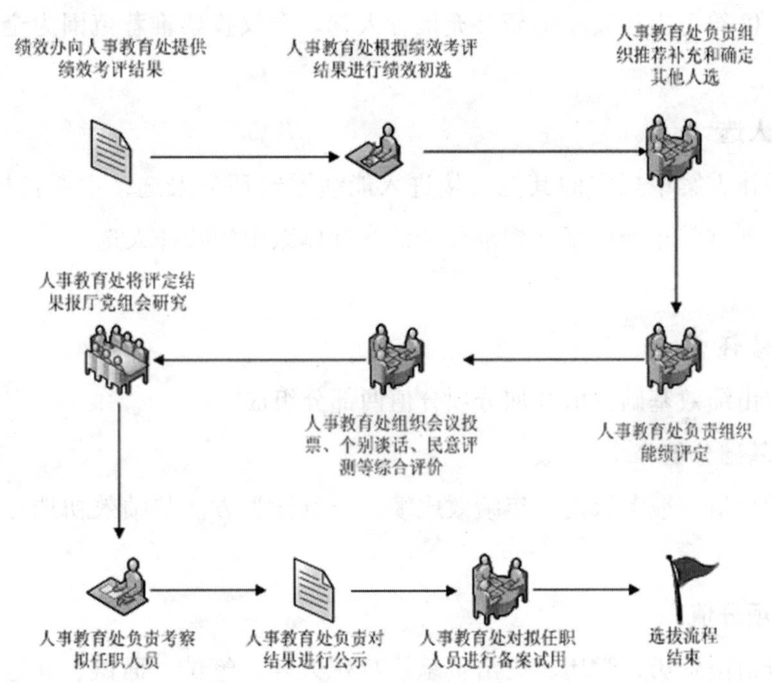


图8－1　处级领导（非领导）职务干部选拔任用流程

### 一、初选

a）绩效初选

在符合任职资格条件人员中，根据近三年绩效分值，按照选配职位数量3－5倍的比例，确定绩效初选人员进入能绩评定环节。

绩效分值按推行标准化绩效管理后年限记分。2016年计算绩效得分方法为：2014年度绩效成绩×50%＋2015年度绩效成绩×50%；2017年以后计算绩效得分依据前三年绩效成绩，按上一年度绩效成绩的40%、再前两个年度绩效成绩均按30%的权重计算。

b）**推荐补充**

绩效初选名单确定之后，以会议投票方式征求对初选人员意见。如果认为在符合提任资格条件但未进入绩效初选范围的人员中，还有其他合适人选的，也可以提名推荐。但推荐人选总数（即绩效初选人选与新补充推荐人选）不得超出绩效初选人选数量。新补充推荐人选得票数必须高于绩效初选人员推荐得票平均数，才能进入能绩评定环节。进入初选人选的最终人选包括：⑴绩效初选人选，不论得票多少，均进入能绩评定环节；⑵符合上述要求的新补充推荐人选。会议投票推荐范围为全厅副处级以上干部。

c）**其他人选**

在具体操作方案中规定的其他直接进入能绩评定环节人选，主要指援疆、援藏、挂职、锻炼、扶贫等未能包括在标准化绩效管理体系中的特殊人选。

## 二、能绩评定

能绩评定由绩效基础分值和加分项分值两部分组成。

a）**绩效基础分值**

绩效基础分值一般考核近三年绩效成绩，分值计算方法与绩效初选环节计算方法相同。

b）**加分项分值**

加分项分值由资历、学历、突出贡献、特殊人才、笔试、面试、其他特殊加分项七部分分值组成。

——资历（1分）。自符合拟提任职务最低条件的职级任职时间算起，即选拔正处级领导职务的，调研员和副处级干部均按任副处级时间算起；选拔副处级领导职务的，副调研员和主任科员（科级干部）均按任主任科员（科级干部）时间算起；事业单位（处室）人员按取得副高级职称资格时间算起。每增加1个月计0.01分，满分1分。

——学历学位（1.4分）：大专及以下学历计0.8分，大学本科学历计1分，研究生学历或硕士学位计1.2分，博士研究生学历或博士学位计1.4分。

——突出贡献（2分）。主要考核从推行标准化绩效管理后以绩效考评为主要依据确定的近三年突出贡献。年度考核被确定为优秀等次、荣记三等功、二等功、一等功及以上奖励的，分别计0.5分、1分、1.5分、2分。连续三年考核优秀记三等功的，不作为荣记三等功计分项；满分2分，不重复计分。突出贡献没有明确记功奖励的均按优秀等次对待计分，同一年度内不重复计分。优秀党员视同优秀等次；2016年以后，干部在下基层期间获得记功奖励和优秀等次的，按厅内记功和考核等次同等对待。

突出贡献分值按推行标准化绩效管理后年限记分。2016年计算方法为：2014年度分值×50%+2015年度分值×50%；2017年以后计算突出贡献得分依据前三年分值，按上一年度突出贡献分值的40%、再前两个年度突出贡献分值均按30%的权重计算。

——特殊人才（2分）。获得国家突出贡献专家、国务院特殊津贴专家、全国杰出专业技术人才、国家“百千万人才工程”等相关人选的计2分；获得全国优秀留学回国人员、全国专业学术领军人才或牵头人、省突出贡献专家、省杰出专业技术人才等相关人选的计1分；获得省“三三三”人才工程一层次、省“百人计划”等相关人选的计0.5分；获得省“三三三”人才工程二层次人选、省优秀留学回国人员、优秀专家出国培训人选、省社会科学优秀青年专家、省优秀专家、全省专业学术领军人才或牵头人等相关人选的计0.2分。

——笔试（5分）。采取闭卷方式，考试内容主要为从事财政工作应知应会的基本理论、业务知识及操作技能。笔试成绩在90分以上计5分，80—89分计4.5分，70—79分计4分，60—69分计3.5分，59分及以下计3分。

——面试（5分）。主要测试干部在基本理论、业务素质和应变能力、语言表达能力、领导素质、胜任特征等方面与选拔职位的适应程度。面试成绩在90分以上计5分，80—89分计4.5分，70—79分计4分，60—69分计3.5分，59分及以下计3分。

——其他。根据工作需要，经厅党组研究确定的特殊加分项，在具体操作方案中确定。

厅党组根据绩效基础分值差，确定加分项分值具体换算系数，单项加分项分值乘以换算系数后加入绩效基础分值。

最终，能绩评定总成绩=绩效基础分值+Σ（单项加分×换算系数）。

## 三、综合评价

根据能绩评定结果排序，按照选配职位数量1∶2的比例确定进入综合评价人选。综合评价包括民主推荐、民意测评、酝酿等环节。民主推荐按照选配数量进行推荐，分会议投票推荐和个别谈话推荐，先后顺序可根据实际情况进行调整。

**a）会议投票推荐**

参加会议推荐范围：副处级以上干部。

被推荐人选按“三定”方案规定的处室、单位（处室）顺序排序，同一处室、单位（处室）的依次按职位高低、任现职时间、任上一职级时间、参加工作时间、出生年月排序。推荐票分A、B票，厅领导为A票，其他参会人员为B票。会议推荐票为定额民主推荐票。

**b）个别谈话推荐**

参加个别谈话推荐范围：厅领导，各处室、单位（处室）主要负责同志。个别谈话推荐实行定额推荐并署名。推荐票分A、B票，厅领导为A票，其他参会人员为B票。

**c）所在单位（处室）民意测评**

为更好地了解群众公认情况，设置民意测评环节，设“同意推荐”和“不同意推荐”两档评价意见。在组织会议投票推荐和个别谈话推荐基础上，由人教处、驻厅纪检组等部门共同组成工作小组，在人选所在单位（处室）进行民意测评。

**d）酝酿**

人教处将能绩评定得分、会议投票推荐、个别谈话推荐、民意测评情况作为重要参考，充分考虑岗位需求及人岗相适情况，充分考虑优化干部队伍结构需要，充分听取厅领导意见，最后形成人选初步方案，在征求驻厅纪检组、厅机关纪委意见后，报厅党组书记、副书记审定。

## 四、党组研究

人事教育处将经厅党组书记、党组副书记审定后的初步人选建议提交厅党组会，厅党组研究确定考察对象。

后续的考察、公示、备案、试用等环节为人事教育处选人用人常规环节，不再细述。

# 第三节　处级非领导职务干部选拔任用

具体流程见图 8－1。

## 一、初选

**a）绩效初选**

在符合任职资格条件人员中，根据近三年绩效分值，按照选配职位数量 3－5 倍的比例，确定绩效初选人员进入能绩评定环节。

绩效分值按推行标准化绩效管理后年限记分。2016 年计算绩效得分方法为：2014 年度绩效成绩＊50% +2015 年度绩效成绩＊50%；2017 年以后计算绩效得分依据前三年绩效成绩，按上一年度绩效成绩的 40%、再前两个年度绩效成绩均按 30% 的权重计算。

**b）推荐补充**

在标准化绩效管理体系运行初期，绩效初选名单确定之后，以会议投票方式征求对初选人员意见。如果认为在符合提任资格条件但未进入绩效初选范围的人员中，还有其他合适人选的，也可以提名推荐。但推荐人选总数（即绩效初选人选与新补充推荐人选）不得超出绩效初选人选数量。新补充推荐人选得票数必须高于绩效初选人员推荐得票平均数，才能进入能绩评定环节。进入初选人选的最终人选包括：⑴绩效初选人选，不论得票多少，均进入能绩评定环节；⑵符合上述要求的新补充推荐人选。会议投票推荐范围为全厅副处级以上干部。

**c）其他人选**

在具体操作方案中规定的其他直接进入能绩评定环节人选，主要指援疆、援藏、挂职、锻炼、扶贫等未能包括在标准化绩效管理体系中的特殊人选。

## 二、能绩评定

能绩评定由绩效基础分值和加分项分值两部分组成。

**a）绩效基础分值**

绩效基础分值一般考核近三年绩效成绩，分值计算方法与绩效初选环节计算方法相同。

b）加分项分值

加分项分值由工作年限、任职年限、突出贡献、特殊人才和其他特殊加分项五部分分值组成。

——工作年限（10 分）。自参加工作当月算起，每一个月计 0.03 分，满分 10 分。

——任职年限（10 分）。自符合拟提任职务最低条件的职级任职时间算起，每月计 0.05 分，满分 10 分。其中，担任领导职务的自任职当月算起每月加计 0.01 分。

——突出贡献（4 分）。主要考核以绩效考评为主要依据确定的近三年突出贡献。年度考核被确定为优秀等次、荣记三等功、二等功、一等功及以上奖励的，分别计 1 分、2 分、3 分、4 分。连续三年考核优秀记三等功的，不作为荣记三等功计分项；满分 4 分，不重复计分。突出贡献没有明确记功奖励的均按优秀等次对待计分，同一年度内不重复计分。优秀党员视同优秀等次；2016 年以后，干部在下基层期间获得记功奖励和优秀等次的，按厅内记功和考核等次同等对待。

突出贡献分值按推行标准化绩效管理后年限记分。2016 年计算方法为：2014 年度分值×50% +2015 年度分值×50%；2017 年以后计算突出贡献得分依据前三年分值，按上一年度突出贡献分值的 40%、再前两个年度突出贡献分值均按 30% 的权重计算。

——特殊人才（5 分）。获得国家突出贡献专家、国务院特殊津贴专家、全国杰出专业技术人才、国家“百千万人才工程”等相关人选的计 5 分；获得全国优秀留学回国人员、全国专业学术领军人才或牵头人、省突出贡献专家、省杰出专业技术人才等相关人选的计 4 分；获得省“三三三”人才工程一层次、省“百人计划”等相关人选的计 3 分；获得省“三三三”人才工程二层次人选、省优秀留学回国人员、优秀专家出国培训人选、省社会科学优秀青年专家、省优秀专家、全省专业学术领军人才或牵头人等相关人选的计 2 分。

——其他。根据工作需要，经厅党组研究确定的特殊加分项，在具体操作方案中确定。

厅党组根据绩效基础分值差，确定加分项分值具体换算系数，单项加分项分值乘以换算系数后加入绩效基础分值。

最终，能绩评定总成绩 = 绩效基础分值 + Σ（单项加分×换算系数）。

## 三、综合评价

根据能绩评定结果排序，按照选配职位数量1：2的比例确定进入综合评价人选。综合评价包括民主推荐、民意测评、酝酿等环节。民主推荐按照选配数量进行推荐，分会议投票推荐和个别谈话推荐，先后顺序可根据实际情况进行调整。综合评价情况作为重要参考。

**a）会议投票推荐**

参加会议推荐范围：副处级以上干部。

被推荐人选按“三定”方案规定的处室、单位（处室）顺序排序，同一处室、单位（处室）的依次按职位高低、任现职时间、任上一职级时间、参加工作时间、出生年月排序。推荐票分A、B票，厅领导为A票，其他参会人员为B票。会议推荐票为定额民主推荐票。

**b）个别谈话推荐**

参加个别谈话推荐范围：厅领导，各处室、单位（处室）主要负责同志。个别谈话推荐实行定额推荐并署名。推荐票分A、B票，厅领导为A票，其他参会人员为B票。

**c）所在单位（处室）民意测评**

为更好的了解群众公认情况，设置民意测评环节，设“同意推荐”和“不同意推荐”两档评价意见。在组织会议投票推荐和个别谈话推荐基础上，由人事处、驻厅纪检组等部门共同组成工作小组，在人选所在单位（处室）进行民意测评。

**d）酝酿**

人教处将能绩评定得分、会议投票推荐、个别谈话推荐、民意测评情况作为重要参考，充分考虑岗位需求及人岗相适情况，充分考虑优化干部队伍结构需要，充分听取厅领导意见，最后形成人选初步方案，在征求驻厅纪检组、厅机关纪委意见后，报厅党组书记、副书记审定。

## 四、党组研究

人事教育处将经厅党组书记、党组副书记审定后的初步人选建议提交厅党组会，厅党组研究确定考察对象。

后续的考察、公示、备案、任命等环节为人事教育处选人用人常规环节，不再细述。

## 第四节 年度考核

具体流程见图 8 –2。

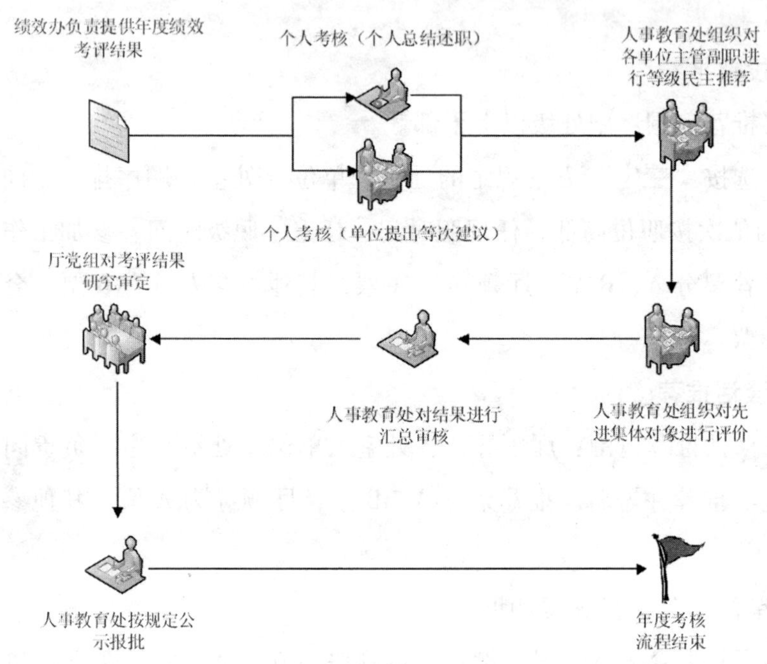


图 8 –2 年度考核流程图

### 一、个人考核

**a）个人总结述职**

公务员、直属事业单位（处室）工作人员认真回顾一年的工作，撰写个人总结，要重点突出、简明扼要，一般在 1000 字左右，并在本单位（处室）内部进行述职。

**b）提出等次意见**

各单位（处室）结合绩效指标完成情况、干部职工一贯表现等，提出年度考核等次意见，其中优秀等次人选必须在全厅绩效考核成绩按承担二级指标、三级指标分别排名前 60% 人员中推荐（厅驻村干部和长期借调抽调到省直部门帮助专项工作的人员不受此限制），严格控制在本单位（处室）实有在册人数（不含主要负责人）15% 比例以内；若全厅绩效考核成绩按承担二级指标、三级指标分别排名前 60% 人员中没有本单位（处室）人员，则不得推荐优秀等次人员。

### 二、民主推荐

根据各类别单位（处室）主要负责人绩效考评总分排名情况，对排名在前60%的主要负责人作为优秀等次评选对象，由厅领导和全厅单位（处室）主要负责人对评选对象进行民主测评，按照厅领导和全厅单位（处室）主要负责人各占50%权重计算民主测评成绩。再按照单位（处室）主要负责人绩效成绩占70%、民主测评成绩占30%的权重计算出总成绩，由人教处按每个单位（处室）类别30%的比例综合提出优秀等次建议名单。

### 三、单位（处室）考评

全厅各单位（处室）全年绩效考评总分在分类别中排名前60%的单位（处室）作为评选先进集体推荐对象，由厅领导和全厅单位（处室）主要负责人对推荐对象进行民主测评，按照各占50%权重计算民主测评成绩。再按照单位（处室）绩效成绩占70%，民主测评成绩占30%的权重计算出总成绩重新排名后，由人教处按每个单位（处室）类别30%的比例综合提出先进单位（处室）建议名单。

### 四、考核结果报批

人教处根据各单位（处室）推荐情况和测评结果综合提出先进集体、考核等次意见、受行政奖励建议名单，报厅党组研究确定后，按规定程序进行公示并报批。

## 第五节　鞭策加压

### 一、约谈

对连续两年同类排名后10%的或连续两年同类排名后30%且位次后移2位以上的单位，按照管理级次，分别由厅党组对单位主要负责人进行约谈。

对连续两年同级别排名后10%的或连续两年同级别排名后30%且位次后移5位以上的个人，按照管理级次，分别由厅党组和单位主要负责人进行约谈。

## 二、公示

对连续三年同类排名后10%的或连续三年同类排名后30%且位次累计后移4位以上的单位，第一年对该单位进行提醒，逐步开展公示并扩大公示范围。

对连续三年同级别排名后10%的或连续三年同级别排名后30%且位次累计后移10位以上的个人，第一年对该人员进行提醒，逐步开展公示并扩大公示范围。

# 第九章 注意事项

“不以规矩，不能成方圆”。作为一个全员参与的现代化管理平台，其有效运行的前提是参与其中的每一名干部职工都要遵循标准化绩效管理规则和工作规范。在这个公平公正的制度“规则”下，每位“牌局”参与者都按规矩“出牌”，左右“牌局”结果的是平等地坐在一起的每位“牌友”的“牌面”和“牌技”，这时就要看你能否运用好“规则”所赋予的手中权限，在顺利“出牌”中打好“技术牌”和“艺术牌”。可见，标准化绩效管理是一门学问，也是一门艺术。只有严格遵循标准化绩效管理规则，科学合理地履行职责权限，熟练掌握和运用好管理技巧，才能在持续改进的标准化绩效管理循环中抓住锻炼自我、展现自我的机会，实现自我改进、自我完善、全面提升。

## 第一节 把住“手中牌”：要做到心中有数

在标准化绩效管理“牌局”中，主要参与者为主要厅领导、主管厅领导、单位（处室）主要负责人、单位（处室）其他负责人、一般工作人员等5种角色。每种角色，在标准化绩效管理流程中被赋予了多重职责，手中握有多张可供选择和支配的“牌”。具体内容如下：

### 一、主要厅领导的5项职责

1. 审定单位（处室）年度绩效计划初稿；
2. 审定单位（处室）年度绩效计划变更调整方案；
3. 按照20%权重确定创新工作计划；
4. 按照20%权重认定突破性工作；
5. 直接推荐特别加分项目。

## 二、主管厅领导的8项职责

1. 审定分管单位（处室）年度绩效计划初稿；

2. 审定分管单位（处室）年度绩效计划变更调整方案；

3. 审核分管单位（处室）月计划、月小结、周记录；

4. 对分管单位（处室）进行绩效提醒并审核提醒响应；

5. 评价分管单位（处室）其他负责人的季度工作负荷系数；

6. 按照30%权重参与确定创新工作计划；

7. 按照40%权重参与认定突破性工作；

8. 按照3%比例对分管单位（处室）一般工作人员进行“任劳任怨”特别加分提名。

## 三、单位（处室）主要负责人的21项职责

1. 初拟、修改单位（处室）绩效指标；

2. 审定个人绩效指标；

3. 组织对本单位（处室）个性指标评星；

4. 组织起草本单位（处室）书面绩效计划调整报告；

5. 编写本单位（处室）月计划、月小结、周记录；

6. 审核本单位（处室）其他负责人月计划、月小结、周记录；

7. 对本单位（处室）其他负责人及一般人员进行人工提醒并审核提醒响应；

8. 评价本单位（处室）其他负责人及一般工作人员的季度工作负荷系数；

9. 提出本单位（处室）的创新工作项目；

10. 提交本单位（处室）创新工作完成证明材料；

11. 按照30%权重参与确定本单位（处室）外的创新工作计划；

12. 提交本单位（处室）的突破性工作项目及完成证明材料；

13. 按照40%权重参与认定本单位（处室）外的突破性工作；

14. 审核本单位（处室）一般工作人员年度考评指标数据；

15. 提出单位（处室）申辩、申诉；

16. 审核本单位（处室）一般工作人员绩效分析报告；

17. 编写本单位（处室）一般工作人员绩效诊断报告；

18．审核本单位（处室）一般工作人员绩效提升计划；
19．编写本单位（处室）绩效分析报告；
20．编写本单位（处室）绩效提升计划；
21．提出标准化绩效管理体系改进建议。

## 四、单位（处室）其他负责人的12项职责

1．初拟、修改分管的单位（处室）绩效指标；
2．参与对本单位（处室）个性指标评星；
3．在计划调整时提出分管的二级指标调整意见；
4．编写分管工作月计划、月小结、周记录；
5．审核分管一般工作人员月计划、月小结、周记录；
6．对单位（处室）主要负责人作出的人工提醒进行响应；
7．对分管一般工作人员进行人工提醒并审核提醒响应；
8．评价本单位（处室）一般工作人员的季度工作负荷系数；
9．推荐本单位（处室）分管的创新工作项目；
10．提交本单位（处室）分管的创新工作完成证明材料；
11．提交本单位（处室）分管的突破性工作项目及完成证明材料；
12．提出标准化绩效管理体系改进建议。

## 五、一般工作人员的14项职责

1．初拟、修改岗位（个人）绩效指标；
2．参与对本单位（处室）个性指标评星；
3．在计划调整时提出承担的岗位（个人）指标调整意见；
4．编写个人周记录、月计划、月小结；
5．人工、自动提醒响应；
6．评价单位（处室）其他负责人和其他一般工作人员的工作负荷系数；
7．录入季度、年度个人考评指标数据；
8．推荐创新工作项目；
9．提交承担的创新工作完成证明材料；
10．推荐突破性工作项目及完成证明材料；

11. 提出个人申辩、申诉；

12. 编写个人绩效分析报告；

13. 编写个人绩效提升计划；

14. 提出标准化绩效管理体系改进建议。

## 第二节 出好“关键牌”：好钢用在刀刃上

在标准化绩效管理“牌局”中，主要厅领导、主管厅领导、单位（处室）主要负责人、单位（处室）其他负责人、一般工作人员等5种角色，不但需要履行好职责，该“出牌”时“出牌”，确保“牌局”顺利“打下去”，而且要会区分“手中牌”，哪些是“义务牌”，哪些是“权力牌”，更要意识到哪些“权力牌”是事关全局或切身利益的“关键牌”，只有把好钢用在刀刃上，才能将标准化绩效管理的导向性作用发挥到极致。

### 一、主要厅领导的5项权限

1. 审定绩效计划：确保全厅大事不能丢、领导部署不能缺、上级要求不能降、评价水平有提升。应注重将标准化绩效管理模式上升到战略发展层面，意识到决定标准化绩效管理价值的深层原因在于文化，标准化绩效管理能量的释放取决于绩效文化形态的驱动。标准化绩效管理形态年度演进的“胎盘”，孕育着倡导公平公正和向上向善的绩效文化“新生儿”。需要看到，绩效文化对标准化绩效管理具有“赋值”功能，如果说标准化绩效管理流程的运用是“一次赋值”，那么绩效文化的培树就是“二次赋值”。

2. 审定绩效计划变更：确保省委省政府及厅党组年度内新安排部署的重要工作任务全纳入、全厅临时交办事项不能丢。

3. 确定创新工作计划：选择对标全国首创或居于全国领先地位或填补我省空白的先进性重大创新事项、对全系统工作具有显著推动作用的全局性重大创新事项、具有复制推广价值的实用性重大创新事项。

4. 认定突破性工作：选择具有先进性或推广价值的工作成果、取得突出成绩的全厅性重点工作。

5. 直接推荐特别加分项目：推荐未纳入本年度创新工作和突破性工作的增强队

伍凝聚力、执行力以及协作配合等其他重要工作事项，对单位（处室）和个人特别加分起到查漏补缺的作用。

### 二、主管厅领导的6项权限

1. 审定分管绩效计划：确保分管的全厅大事不能丢、领导部署不能缺、上级要求不能降、评价水平有提升。

2. 审定分管绩效计划变更：确保分管的省委省政府及厅党组年度内新安排部署的重要工作任务全纳入、全厅临时交办事项不能丢。

3. 评价季度工作负荷系数：打破分管单位（处室）界限，各季度为单位（处室）其他负责人进行工作负荷分级。要求熟悉每位评价对象及其季度工作负荷情况。

4. 参与确定创新工作计划：权限与主要厅领导相同。选择时，既要关注分管单位（处室），又要兼顾其他单位（处室）。

5. 参与认定突破性工作：权限与主要厅领导相同。选择时，既要关注分管单位（处室），又要兼顾其他单位（处室）。

6. 提名“任劳任怨”特别加分人员：提名分管单位（处室）里埋头苦干、甘于奉献、加分机会较少的一般工作人员。要求关注分管单位（处室）平凡工作岗位上的普通工作人员工作状态。

### 三、单位（处室）主要负责人的8项权限

1. 组织单位（处室）个性指标评星：依据对应工作对于本单位（处室）的重要程度、难易程度和工作量评出星级。既要考虑指标承担者合理诉求，又要兼顾全单位（处室）整体工作的摆布。

2. 提出单位（处室）绩效计划调整意见：就可取消或推迟的绩效指标或关键节点、可降低要求的评价标准，提出全面合理诉求。关键是做到不漏项，待绩效考评时再发现需要该调整的事项，将对单位（处室）不利，调整起来就被动了。

3. 评价季度工作负荷系数：要主持公道，树立导向，各季度将“A”据实打给工作负荷较大的单位（处室）其他负责人及一般工作人员，让干得好的人员凸显出来，成为标杆，督促大家都往好里干。不能对评价对象特别是单位（处室）其他负责人做老好人，搞平均主义、轮流坐庄，看似公正、谁也不得罪，到年底算账，谁也没吃亏，谁也没沾光，全厅大排队很难挤入第一梯队。到头来，干得差的不领情，干得好

的有怨言，大家都不愿意好好干了，单位（处室）工作开展就会受到影响，时间长了负面作用将形成单位（处室）的一种风气，改起来就难了。

4. 提出创新工作项目：按照首创性、有效性和实用性的基本要求，积极申请一般创新工作项目，争取重大创新工作项目。创新工作项目申报成功，既有利于扩大本单位（处室）影响和全厅工作站位，又能体现自我加压、提高工作标准的主动要求。需要注意的是，创新成功能加分，创新失败会扣分。在具体执行中，为了鼓励创新、保护创新积极性，领导层会对创新未达到预期目标的单位（处室）给予必要的容错考虑。

5. 提交突破性工作项目：考虑到突破性工作只加分不扣分，应选择具有先进性或推广价值的工作成果、取得突出成绩的全厅性重点工作积极申报。从认定规则来看，并不是报的项目越多越好，这样容易出现"打票分散"，倒不利于项目申报成功，有利的选择是"规模适度，突出重点"。

6. 申辩申诉：既要做到该提的诉求都要提，积极争取单位（处室）利益或将损失降到最低，又要提出合理诉求，争取裁决者的认同和理解，还要提出有利诉求，避免单位（处室）既得利益受损。

7. 编写绩效诊断报告：既要针对绩效考评反馈的结果，指出工作中存在的差距和不足，还要对工作人员在绩效期间工作表现的成绩和优点加以肯定，从而增加其绩效改进的信心和意愿。

8. 提出体系改进建议：既要立足本处，提出合理诉求，寻求单位（处室）和工作人员的正当利益，又要着眼全局，提出合理化建议，提高标准化绩效管理的整体水平。

### 四、单位（处室）其他负责人的5项权限

1. 提出分管指标调整意见：就分管的可取消或推迟的绩效指标或关键节点、可降低要求的评价标准，提出合理诉求。考虑到单位（处室）指标和岗位（个人）指标的勾连关系，要与对应岗位（个人）指标承担人员沟通，按时提出，并做到不漏项。

2. 评价工作负荷系数：各季度将"A"据实打给工作负荷较大的一般工作人员。选择时，既要关注分管人员，体现对下属的关爱，又要兼顾其他人员，尽量降低"厚此薄彼"的影响程度。

3. 推荐分管创新工作项目：按照首创性、有效性和实用性的基本要求，积极推

荐一般创新工作项目，争取重大创新工作项目。关键是将创新工作项目选准选对，并获得分管人员和单位（处室）主要负责人的认可和支持。

4. 提交分管突破性工作项目：选择具有先进性或推广价值的工作成果、取得突出成绩的全厅性重点工作积极申报。关键是做好与分管人员的充分沟通，将突破性工作项目选准选对，得到单位（处室）主要负责人的认可。

5. 提出体系改进建议：立足分管工作，提出合理诉求，在标准化绩效管理体系这一“牌局”规则完善中寻求个人正当利益。

### 五、一般工作人员的6项权限

1. 提出三级指标调整意见：就负责的可取消或推迟的绩效指标或关键节点、可降低要求的评价标准，提出合理诉求。要求是按时提出，并做到不漏项。

2. 评价工作负荷系数：各季度将“A”据实打给工作负荷较大的一般工作人员。选择单位（处室）其他负责人时，既要关注单位（处室）分管负责人，体现对上司的支持，又要兼顾单位（处室）其他负责人，尽量降低“厚此薄彼”的影响程度；选择其他一般工作人员时，要摒弃人际化倾向和个人偏见，意识到这即是给别人打票，也是对自己“人性本善”的考验。

3. 推荐创新工作项目：按照首创性、有效性和实用性的基本要求，积极推荐一般创新工作项目，争取重大创新工作项目。申报材料既要阐明所申报的是创新工作，又要提供创新立项的佐证材料，给人以“围绕中心、抓住重点、标新立异、切实可行”的良好印象，才能换取多方的理解和支持，在“好中选优”中胜出。

4. 推荐突破性工作：选择具有先进性或推广价值的工作成果、取得突出成绩的全厅性重点工作积极申报。推荐材料既要阐明所申报的是重要工作，又要提供成功突破的证明材料，努力做到“用事实说话，让人明白、理解、信服”。

5. 申辩、申诉：既要立足自身心理感受，又要关注利益相关人员，达成共识，共同提出合理、有利诉求。

6. 提出标准化绩效管理体系改进建议：立足本职工作，提出合理诉求，在“牌局”规则完善中寻求个人正当利益。

## 第三节 算清“得失牌”：受益与风险对等

### 一、绩效指标的取与舍

1. 绩效指标与业务能力要匹配。无论对于单位（处室）还是对于个人都存在着所承担绩效指标与所具备能力的匹配问题，追求的是大小相宜。一方面，讲求“大马拉大车”、“小马拉小车”，既可获得目标任务完成后与自我比较的成就感，又能充分展示自身的能力和努力程度。另一方面，既要避免出现“大马拉小车”，工作容易而轻松，不需要通过一定的努力，所承担的目标任务就轻易完成了，缺乏波澜，无须激情，体会不到工作的成就感，所具备的能力也体现不出来；又要避免出现“小马拉大车”，身堪重任负担大，多头作战，疲于应付，“按下葫芦浮起瓢”，劲儿没少费，时间没少花，“苦劳”很大，“功劳”却很小。

案例一：“大马拉大车”。绩效办在审核某业务处室绩效计划时发现每个岗位（个人）指标承担人上都有某某，就专门咨询了该单位（处室）主要负责人。这位负责人解释某某从事的是综合岗位，工作能力强，干工作从来不挑不拣，全单位（处室）的大事小情都落不下他，每个绩效指标基本都参与。绩效办工作人员建议某某是综合岗位，只承担综合方面的指标，其他辅助参加的指标可以不承担。通过调整后，某某仍承担了较多的指标，而且囊括了本单位（处室）的多项重点指标。某某在年底绩效考评中取得了优异成绩，被选调到更核心的业务处室，成为核心工作岗位工作人员，在第二年绩效考评中又在同级别中胜出，经过选拔走上了副处级领导岗位。

案例二：“大马拉小车”。某某，名牌大学毕业，研究生学历，能力强，有水平。但工作起来，拈轻怕重，分给的任务能推则推，一推了之，推不了的就对付着往前走，得过且过，承担的绩效指标自然就少，绩效也不高，很难“崭露头角”，更别谈“出人头地”。

案例三：“小马拉大车”。某某，年纪轻轻，能力还没有历练出来就被安排到了核心业务处室的关键岗位，相应承担的绩效指标也比较多，天天加班，疲于应付，被纠缠不清的业务搞得焦头烂额，在与相同或相近岗位“高手过招”时出现工作失误或不到位，所承担的绩效指标被“扣分”，得不偿失。

案例四：“小马拉小车”。某某，是部队转业干部，由于不是科班出身，业务知识底子比较薄。但作风硬朗，雷厉风行，工作积极性很高。在绩效计划制定阶段，按照自己承担的事务性工作，编制了数量不多但很精干的几个绩效指标。由于工作认真，接待热情，眼中有活，很快得到了周围同事和服务对象的认可，人缘特别好，指标完成的质量也挺高，在年底绩效得分同级别排名中取得了不错的业绩。

2. 绩效指标与承担人员要相符。

绩效考核结果准不准，关键看绩效指标定得准不准。绩效考评的“八九不离十”源于绩效计划的“八九不离十”。这就要求一方面，分配到岗、具体到人的绩效指标必须真实反映工作承担情况；另一方面，绩效指标承担人必须真实，由从事相对应工作的人员来承担，既不要没干着来凑热闹，随便搭便车，也不要把自己承担的绩效指标随便送人，主动让贤。

案例一：做出贡献，指标体现。某政府部门提拔的10名副处级干部，个个绩效得分优秀，工作业绩突出。部门主要负责人在全部门大会上讲：“今年的绩效考评做到了八九不离十，这批提拔的干部都非常优秀，都是工作岗位上的业务骨干和能手，全部在原单位（处室）就地任命，体现了党组在选人用人上的自信”。

案例二：是否能干，指标上见。某单位（处室）主要负责人通过举例子的方式对绩效考评的结果提出质疑。他向绩效办反映，某某是单位（处室）的业务骨干，很优秀，大家公认，绩效排名上不去，肯定是你们的考评方式和计算方法有问题，必须改进。绩效办工作人员经过核实，该同志在谋划自己所承担的绩效指标及评价标准时，一怕麻烦，二怕扣分，指标编得不细，标准定得不高，避重就轻，导致所承担的繁重而艰巨的任务与绩效指标出入很大，绩效得分也就体现不出他是“业务骨干”“很优秀”。

案例三：搭便车者，有苦难言。某某，总想着提高自己的绩效成绩，不是琢磨在自己承担的指标上下功夫，而是到业务高手那蹭“好指标”，想沾点光。结果该业务高手在与其他单位（处室）承担相同业务的人员“过招”时由于疏忽失了分，自己也被扣了分，受到了损失，“哑巴吃黄连，有苦难言”。其实，某某没有意识到，绩效考评考的是你的努力程度，某项指标相比较的是和你承担相同或相近工作的人，是自己可以通过“跳一跳”而“摘得到”的。

案例四：主动让贤，后悔不已。某某副处长参与竞争正处长职位没有入了围，请绩效办查找原因。绩效办工作人员帮着分析了他的成绩，发现本年度绩效得分比较理想，而上一年度绩效得分不是很突出，由于取前两年的成绩平均值，在竞争职数十分有限的条件下没有入围也属正常。该同志反映，去年的时候，认为自己不够资格，就没有认真对待绩效成绩，把一些指标让给了别人，现在够资格了，没想到去年的绩效成绩还起作用，真是后悔不已。

3. 岗位（个人）指标的承担人员要分开。

按照标准化绩效管理规则，岗位（个人）指标必须分配到人，以实现对单位（处室）指标的支撑，形成完整的绩效计划对工作任务的逐级分解、承担“链条”。岗位（个人）指标的责任人员，原则上不能为多名人员。岗位（个人）指标确实无法完全拆分的，可按工作实际由多名人员承担。这种多人承担一个岗位（个人）指标的情况，具体到绩效考评得分上就是“利益共同体”，一损俱损，一荣俱荣，考核的是这个小团队的工作努力程度。出现这种情况，对于每位承担人员来说不是完全可控的，不能对应体现自己的工作努力程度，需要在工作上进一步细化，实现指标设置上分开，实在不行通过工作分工调整来实现指标分设。

案例一：共享“正外溢”，小团队集体“沾光”。某单位（处室）三个人共担一个重点指标，其中甲是主力，费的劲、出的力最大，年终考评时由于这个指标完成得好，三个人都在这个指标上加了分。指标分类调分时，这三个人都在一个分类里，甲没有比其他两个人“沾光”，胜出当然也无从谈起。

案例二：被“连坐”，申辩失败。某单位（处室）两个人共担一个岗位（个人）指标，其中一个人由于工作失误扣分了，另一个人也被扣了分了。被扣分者不服，到绩效办申辩。当绩效办工作人员把标准化绩效管理规则讲清楚后，被扣分者只好认倒霉，提出下一年度再也不和他共担指标了。

## 二、评价标准的高与低

评价标准是衡量某一类绩效指标完成好坏的“尺子”。这把尺子设定的要求是“跳一跳，摘得到”。尺子设置过高，所有指标都没有完成，参与人员都得零分，平均分也是零分，没有拉开差距，按照计算公式调整得分就是平均分；尺子设置过低，所有指标都完成很好，参与人员都得满分，平均分也是满分，也没有拉开差距，按照计算公式调整得分任是平均分。这就要求我们把尺子的高度设在适当位置，大多数人只要“跳一跳”，就可以“摘得到”，如果不跳就“摘不到”，被扣分，自然也就把工作努力程度考出来了。

现实情况是，有部分绩效指标标准设置不合理，未达到“跳一跳，摘得到”要求。特别是很多自主制定的个性指标设定的时间节点要求和评价要求偏低，与实际能达到的情况存在差距。尽量的给自己打出宽松的时间余量，人为的把标准设置成肯定能完成的情况，做到有十足的把握。有的单位（处室）、个人在编制绩效计划时未能真正从提升工作水平的角度考虑，而是考虑如何避免失分。

案例一：既“跳一跳”，又“摘得到”。某单位（处室）主要负责人，属于新提拔上来的年轻优秀干部，有闯劲，敢担当，工作起来思路清晰、落实有力。他在年初制定绩效计划时，带领大家集思广益，群策群力，在摸清自己实力和潜力的基础上，综合评估受益与风险，选出了一批代表本单位（处室）特色的优秀指标，将评价标准定得相对较高。在年底绩效考评中这些优秀指标为单位（处室）赢得了高分，而且对应的一项工作被列为创新工作、多项被认定为突破性工作，从单位（处室）到副职再到一般工作人员享受了三遍特别加分，在“跳”中尝到了甜头。

案例二：“步伐迈得过大”，期望与现实“失之交臂”。某业务处室，为了将绩效分数拉开，将某项重要指标的标准定得偏高，希望在年底绩效得分中胜出，结果自己也没有完成好，出现了扣分，在同类指标排名中处于中等，没有“受益”还险些“吃亏”。

案例三：喜得“全满分”，排名变中等。某事业单位（处室），所承担的所有绩效指标评价得分都是满分，自认为工作完成得好，年终向厅领导汇报有底气了。结果公布成绩后排在了事业单位（处室）分类的中游，很不服气，就去找绩效办理论。绩效办工作人员解释，你得到的满分是原始得分，调整后的才是最终得分，由于尺子设置偏低，所有指标都完成很好，不光你是满分，分类内所有参与者都得满分，皆大欢喜，没有拉开差距，自然就是平均分了。

### 三、创新工作的争与让

在标准化绩效管理规则中，一方面，鼓励各单位（处室）积极申报对标全国首创或居于全国领先地位或填补我省空白的先进性重大创新事项，标准越高越好；另一方面，要求申报创新工作必须从绩效指标中选取，各单位（处室）需要打造一批可供选择的“金牌”指标。

站在管理者层面，这种连带的规则设置既可以为争先创优明确目标，插上“小红旗”，充分调动各单位（处室）的“事争一流”的积极性，争相去夺取“小红旗”，对胜者通过特别加分给予奖励，对负者通过特别扣分给予告诫，也可以通过创新工作的申报，变相地把相对应的绩效指标标准拉起来，解决“不跳也摘得到”指标标准偏低问题。可见，创新工作申报是一个“一箭双雕”的标准化绩效管理好手段。

对于申报者而言，要意识到创新工作是把“双刃剑”，风险和受益是对等的，高受益意味着高风险。干好了，可以特别加分，相应的指标也会得高分，受两遍“惠”，还可以提高在管理层的关注度，扩大在全部门中的影响；干不好，要被特别扣分，相应的指标也会得低分，遭两茬“罪”，无论在管理层还是在全部门都会产生负面影响。争与让，考验着各单位（处室）的实力和勇气，只有在“刀尖上跳舞”才能“炫丽胜出”。其抉择的秘诀是“没有金刚钻，别揽瓷器活”。

案例一：有了金刚钻，专揽瓷器活。某单位（处室）主要负责人，注重团队建设，通过压担子和“传帮带”培养了一支优秀的队伍，其申报的 2 项创新工作在 100 多项申报工作中胜出，入选 10 大年度创新工作。由于指标完成得好、创新成功在年底绩效考评绩效特别加分中拔得了头筹。由于业绩突出，单位（处室）主要负责人走上了更重要的领导岗位，团队成员也成了各单位（处室）争抢的“香饽饽”。

案例二：创新效果不理想，险被扣分。2015 年度，某共设立了 10 项创新工作。年底算账，9 项工作被认定为创新成功，给予了特别加分，还有 1 项被认定为创新不到位，考虑到承担单位（处室）在该项创新工作中下了不少功夫，为了鼓励创新、保护创新积极性，领导层决定对创新未达到预期目标的单位（处室）给予必要的容错考虑，不再扣分了。

## 第四节 打好“组合牌”：追求绩效最大化

标准化绩效管理是一个复杂的系统工程，从职责分工、任务多少、责任大小、工作负荷、努力程度、突出贡献、工作失误等多方位对于每个人的工作给出综合评判，一个人要想在一个单位（处室）胜出就很难，在整个同级别排名中“好中选优”胜出就更难了。对于单位（处室）一把手，要将自己能够掌控的资源向优势集中，才能保证在单位（处室）工作人员中选出的优胜者在全部门同级别大排队中胜出；对于单位（处室）其他负责人和一般工作人员，要想取得优异的绩效成绩，既需要做好自己本职工作，还需要增强团队协作意识，共谋发展大计。

## 一、对于单位（处室）一把手：将资源向优势集中

对于单位（处室）而言，一要出成果，二要出人才。没有人才，何谈出成果，可见，人是第一生产力。单位（处室）一把手要将资源向优势集中，这样才能将优秀的单位（处室）其他负责人和一般工作人员在绩效得分中凸显出来。

1. 与主管厅领导合拍。一是多接触。在日常工作中，要多让单位（处室）其他负责人向主管厅领导汇报工作，联系紧密了，主管厅领导对做得好的单位（处室）其他负责人就会留下好印象，在交办重要工作和打工作负荷系数时才会向其倾斜。二是跟得上。得到主管厅领导认可的单位（处室）其他负责人，也是需要单位（处室）一把手将自己掌控优势资源集中的人选。

案例：善于推荐的单位（处室）一把手。某某单位（处室）一把手，业务娴熟，能力很强。但每次向新来的主管厅领导汇报工作时都带着负责相关工作的单位（处室）其他负责人，有时有意让单位（处室）其他负责人向主管厅领导单独汇报工作，很快与主管厅领导熟悉起来，他们工作能力和业绩也展现在了主管厅领导面前。谁能干、谁干得更好，主管厅领导做到了心中有数。

2. 将多重权限形成合力。一是对优秀人才“种子选手”委以重任。将单位（处室）谋划的金牌指标向有潜力的优秀人才集中，给他们提供更多的绩效指标“加分”机会，工作完成好的杰出者“胜出选手”也可以获得更多的创新工作、突破性工作“特别加分”机会。二是在评价季度工作负荷系数上向“胜出选手”倾斜。胜出必有所长，付出肯定很大。各季度将“A”据实打给工作负荷较大的单位（处室）其他负责人及一般工作人员，让干得好的“胜出选手”凸显出来。

案例：“好中选优”。某单位（处室）是个大处室，有30多名工作人员，面临提拔的优秀人才有4、5名，同步晋升的机率非常小，单位（处室）一把手必须将手中优势资源向1、2名重点人员。这位单位（处室）领导选择了“优胜劣汰”的自然法则，给这几位优秀人才均等的机会，让在同一个起跑线上公平竞争，决出胜负后对胜出者加以重点培养，果然在全部门同级别大排名中胜出。

## 二、对于优胜者：天时地利人和缺一不可

一个人在绩效考评中取胜的秘诀是“在一个优秀的团队，努力做最优秀的自己，得到大家的认可”。即：只有多个优势条件在一个人身上发生共振时，这个人才能在

部门同级别大排名中处于领先地位。

1. 增强团队意识。由于单位（处室）得分占到个人得分的40%，在一个优秀的团队，水涨船高，你就会收益。这也就要求我们要增强团队意识，注重与单位（处室）同事的合作与提醒，不能让一个人掉队，这样单位（处室）得分才能高，自己才能收益。

案例："一枝独秀"不是春。某某是某业务处室的业务骨干，已具备被提拔的资格，老是把周围的人视为竞争对手，只管自己把工作做好，争取得到单位（处室）主管领导和负责人的认可。年底，他发现，个人承担的绩效指标完成得非常好，但最后的绩效成绩却不理想，带着困惑找绩效办理论。绩效办工作人员经过认真查看，给出的结论是，"个人指标完成很好，单位（处室）指标完成很差"。由于单位（处室）成绩占到了他个人总成绩的40%，最后得分偏低也就不言自明了。

2. 做最优秀自己。多方努力，多面开花，不断提高自己的战斗力、创新力和美誉度。一是所承担的绩效指标评价标准要适当高一点，既需要"跳一跳"又尽量做到"摘得到"。这样才能在同类有一定难度的绩效指标调整得分中，因高于"平均分"而收益。二是争取成为单位（处室）或协作单位（处室）的创新工作、突破性工作成员，并找到自己的位置，发挥重要作用，多渠道分得"一份羹"，把自己的利益"蛋糕"做大。三是争取做到自己的成绩有目共睹，使大家口服心服，从多方得到"A"级工作负荷系数评定结果。

案例：敢于"勇挑重担"。某某，是新调入没几年的年轻干部，任副主任科员。在实际工作中，他刻苦专研专业理论知识，向身边的业务高手学习，不懂的追着问，直到弄懂了为止，很快就熟悉了所承担的工作，干起活来得心应手。在单位（处室）申请创新工作时，某某主动请缨，经过单位（处室）的认真讨论，同意他加入创新团队。年底，因为创新成功也给予某某特别加分，一下子在"同龄人"中脱颖而出。

3. 得到广泛认可。一是懂得沟通。"一个好汉三个帮"。没有被人认知、认可，一切都是徒劳的。二是注重沟通。知道跟哪些人在哪些方面保持什么样的联系和交往。要认识到"没有付出，就没有收获"。三是学会沟通。通过工作努力和顺畅沟通交流，让单位（处室）上上下下的人员都对你有一个良好的印象。当需要大家给出评价时，所有的人都不会在优秀评级上"吝啬"。

案例："酒香"也怕"巷子深"。某某在某业务处室工作，自认为是多年的业务骨干，绩效成绩老是上不去，找到绩效办帮着分析原因。绩效办工作人员通过分析发现，他的绩效指标得分挺高，但是工作负荷系数特别低。问了以后才知道，由于平时做事下得功夫比较大，但很少与其他人员合作，更没有深交，还没有得到大多数人对他的理解和支持。

## 第五节　防止"后悔牌"：把功夫下在平时

标准化绩效管理各个环节环环相扣，相互勾连，牵一发而动全身，系统性很强。这就需要把功夫下在平时，努力做到系统谋划、未雨绸缪、时时留意、处处留心。

### 一、具有一定的预判能力

在编制绩效计划、日常绩效跟踪时投入更多的关注度和精力，不能当考评阶段指标出现扣分时，才意识到是因为当时制定计划时考虑不周所致。一些单位（处室）和个人由于忽视了绩效计划的重要性，从而为标准化绩效管理走向失败埋下了伏笔。

案例一："胸有成竹"。某单位（处室）每年在同类绩效得分排名中都比较超前，别的单位（处室）好奇的询问。某单位（处室）一把手解释到，你们都习惯于等到绩效指标扣分了再去找原因，而我不是那么做的，每年末我就带领单位（处室）全体人员系统谋划下一年度重点工作，反复推演年底可能出现的结果，然后才构建切实可行的绩效指标体系，功夫下在了前面，后面只要按部就班执行好就行了。

案例二："倒后账"。某某在年终绩效考评中某项指标因为评价标准设置不合理被扣分了，找到绩效办理论。绩效办工作人员问道："绩效计划制定好后需要人人签字，你没有签字吗?"他说，让我签我就签，也没有仔细研究，没想到年底会有问题。

### 二、做过程管理的有心人

绩效计划制定好了，并不是就万事大吉了，只等年底绩效考评就行了。假如把制定绩效计划比做"春种"的话，要想绩效考评"秋收"有个好收成，还需要"夏耕"的辛勤付出，"汗滴禾下土，粒粒皆辛苦"。需要把握以下两个关键点：一是盯着指标干工作。对于部门决策层而言，绩效指标就是"指挥棒"，抓指标就是抓工作。对于单位（处室）工作人员而言，只要盯着了绩效指标，就能跟上部门决策的"指挥棒"，从而取得事半功倍的效果。二是关键节点要盯着。标准化绩效管理的各个环节环环相扣，相互勾连，有很多关键节点需要各单位（处室）盯紧了。盯不紧，超期了，标准化绩效管理指标就会被扣分；错过了，跟不上大部队，掉了队，“错过这个村，就没有这个店了”。

案例一：“多留心”。某主要厅领导在评定突破性工作时发现一些年底的突破性事项没有及时报上来，就果断地启动了直接推荐特别加分项目程序，对单位（处室）和个人特别加分进行了查漏补缺，把住了对所有业务工作的绩效导向。

案例二：“马后炮”。某单位（处室）副职看到身边的其他负责人在绩效成绩上略胜一筹，心理压力特别大。绩效办工作人员通过比较分析，给出的意见是该副职只关心工作，不研究指标，指标制定与工作推行“两张皮”，再有想法也很难实现。

案例三：“慢半拍”。某单位（处室）在申报创新工作、突破性工作时向绩效办报材料总是落在其他单位（处室）后面，绩效办已汇总给厅领导了，他们才将材料报上来，想补上去还要单独找主要厅领导审签，给大家留了个拖沓的印象。一问才知道是单位（处室）绩效联络员由于工作忙或出差没有不及时向单位（处室）主要负责人汇报，单位（处室）主要负责人也没有留心。

## 第六节 不打“搅局牌”：融入一个好团队

对于参与标准化绩效管理这个“牌局”的每一位成员，都要时刻清醒地认识到：一要出好“义务牌”，牌局才能顺利进行下去。不好好出牌，影响了全局，你会受到“惩罚”，被加倍扣分；只有出好牌了，你在牌局中的既得利益才能得到保障，从中胜出。而要出好“权力牌”，意识到这即是给别人“打票”，给出评价，也是对自己“人性本善”的检验。用好了“权力牌”，大家对你尊重，信任你，威信自然也就起来；用不好“权力牌”，大家对你有了看法，日积月累就会形成一种印象，再想扭转将是“非一日之功”，最终受害的还是你自己。

### 一、不打“随意牌”

作为标准化绩效管理规则的参与者，要明白出好“义务牌”，事关整体利益，必须做到认真负责，保质保量，不留后患；出好“权力牌”，事关每个相关人员的切身利益，既要选得准，把住关键，还要评得对，让人心服口服。要避免以下两种倾向：一是不学习、不知道标准化绩效管理规则，对评价对象不负责，随意出牌；二是不研究、没有弄明白标准化绩效管理规则就瞎出牌，没有“准星”，打到哪是哪，可能对关键受益人员造成“偏差”。

案例一：充分调查，才有发言权。某某主管厅领导在提名分管单位（处室）“任劳任怨”一般工作人员特别加分时，在自己日常接触的人员中有了初步人选。但是，考虑到还有一部分人员不是很熟悉，就将各位分管单位（处室）主要负责人请过来逐一面谈，了解到了所有一般工作人员情况后，通过综合比较确定了最终人员。

案例二：不知道规则，瞎出牌。某某在日常工作中发现某个绩效指标没有分给她，找到绩效办把这个指标加上了。年终得知自己的这个指标被扣分了，就找到绩效办。绩效办工作人员解释说，这个绩效指标你虽然被扣分了，但扣得分比较少，比平均分高，算下来你会沾光的。她就不信，一天天地找，缠着要把这个指标取消掉。加指标，是保证绩效指标与工作承担的一致性；去指标，没有正当理由，就很难了。

## 二、不打“任性牌”

1. 单位（处室）一把手要“一碗水端平”。单位（处室）工作人员要具有客观公正的心态，能以公正的心，正直的心，平等地对待每一个人，用好负荷系数、责任系数等方法。要清楚一个道理：不迁就人、不偏袒人就不得罪人。只要你在评价的过程中，发自公心，发自良心，发自善心，根据每个人的真实情况，结果就会客观公正，让人信服。

案例一：某单位（处室）论功行赏带出好队伍。某单位（处室）一把手在制定绩效计划时，把对手下的甲、乙、丙三位干将叫到一起，亮明态度：“你们仨都很优秀，我谁都不偏向，是骡子是马拉出来遛遛，谁干得好我支持谁”。甲由于工作业绩突出，得到了领导在工作负荷系数评定等多方面的支持，在全部门同级别绩效得分大排队中胜出，乙和丙很服气，积极谋划，争相在下年度绩效考评中取得好成绩，单位（处室）积极向上的风气也树立起来了。

案例二：某单位（处室）在责任系数上搞平衡。单位（处室）一把手在分单位（处室）指标时精打细算，为了不影响“团结”人为找“平衡”，各副职的责任系数都接近1，没有一个吃亏，也没有一个沾光，副手在全部门同级别大排队中都排在了中游，影响到了干得好的副职工作积极性。

案例三：某业务大单位（处室）在工作负荷系数上搞“轮流做庄”。单位（处室）负责人为了让所有干活的主力不吃亏，采用“推磨”的方式，将每个季度的“A”均匀地打给各个主力。由于工作负荷系数在绩效得分调节上发挥着很多作用，年底算账，各主力都全部门同级别大排队中都顺利入选，但在前10名中没有见到该单位（处室）人员姓名，“单挑”中缺乏“种子”型选手。

2. 单位（处室）工作人员要摒弃“人际化”倾向。副手和一般人员不能习惯于根据亲疏程度和个人偏好人为地把单位（处室）同事分为三六九等，对人有偏见的人，凭“个人好恶”出牌。对与自己关系较差的、看不上的人在工作负荷系数评定时给予较低的等次，这种行事方式对自己也造成了不好的影响。

案例一：摒弃个人偏好，以人为镜补短板。某某与李某是同事。李某有能力，做事高调。某某很看不惯李某的性格和做派，在评价工作负荷系数时还是根据李某的工作负荷给出了较高的评价等级。旁边人不解，某某解释到，李某做事高调，业绩突出，我看不上他的做派，但认可他的工作能力和业绩，后者是需要我学习的。

案例二：区分下属远近，团队绩效收影响。某副职为了树立自己的权威，通过强制手段来加强对自己下属的控制，听话者在工作负荷系数评定和指标分配上就给予照顾，不听话者就通过绩效手段给予惩罚，搞得分管人员各个敢怒不敢言，忍气吞声，工作开展起来缩手缩脚，绩效得分也受到了影响。

## 三、不打“泄愤牌”

对于参与标准化绩效管理这个“牌局”的每一位成员，都要时刻清醒地认识到你手中的“权力牌”，是标准化绩效管理规则所授予的，运用好了，既是对别人负责，自己也会从中收益。对于心胸坦荡的人，光明磊落做事，客观公正对人，做到“问心无愧”，选出的人“硬梆梆”的，大家都信服，自己也可以享受到“伯乐”的成就感；对于心术不正的人，老琢磨着给“对手”或“对头”穿小鞋，找别扭，打低分，算计来算计去，一时可能得逞，但最终算计住了自己，众叛亲离，很容易被孤立。

案例一：心胸坦荡，受人尊敬。甲与乙同是某单位（处室）业务骨干，领导的左膀右臂，分别独挡一面。在工作负荷系数评定时单位（处室）主要负责人权衡利弊，给乙评的“A”比较多，甲得到的“A”相对较少。单位（处室）其他工作人员很多认为甲不比乙差，很为甲鸣不平。甲跟同事们解释：“我得到的评价不如乙，说明我在某些方面还需要改进，只要我不断进步，能力越来越强了，早晚会被领导认可的”，甲是这么说的，也是这么做的，赢得了单位（处室）领导和同事们的称赞，待乙提拔后甲很快成为单位（处室）领导重点培养对象。

案例二：恶意差评，损人害己。某单位（处室）副职，由于在职位晋升中对某竞争对手有成见，在工作负荷系数评定时恶意在每个季度评定中都给予最差“E”级，给对方带来了很大的麻烦，而且一直坚持这么做，使大家对他的人品产生了质疑，身边的人都怕他，朋友也越来越少了。

总之，标准化绩效管理就是管理者和员工为了达到组织目标共同参与的绩效计划制定、绩效辅导沟通、绩效考核评价、绩效结果应用、绩效目标提升的持续循环过程，其目的是持续提升个人、部门和组织的绩效。每位工作人员的积极性和工作潜能都调动起来了，积微成著，全员提质，自然就会为发展注入持久动力和活力。

# 附录：标准化绩效管理流程图图标说明

流程图常用图标总计30个，每个图标设有3个高度相关的程序动作，作为图标基本含义。在流程图绘制过程中，如有例外图标出现，则可按照图标形象会意程序动作。

1. ：主要表示各行为主体的“编写、起草、修订”动作。

2. ：专指决策层采取集体决策的方式对某项工作进行判定的动作。

3. ：主要表示各行为主体的“录入系统、系统内制作、系统内编写、系统内修改、查阅系统”动作。

4. ：主要表示各行为主体的“设计指标、搭建框架、量化维度”动作。

5. ：主要表示各行为主体的“评定优劣、区分主次、确定先后”动作。

6.  ：主要表示各行为主体的“明确牵头、民主选优、突出个人”动作。

7. ：主要表示各动作主体进行绩效体系或工作流程“变动、优化、改进”动作。

8. ：专指绩效办进行绩效辅导、培训等工作。

9. ：泛指各动作主体将绩效体系任意环节落实到人头的动作。

10. ：主要表示汇总性文稿、规范性文件集合、文件定稿等成品性文件描述。

11.  ：主要表示各动作主体进行“自评、考核、监督检查、发现漏洞”等动作。

12.  ：主要表示各行为主体“开展研究、专题分析、专业机构介入”等动作。

13.  ：专指各行为主体的临时性、事务性沟通协调动作。

14. ：主要表示各行为主体描述“通知、公示、布告、方案、意见书”等功能性公文。

15. ：主要表示文件草稿、文件修订稿、文件送审稿、文件汇总等较大篇幅且未达成定稿的文件类型。

16. ：主要表示客观表述人的因素及人员变动、人员情况等情形。

17. ：主要表示各行为主体制作的“工作表格、指标框架表、鱼骨图”等带有明显 excel 特点的文件。

18.  ：主要表示各动作主体间进行“双向沟通、达成协议、信息传达”等动作。

19.  ：主要表示各动作主体进行“工作审视、成果检验、了解情况”等动作。

20. ：主要表示各领导层个人进行“工作审核、文件审定、事项核准”等动作。

21. ：主要表示各动作主体（不含决策层）进行“内部讨论、沟通协商、集体议事”等动作。

22.  ：主要表示各动作主体进行“工作提交、文件送审、项目报送”等动作。

23.  ：主要表示各动作主体进行“分工负责、通力合作、成果汇总”等动作。

24.  ：主要表示各动作主体的“提醒性工作清单、要点表单、警示文件”等事务。

25. ：主要表示各类提醒动作。

26. ：主要表示各流程中途插入重要事项或说明、其他对象介入说明等事项。

27. ：主要表示各动作主体对某项事务的无异议表态。

28. ：主要表示各动作主体对某项事务的有异议表态。

29.  ：主要表示各行为主体以时间节点作为突出或区分事项依据的动作。

30. ：主要表示各流程的结束步骤。

# 下篇

## 标准化绩效管理案例

# 制度案例

## 关于在全省财政系统实施标准化绩效管理的意见

为深入贯彻落实党的十八届三中全会、省委八届六次全会精神，积极应对经济转型、改革深化和作风转变的新形势新挑战，推进财政治理体系和治理能力现代化，按照“改革统揽、绩效导向、科学规范、善治有为”的总体思路，省厅决定在全省财政系统内部实施标准化绩效管理，现提出以下意见。

### 一、充分认识实施标准化绩效管理的重要意义

#### （一）实施标准化绩效管理是全面深化改革的重要内容

政府标准化绩效管理作为一种新型的行政管理模式，遵循了行政管理的基本规律，突破了传统管理模式的束缚，更加强调市场观念、法治意识、人本思想、契约精神，更加注重相关方公平参与、平等协商，更加注重绩效理念和结果导向，是实现“管理”到“治理”的重要变革，是落实全面深化改革要求的管理制度创新。

#### （二）实施标准化绩效管理是加快政府职能转变的重要举措

几年来，中央和我省对加快政府职能转变、推行标准化绩效管理提出明确要求。十八大报告指出“创新行政管理方式，提高政府公信力和执行力，推进政府标准化绩效管理”。十八届三中全会强调“严格标准化绩效管理，突出责任落实，确保权责一致”。省委、省政府2011年要求各地各部门立足实际、大胆尝试，为全省全面构建绩效政府积累经验。实施标准化绩效管理，既是党中央、国务院和省委、省政府的战略部署，也是建设创新型、法治型、廉洁型、服务型政府的有效途径。

### （三）实施标准化绩效管理是提升财政治理能力的现实要求

新的历史条件下，财政的地位、职能和作用发生了深刻变化，现行管理机制、模式和方法已经难以适应形势需要。实施标准化绩效管理，夯实管理基础，理顺管理职责，再造管理流程，创新管理模式，提升管理科学化、规范化、信息化水平，是实现财政治理体系和治理能力现代化的强力支撑和重要保障，有利于更好地发挥财政职能作用。

### （四）实施标准化绩效管理是财政事业科学发展的制度保证

当前，财政工作既面临深化改革、加快发展的艰巨任务，又存在许多亟待化解的风险和矛盾，对财政干部的作风、素质和能力提出了新的更高要求。实施标准化绩效管理，搭建干部职工施展才华和体现价值的阳光平台，凝聚目标共识，增强应对挑战的信心决心，激发干事创业的动力活力，从而形成有利于财政事业科学发展的长效机制。

## 二、正确把握实施标准化绩效管理的总体要求

### （一）指导思想

以党的十八大和十八届三中全会精神为指导，以提升服务大局能力、提升公共治理能力为基点，以创建客观公正的制度环境和自强不息的人文环境为目标，实施以绩效计划、绩效监控、绩效考评、绩效改进为基本环节，以绩效沟通为主线的管理流程，形成目标引导、过程控制、持续改进、整体提升的标准化绩效管理体系，树立正确导向、强化责任意识、激发内生动力、提升管理效能，更好地发挥财政的治理基础和重要支柱作用，为经济社会科学发展提供坚实保障。

### （二）基本原则

①围绕中心，服务大局。坚持从战略和全局的高度出发，牢牢把握中央、省委和厅党组重大决策部署精神，紧紧围绕我省科学发展、绿色崛起，在大局中审视、选择、确定标准化绩效管理各要素，构建科学有效的标准化绩效管理体系。

②顶层设计，有序实施。实行整体规划，推行全省统一的标准化绩效管理模式，

根据新任务、新要求，动态调整标准化绩效管理程序方法、目标指标。统筹全系统标准化绩效管理工作，合理安排标准化绩效管理路线图和时间表，省级先行、试点带动，市县分步有序推进。

③科学规范，客观公正。遵循标准化绩效管理客观规律，结合财政工作实际，科学设定绩效目标，合理确定指标内容，规范指标评价标准，强化节点控制和过程管理，注重技术支撑，力求各环节科学规范、简便易行。坚持起点公平，强调过程留痕，注重结果运用，自觉接受监督，确保标准化绩效管理的公正性和权威性。

④全员参与，自我管理。实行民主决策，鼓励和引导广大干部职工积极投入标准化绩效管理各项具体工作，开放式沟通、广泛性参与，形成强大工作合力。强化思想认同，形成目标共识，培育绩效文化，逐步使标准化绩效管理内化为自觉行动，通过自我管理、自我提升，实现全面发展。

### （三）总体目标

依托标准化管理，夯实管理基础，创新管理模式，健全管理机制，力争用三年时间形成科学规范、技术先进、特色鲜明的标准化绩效管理新模式，创建客观公正的制度环境和自强不息的人文环境，开创善治有为的财政事业发展新格局。

2014 年搭建体系、初步运行。建立以“五体系、一平台”为核心的标准化绩效管理体系框架（建立权责协调的岗责体系、系统完备的制度体系、标准规范的运行体系、科学合理的绩效指标和评价体系、激励有效的结果运用体系，开发并上线运行标准化绩效管理信息平台），对市县财政工作实施标准化绩效管理和考评，初步形成较为完善的标准化绩效管理模式。部分设区市、直管县开展标准化绩效管理试点。

2015 年完善推广、形成特色。总结运行经验，完善管理制度，优化指标体系，升级信息平台，强化文化建设，形成绩效导向明确、管理科学、手段先进、运行高效、特色鲜明的管理运行机制。设区市、直管县全面实施标准化绩效管理。

2016 年优化提升、成熟定型。深化理论研究，提升管理水平，丰富绩效文化，进一步优化管理流程，打造更加完备的标准化绩效管理体系、更加稳健的运行机制。

## 三、严格遵循标准化绩效管理的基本流程

### （一）科学制定绩效计划

绩效计划是标准化绩效管理周期的开始，核心要素是设定绩效目标和建立绩效指标。根据战略目标和年度工作重点，合理设定绩效目标，并细化分解为绩效指标。绩效指标以定量为主、定性为辅，按照“跳一跳、摘得到”的原则，从时间、数量、质量三个维度，参照上级要求、历史数据和同行先进水平，确定明确具体的考评标准。

### （二）全面实施绩效监控

绩效监控是对绩效计划落实的指导和监督，是正确理解和有效执行绩效计划的关键。强化动态管理和过程控制，建立重点工作任务和关键指标的日常监控机制，掌握工作进度和重点指标完成情况，发现问题及时预警、纠偏，确保绩效计划有效执行。

### （三）认真组织绩效考评

绩效考评是标准化绩效管理的重要内容和关键环节。科学制定绩效考评工作方案，合理确定考评方式方法，严格按照考评周期，对绩效计划执行情况实施考评，并对考评结果及时展示。被考评单位（处室）要对绩效计划完成情况开展自查自评，定期提交绩效报告。上级考评单位（处室）应加强绩效考评工作指导，通过绩效考评，发现问题，提出改进工作、加强管理、提升绩效的意见和建议。

### （四）持续抓好绩效改进

绩效改进是标准化绩效管理的目标。针对绩效考评反映的情况和问题，结合绩效计划进行横向纵向比较，深入分析问题原因，制定相应的整改措施，为下一个管理周期绩效计划制定提供重要依据，为绩效提升提供有效路径，同时对包含标准化绩效管理体系在内的各项管理制度、业务流程进行完善和优化。

### （五）深入开展绩效沟通

绩效沟通是标准化绩效管理的灵魂和主线，贯穿于标准化绩效管理始终，渗透于标准化绩效管理各个环节。坚持民主决策，考评与被考评单位（处室）之间、单位

（处室）与干部职工之间，要就目标分解、指标建立、计划辅导、过程管理、绩效考评、改进提升和结果运用等内容开展持续不断的双向沟通，形成目标共识和价值认同，确保标准化绩效管理工作良性运转。

## 四、不断强化绩效结果的综合运用

### （一）建立市县财政工作绩效结果运用机制

定期通报市县财政工作绩效结果，并向当地党委、政府进行反馈。健全绩效导向的评先评优方法，以绩效结果为依据，评选表彰优秀市县财政局。强化资金管理类指标绩效结果应用，完善省对下资金分配管理办法，引入相关指标绩效结果作为重要参考因素。

### （二）建立以选人用人为核心的激励机制

坚持正向激励为主，将单位（处室）绩效结果作为部门评先评优、年度考核的主要依据，将个人绩效结果作为选拔任用、轮岗交流、评先评优、年度考核、学习培训的重要依据，不断拓展运用范围，加大运用力度，营造人人奋进、事事争先的工作氛围。

## 五、切实形成实施标准化绩效管理的工作合力

### （一）加强组织领导

各级财政部门要把标准化绩效管理作为财政工作的重要抓手，统一思想认识，摆上重要日程，按照省厅统一部署和要求，有序推进。省厅及试点单位（处室）要成立标准化绩效管理改革领导小组，组织专门力量，建立健全工作机制，制定标准化绩效管理实施方案，明确目标任务，抓好组织实施。其他单位（处室）要强化标准化绩效管理意识，学习借鉴成熟经验，厘清工作思路，积极主动探索，做好实施准备。

### （二）严格工作督导

各级财政部门主要负责同志要加强对标准化绩效管理工作的调度指导，定期听取汇报，提出明确要求，协调解决遇到的重大问题。标准化绩效管理改革领导小组要履

行牵总协调职责，搞好分类指导，强化督导检查，对工作落实好的单位（处室）予以表彰，对工作落实不力的单位（处室）通报批评，确保标准化绩效管理工作规范有序开展。

### （三）抓好宣传引导

各级财政部门要把标准化绩效管理作为财政干部培训的重要内容，有针对性地开展分类分级培训，强化现代管理理念，丰富现代管理知识。要通过广泛宣传、典型示范等多种方式，鼓励和引导干部职工自觉参与标准化绩效管理，在工作中凝聚共识，增强信心，营造浓厚氛围。广大干部职工要增强工作的积极性、主动性和创造性，把标准化绩效管理贯穿于日常工作全过程，在标准化绩效管理中查找不足，改进提高，不断提升能力素养。

# 河北省财政厅关于推行标准化绩效管理的实施方案

根据《中共河北省财政厅党组关于在全省财政系统实施标准化绩效管理的意见》，现就做好我厅标准化绩效管理工作，制定如下实施方案。

## 一、主要任务

围绕标准化绩效管理总体目标，建立以“五体系、一平台”为核心的标准化绩效管理体系框架，即建立权责协调的岗责体系、系统完备的制度体系、标准规范的运行体系、科学合理的绩效指标和评价体系、激励有效的结果运用体系，开发并上线运行标准化绩效管理信息平台，逐步形成较为完善的标准化绩效管理模式。

### （一）优化业务流程完善岗责体系

围绕财政改革发展，立足管理质量和效率提升，全面梳理和优化业务流程，规范操作环节和标准。进一步理顺职责分工，明确岗位任务，细化工作内容，建立职责清晰、权责匹配的岗责体系，夯实标准化绩效管理基础。

### （二）建立健全标准化绩效管理制度体系

研究制定标准化绩效管理办法及实施细则、党风廉政建设责任检查考核实施办法、德勤廉考核评价办法、市县财政工作标准化绩效管理办法等制度文件，确定标准化绩效管理范围、内容、方法、程序和要求，实现标准化绩效管理制度化、科学化和规范化。

### （三）建立健全标准化绩效管理运行体系

研究建立以绩效计划、绩效监控、绩效考评、绩效改进为基本环节，以绩效沟通为主线的标准化绩效管理流程，确定各环节的主要任务、职责分工和技术方法，实现标准化绩效管理运转顺畅高效。

### （四）建立健全绩效指标和评价体系

研究建立覆盖全员、全过程的绩效指标体系和科学合理、客观公正的评价体系，研究建立市县财政工作绩效指标体系，确定评价内容、评价周期、评价主体、评价标准和评价方法，实现目标明确、任务量化、指标可考、结果可用。

### （五）建立健全绩效结果综合运用体系

坚持正向激励为主，将单位（处室）绩效结果作为部门评先评优、年度考核的主要依据，将个人绩效结果作为选拔任用、轮岗交流、评先评优、年度考核、学习培训的重要依据，研究制定选人用人等制度办法。

### （六）建立健全标准化绩效管理信息平台

研究建设行政办公、标准化管理和标准化绩效管理一体化信息平台，实现标准化绩效管理过程科学、简易、高效，绩效结果相对客观、真实、可信。

## 二、实施步骤

依据标准化绩效管理整体规划，将主要工作任务划分为五个阶段组织实施：

### （一）前期准备阶段（2014 年 1 月至 7 月）

成立标准化绩效管理改革领导小组及办事机构，制定总体规划，做好宣传培训。优化业务流程，完善岗责体系。建立标准化绩效管理制度体系、运行体系、指标和评价体系、结果运用体系。研发标准化绩效管理信息平台，组织模拟运行。选择部分设区市和直管县开展标准化绩效管理试点。

### （二）试运行阶段（2014 年 8 月至 9 月）

组织标准化绩效管理信息平台试运行，完成标准化绩效管理相关配套制度的衔接与跟进。及时总结标准化绩效管理工作试运行情况，完善标准化绩效管理体系框架。通过试运行的全员参与，构建学习绩效、参与绩效、推进绩效的“软环境”。

### （三）正式运行阶段（2014 年 10 月起）

对厅内各单位（处室）和市县财政工作正式实施标准化绩效管理，完善绩效计划，强化绩效监控，组织绩效考评，开展绩效改进。指导试点单位（处室）正式实施标准化绩效管理。

### （四）完善推广阶段（2015 年 1 月至 12 月）

结合 2014 年运行情况，进一步完善标准化绩效管理体系，全面提升标准化绩效管理水平。指导设区市、直管县全面实施标准化绩效管理。

### （五）优化提升阶段（2016 年 1 月至 12 月）

强化标准化绩效管理实践创新和理论研究，深入推进绩效文化建设，打造更加完备的标准化绩效管理体系、更加稳健的运行机制。

## 三、组织保障

为切实加强组织领导，成立厅标准化绩效管理改革领导小组，厅党组书记、厅长高志立同志任组长，其他班子成员任副组长，厅办公室、人事教育处、预算管理局、监察室、信息中心为成员单位（处室），负责标准化绩效管理的谋划组织、指导调度等领导工作。

设立标准化绩效管理改革领导小组办公室，厅党组成员、副厅长杜彦卿同志任主任，领导小组成员单位（处室）主要负责同志及相关负责人任副主任。标准化绩效管理改革领导小组办公室挂靠厅办公室，负责组织推进标准化绩效管理改革日常工作。

领导小组办公室下设综合组、指标组、市县组、技术组四个工作小组。综合组负责标准化绩效管理体系整体建设、协调联络、组织推进；指标组负责建立绩效指标和评价体系；市县组负责制定市县财政工作标准化绩效管理办法，建立市县财政工作绩效指标体系，指导市县开展标准化绩效管理工作；技术组负责标准化绩效管理信息平台的开发、优化和日常维护工作。

## 四、工作要求

推行标准化绩效管理是厅党组全面深化改革、提升治理能力的重要举措。全厅上下要站在推进财政事业科学发展的高度，以强烈的政治责任感和使命感，全力以赴抓好落实。

### （一）强化领导、强力推进

各处室、单位（处室）要切实加强组织领导，精心谋划、周密实施。处级领导干部要率先垂范，积极调动广大干部职工的参与热情和工作积极性，齐心协力抓好推进。各责任单位（处室）要对照方案要求，一项一项细化措施，一环一环抓好落实。

### （二）强化责任、严格奖惩

要根据方案安排，细化责任，将标准化绩效管理工作列入绩效目标指标，加大考评力度。对措施有力、进展较快、效果明显的单位（处室），给予表彰奖励；对敷衍塞责、推进不力、进度缓慢的单位（处室）和个人，严肃批评；不能按时完成的，要严格追究责任，确保标准化绩效管理顺利实施。

### （三）强化引导、营造氛围

坚持典型引路，将标准化绩效管理工作中涌现的集体典型和个人典型作为优秀选树的重点，加强表彰宣传，发挥示范效应。通过编发专题信息、专题简报等方式，总结经验、互相交流。通过工作调度、培训交流等形式，互相学习、共同提高，营造浓厚的标准化绩效管理氛围。

附件：1．标准化绩效管理改革领导小组及其办公室组成人员及职责分工

2．标准化绩效管理体系框架

3．标准化绩效管理改革任务分工及完成时限表

附件1：

## 标准化绩效管理改革领导小组及其办公室组成人员及职责分工（2013年）

**领导小组组长：**高志立

**副组长：**赵文海　李殿京　高云霄　杜彦卿　牛金禄　姚绍学
徐联中　石树鹏　赵建国

**成员单位（处室）：**办公室 人事教育处 预算管理局 监察室信息中心

**办公室主任：**杜彦卿

**副主任：**李杰刚　靳海增　王振东　薛忆萍　张　烈
刘新军（负责日常工作）

**工作人员：**程啃杰　修宗睿　李明雨　马桂生　武奕成

（其他工作人员视工作进度结合各单位（处室）职责分工另行抽调）

**办公室下设四个工作小组：**

1．综合组

主要职责：负责标准化绩效管理体系框架设计、联络协调、整体推进。具体包括，统筹安排各项工作任务，掌握总体工作情况，向厅领导做好汇报；研究设计标准化绩效管理体系框架；研究起草标准化绩效管理实施意见、实施方案、制度办法和实施细则；组织动员会、调度会、总结会、培训、集中攻关等重要活动；联络协调厅内各单位（处室）和市县财政部门；做好厅活动办工作记录（重大事项要求有影像记录）。

2．指标组

主要职责：负责建立绩效指标和评价体系。具体包括，梳理标准化管理体系文件，建立绩效目标指标模板；研究确定绩效指标的评价标准、赋分方法、权重分配、数据来源等规则；组织各单位（处室）设定绩效目标、建立绩效指标。

3．市县组

主要职责：负责制定市县财政工作标准化绩效管理办法，建立市县财政工作绩效指标体系，指导市县开展标准化绩效管理工作。

4．技术组

主要职责：负责行政办公、标准化管理和标准化绩效管理一体化信息平台的开发、优化和日常维护工作。

## 标准化绩效管理改革领导小组<br>及其办公室成员名单（2016年调整）

**领导小组组长：**高志立

**副组长：**王劲松　高云霄　牛金禄　姚绍学　李杰刚　王振东<br>徐联中　靳海增　李红广　赵建国　金树林

**成员单位：**办公室 人事教育处 预算管理局 国库支付局 财政监督局<br>机关党委 监察室 信息中心

**绩效办主任：**李杰刚

**副主任：**马　学　高景良　赵新海　刘新军　段国旭　张振川

赵志东　薛忆萍　王洪卫　李明雨　成　军
（负责日常工作）

**工作人员：**张超　陈　剑　李博文　刘占虎　张振龙

附件2：

## 标准化绩效管理体系框架

| 体系组成 | 主要内容 |
|---|---|
| 岗责体系 | 衔接顺畅、运转高效的业务流程 |
| | 权责匹配、职责清晰的岗责体系 |
| 制度体系 | 标准化绩效管理办法 |
| | 实施细则（包括：标准化绩效管理职责分工及工作流程、标准化绩效管理特别加分扣分规定等） |
| | 党风廉政建设责任检查考核实施办法 |
| | 德勤廉考核评价办法 |
| | 市县财政工作标准化绩效管理办法 |
| 运行体系 | 以绩效计划、绩效监控、绩效考评、绩效改进为基本环节，以绩效沟通为主线的管理流程 |
| 指标和评价体系 | 全员、全过程、全覆盖的绩效指标体系和科学合理、客观公正的评价体系 |
| | 市县财政工作绩效指标体系 |
| 结果运用体系 | 以德为先、绩效导向综合运用制度办法 |
| 标准化绩效管理信息平台 | 行政办公、标准化管理和标准化绩效管理一体化信息平台 |

附件3：

## 标准化绩效管理改革任务分工及完成时限表

| 工作阶段 | 主要任务 | 责任单位（处室） | 完成时限 |
|---|---|---|---|
| 前期准备阶段（2014年1月—7月） | 制定实施方案，成立组织机构，明确责任分工 | 绩效办 | 2月15日前 |
| | 制定2014年工作要点，分解目标指标 | 厅办公室牵头，各单位（处室）配合 | 2月28日前 |
| | 优化业务流程 | 预算管理局牵头，有关单位（处室）配合 | 3月15日前 |
| | 建立健全岗责体系 | 人事教育处牵头，各单位（处室）配合 | 3月15日前 |
| | 起草标准化绩效管理办法 | 绩效办牵头，各单位（处室）配合 | 3月31日前 |
| | 研究标准化绩效管理体系框架，提出标准化绩效管理信息平台开发需求 | 绩效办牵头，各单位（处室）配合 | 4月30日前 |
| | 研究指标设计和评价的技术、方法，建立标准化绩效管理指标和评价体系，建立市县财政工作绩效指标体系 | 绩效办牵头，各单位（处室）配合 | 5月31日前 |
| | 研究管理职责、工作流程、特殊情况处理等标准化绩效管理具体事项，起草职责分工及工作流程、特别加扣分规定等实施细则和市县财政工作标准化绩效管理办法 | 绩效办牵头，各单位（处室）配合 | 6月30日前 |
| | 研发行政办公、标准化管理和标准化绩效管理一体化信息平台 | 信息中心牵头，各单位（处室）配合 | 7月31日前 |
| 试运行阶段（2014年8月—9月） | 标准化绩效管理信息平台试运行 | 绩效办、信息中心牵头，各单位（处室）配合 | 9月30日前 |
| | 录入绩效计划，开展绩效监控、绩效考评等工作 | 绩效办牵头，各单位（处室）分工负责 | 9月30日前 |
| | 梳理汇总标准化绩效管理体系意见建议，修改完善 | 绩效办牵头，各单位（处室）配合 | 9月30日前 |
| | 梳理汇总标准化绩效管理信息平台意见建议，修改完善 | 信息中心牵头，各单位（处室）配合 | 9月30日前 |
| 正式运行阶段（2014年10月起） | 完善绩效计划 | 绩效办牵头，各单位（处室）配合 | 10月15日前 |
| | 开展绩效监控等日常工作 | 绩效办牵头，各单位（处室）配合 | 12月30日前 |
| | 组织绩效考评 | 绩效办、人事教育处、监察室牵头，各单位（处室）配合 | 2015年1月31日前 |
| | 制定2015年绩效计划 | 绩效办牵头，各单位（处室）配合 | 2015年1月31日前 |
| 其他事项 | 制定德勤廉考核评价办法 | 人事教育处 | 2014年9月30日前 |
| | 制定党风廉政建设责任检查考核实施办法 | 监察室 | 2014年9月30日前 |
| | 起草以德为先，绩效导向选人用人机制系列制度文件 | 人事教育处 | 2014年12月31日前 |
| 完善推广阶段（2015年全年） | 结合2014年运行情况，完善标准化绩效管理体系，指导设区市、直管县实施标准化绩效管理 | 绩效办牵头，各单位（处室）配合 | 2015年底 |
| 优化提升阶段（2016年全年） | 强化标准化绩效管理理论研究，进一步优化标准化绩效管理体系，深入推进绩效文化建设 | 绩效办牵头，各单位（处室）配合 | 2016年底 |

# 河北省财政厅标准化绩效管理办法（2017年版）*

## 第一章 总 则

**第一条** 为贯彻落实“改革统揽、绩效导向、科学规范、善治有为”的总体思路和“双学双改双提升”的目标要求，创建以标准化管理为依托、以绩效管理为核心的财政内部管理运行新机制，根据《中共河北省财政厅党组关于在全省财政系统实施绩效管理的意见》（冀财组〔2014〕10号），制定本办法。

**第二条** 本办法所称标准化绩效管理是指着眼治理体系和治理能力现代化，运用现代管理理论、方法及技术，结合传统优秀管理思想，以标准化管理为依托，紧密结合财政工作实际，建立目标引导、过程控制、持续改进、整体提升的管理机制，对厅内各单位及其工作人员政策执行、岗位履职、目标完成情况等实施的系统管理。

**第三条** 标准化绩效管理以标准化为基础，以绩效计划、绩效监控、绩效考评、绩效改进为基本环节，以绩效沟通为主线，以信息化为支撑，以结果运用为保障。管理内容涵盖财政工作各个方面和环节，包括基本职责、要点工作、上级部署工作、特别加扣分项目、单位党风廉政建设和个人德勤廉情况。

**第四条** 标准化绩效管理的基本原则。

（一）统筹兼顾，突出重点。坚持履行职责与突破性工作相结合，紧紧围绕省委、省政府和厅党组决策部署，突出重点，兼顾一般，科学分解绩效目标，合理确定绩效指标，规范指标评价标准，确保各项工作全面落实。

（二）过程管理，持续改进。坚持过程控制和结果提升并重，与标准化管理一体运行，注重节点控制和过程留痕，强化动态监控，实时改进完善各项工作，不断提升管理效能和水平。

（三）客观公正，激励有效。坚持起点公平，严格管理程序，规范操作方法，强化技术支撑，科学量化考评，综合运用绩效结果，树立正确导向，促进组织绩效与个人绩效的同步提升。

（四）全员参与，注重沟通。坚持民主决策，组织广大干部职工参与标准化绩效管理各项具体工作，并将双向沟通贯穿绩效管理各个环节，增强价值认同，形成目标

---

* 此版是在2014年试行制度基础上，历经2015年、2016年、2017年三轮修订而成。

共识，使绩效管理内化为自觉行动，促进全面发展。

## 第二章 组织机构

**第五条** 标准化绩效管理组织架构分为“决策、议事、组织实施和具体执行”四个层级。

（一）厅党组会为决策机构。

（二）标准化绩效管理改革领导小组（以下简称领导小组）为议事机构，下设领导小组办公室（以下简称绩效办），绩效考评期间设立考评小组和考评监督小组。

（三）绩效办、人事教育处、驻厅纪检组、机关党委、考评小组和考评监督小组为组织实施机构。

（四）厅内各单位为具体执行机构。

**第六条** 厅党组会负责研究审定标准化绩效管理制度、绩效考评结果等重大事项。

**第七条** 领导小组负责全厅标准化绩效管理工作指导和重要事项审定。具体包括：组织、协调、督导标准化绩效管理工作，研究审定绩效计划、加扣分项目、绩效计划变更、申诉事项、标准化绩效管理体系改进等重要事项。

**第八条** 绩效办履行领导小组日常管理职责，负责标准化绩效管理工作的组织实施、审核督导和协调服务；人事教育处负责对个人德勤的考评；驻厅纪检组负责对厅内各单位党风廉政建设和个人廉的考评；机关党委配合驻厅纪检组开展对厅内各单位党风廉政建设和个人廉的考评；考评小组负责对厅内各单位及其主要负责人工作完成情况的考评和对其他工作人员考评情况的核查；考评监督小组负责绩效考评全过程监督。

**第九条** 厅内各单位负责本单位及其工作人员标准化绩效管理的执行。单位主要负责人为标准化绩效管理工作第一责任人，负责本单位标准化绩效管理工作的组织落实；明确 1 名负责人和 1 名绩效联络员，负责本单位标准化绩效管理日常工作。

## 第三章 绩效计划

**第十条** 绩效计划指厅、厅内各单位和工作人员就实现战略目标达成的一种契约，包括绩效目标和绩效指标。

**第十一条** 绩效目标是编制绩效指标的依据，包括年度工作任务和预期目标。绩效指标是年度工作目标任务的具体化，根据管理级次，分为一级指标、单位（二级）指标、岗位（三级）指标。其中，单位指标和岗位指标根据对应的工作周期分为日常型、阶段型、年度型。

**第十二条** 单位指标和岗位指标包括指标编码、指标名称、指标释义、指标类型、考评周期、考评标准及评价方法、标准依据、数据来源等要素。

**第十三条** 绩效指标涵盖基本职责、要点工作、上级部署工作，并设立特别加扣分项目。

（一）厅内各单位要点工作由厅年度工作要点分解形成，体现为单位指标中的要点指标。

（二）厅内各单位上级部署工作由省委、省政府和财政部部署工作分解形成。其中，未列入要点工作的财政部综合评价指标体现为单位指标中的部属指标。

（三）厅内各单位基本职责由本单位固有的工作职责和各单位共同承担的工作职责组成，分别体现为单位指标中的基础指标和共性指标。

（四）工作人员承担的绩效指标由单位指标分解形成，包括本人承担的基本职责、要点工作和上级部署工作，体现为岗位指标。

（五）特别加扣分项目指符合规定条件的加扣分事项。

**第十四条** 厅内各单位绩效指标基础分为1000分，个人绩效指标基础分为100分。指标分值由基础分乘指标权重得出，指标权重按统计学方法测算。

**第十五条** 绩效计划以年度为周期，采取“两上两下”方式确定。

（一）计划初拟。

1. 涉及多单位指标编制。绩效办在3月1日前，制定并发布年度绩效计划编制指导意见，组织编写包括部属指标和共性指标在内的涉及多单位指标。其中，对年初难以确定承办单位和办理数量的工作，不编入年初绩效计划，年终根据实际办结情况统一结算。

2. 厅内各单位其他指标编制。厅内各单位编写本单位除涉及多单位指标外的其他指标，并分解为岗位指标，经内部充分讨论达成一致后，提交绩效办汇总。

（二）计划初审。绩效办对绩效指标的目标一致性、要素规范性、操作可控性等方面进行初审，提出修改意见，待厅年度工作要点发布后连同涉及多单位指标一并反馈厅内各单位。

（三）计划修订。厅内各单位按照修改意见组织修订，形成本单位年度绩效计划送审稿，并对涉及多单位指标提出修订意见，报经分管厅领导同意后，提交绩效办汇总。

（四）计划审定。绩效办汇总形成绩效计划，经领导小组研究审定后正式下发，并组织录入标准化绩效管理系统。

**第十六条**　绩效计划的编制要求。

（一）指标内容全面系统。覆盖工作任务和职责的所有重要方面和关键领域，并根据其关联性、协同性实现指标的有效衔接。

（二）指标分解细致规范。以标准化管理体系文件为基础，将目标内容分解到最小的执行单元，定量与定性相结合，能量化的量化，不能量化的细化、流程化。

（三）指标设定准确实用。概念清晰明确，表述简单易懂，数据可采集、可监控、可查验、可追溯。

（四）指标标准科学合理。以“跳一跳、摘得到”为原则，参照上级要求、同行业先进水平和历史水平，从时间、质量、数量等多个维度合理设定标准。

**第十七条**　绩效计划变更。绩效计划确定后，对于因厅领导交办、督查督办、单位谋划等需要追加指标和因上级部署、厅党组工作安排、人员调动等需要调整指标的，实行“实时跟踪、定期纳入”的管理机制，动态修正绩效计划。

## 第四章　绩效监控

**第十八条**　绩效监控指对绩效计划执行的指导、管理和监督，具体内容包括绩效辅导、过程管理和绩效提醒。

**第十九条**　绩效辅导。年初绩效计划下达后，绩效办通过业务培训、会议传达等方式，对计划执行中的共性问题进行统一辅导；通过平台交流、面谈、电话、邮件、QQ、微信等方式，对个性问题进行即时辅导。

**第二十条**　过程管理。实行“周记录、月小结”的过程管理模式，强化节点控制，做到过程留痕。

（一）周记录指厅内各单位及其工作人员围绕绩效计划落实，从工作开展、执行分析、心得体会等方面记录绩效指标每周进展情况。

（二）月小结指厅内各单位及其工作人员围绕绩效计划落实，从时间、质量、数量等方面总结绩效指标月度完成情况。

（三）厅内各单位的周记录、月小结由主管厅领导审定，工作人员的周记录、月小结由上一级领导审定。

**第二十一条**　绩效提醒。厅领导、绩效办和厅内各单位负责人通过系统提示、面谈、邮件、QQ、微信等方式，针对单位和个人绩效计划执行情况及存在的问题，进行实时提醒和综合提醒。

**第二十二条** 绩效办定期进行指标数据监控，建立健全全厅绩效监控档案。厅内各单位及其工作人员按照序时进度或时间节点要求，通过月小结上传指标执行情况的相关证明材料。

## 第五章 绩效考评

**第二十三条** 绩效考评指依据绩效计划和有关规定，由考评主体按照职责分工对厅内各单位及其工作人员的绩效目标指标执行情况、单位党风廉政建设和个人德勤廉情况进行考核评价的过程。考评主体包括人事教育处、驻厅纪检组、机关党委、考评小组以及考评监督小组。

**第二十四条** 绩效考评以季度、年度为周期，按照制定考评方案、发布考评清单、考评主体考评、审核汇总、领导小组审议、得分发布、申辩申诉、形成考评报告、党组会审定、结果展示的程序进行。每季度终了 15 个工作日内完成季度考评，其结果作为年度考评的数据留痕和重要参考；年度终了 25 个工作日内完成年度考评。

**第二十五条** 季度考评内容包括日常型指标执行情况、阶段型和年度型指标关键节点完成情况。年度考评内容包括所有绩效目标指标全年执行情况、单位党风廉政建设和个人德勤廉情况。

**第二十六条** 对厅内各单位考评采取“双千分制”计分法。基本职责、要点工作、上级部署工作方面共设定 1000 分，根据绩效指标考评结果确定分值。单位党风廉政建设共设定 1000 分，根据党风廉政建设考评结果确定分值。特别加扣分项目按规定标准确定分值。其中，与处室合署办公事业单位按照管理体制与对应机关处室作为一个单位考评。计算公式及说明如下：

（一）季度绩效考评得分 = ∑季度考评指标原始得分 ÷ ∑季度考评指标基础分 × 1000

（二）全年绩效考评总分 = 全年绩效指标换算得分 + 特别加分项目计分 − 特别扣分项目计分 − 党风廉政建设扣分

（三）公式说明

1. 日常型指标季度考评原始得分计入全年绩效指标得分，与阶段型、年度型指标原始得分共同参与换算，生成全年绩效指标换算得分。

2. 全年绩效指标换算得分，是根据厅机关同类型单位指标的平均得分率和标准差，通过一系列消除各单位指标得分难度和分值离散程度差异的运算得出。

3．党风廉政建设扣分：根据党风廉政建设考评结果确定考评等次。“优秀”、“较好”等次的，不扣分；“一般”和“较差”等次的，将实际得分与“较好”等次最低分值的差额作为扣分分值。

单位党风廉政建设考评等次确定方法及标准另行制定。

**第二十七条**　对个人考评采取“双百分制”计分法。财政工作和个人德勤共设定100分。其中，厅内各单位正职（含与处室合署办公事业单位正职，下同）由所在单位绩效考评得分按百分制转换，并结合个人德勤考评结果确定分值；单位副职（含参与职责分工的调研员，下同）由所分管工作绩效考评得分率按百分制转换，并结合个人德勤考评结果确定分值；其他工作人员由个人绩效指标考评结果结合个人德勤考评结果确定分值。个人廉设定100分，根据个人廉考评结果确定分值。特别加扣分项目按规定标准确定分值。计算公式及说明如下：

（一）厅内各单位正职

1．季度绩效考评得分＝单位季度绩效考评得分÷10

2．全年绩效考评总分＝［（单位全年绩效指标换算得分＋单位特别加分项目计分－单位特别扣分项目计分）÷10－个人德勤扣分］－个人廉扣分

（二）厅内各单位副职

1．季度绩效考评得分＝∑分管日常型指标季度考评原始得分÷∑分管日常型指标基础分×100

2．全年绩效考评总分＝（全年分管工作绩效指标换算得分÷全年分管工作绩效指标基础分×100－个人德勤扣分）＋特别加分项目计分－特别扣分项目计分－个人廉扣分

（三）其他工作人员

1．季度绩效考评得分＝∑季度考评指标原始得分÷∑季度考评指标基础分×100

2．全年绩效考评总分＝（个人全年绩效换算得分－个人德勤扣分）＋特别加分项目计分－特别扣分项目计分－个人廉扣分

（四）公式说明

1．日常型指标季度考评原始得分计入全年绩效指标得分，与阶段型、年度型指标原始得分共同参与换算，生成全年绩效指标换算得分。

2．全年分管工作绩效指标换算得分是根据厅机关同类型分管单位指标的平均得分率和标准差，通过一系列消除各指标得分难度和分值离散程度差异的运算得出。其

中，厅内各单位副职增加责任系数和全年工作负荷系数的调整。

3. 个人全年绩效换算得分是根据厅机关同类型岗位指标及各单位内部工作人员的平均得分率和标准差，通过一系列消除各指标得分难度和分值离散程度差异及各单位间考评执行尺度差异的运算得出，并增加全年工作负荷系数的调整。

4. 德勤扣分：根据个人德勤考评结果确定考评等次。“好”、“较好”等次的，不扣分；“一般”和“差”等次的，将实际得分与“较好”等次最低分值的差额作为扣分分值。

个人德勤考评等次确定方法及标准另行制定。

5. 廉扣分：根据个人廉考评结果确定考评等次。“好”、“较好”等次的，不扣分；“一般”和“差”等次的，将实际得分与“较好”等次最低分值的差额作为扣分分值。

个人廉考评等次确定方法及标准另行制定。

**第二十八条** 特别加扣分。标准化绩效管理特别加扣分，是根据厅内各单位及其工作人员的工作结果或行为表现，对符合规定条件的，增加或扣减其一定的绩效得分。

特别加扣分具体项目和操作规程另行制定。

**第二十九条** 季度考评后，发布厅内各单位及其工作人员指标原始得分；年度考评后，发布厅内各单位及其工作人员指标原始得分、个人德勤考评结果、特别加扣分项目计分、单位党风廉政建设考评结果和个人廉考评结果。

**第三十条** 厅内各单位及其工作人员对考评结果有异议的，可在得分发布后向绩效办提请申辩。绩效办根据申辩内容，按照管理权限，将申辩事项交由考评小组、考评监督小组或其他责任单位调查核实，并反馈复核结果。申辩人对复核结果仍有异议的，可在接到复核通知后向领导小组提请申诉。领导小组裁定为最终裁定。

**第三十一条** 全年绩效指标原始得分、个人德勤考评结果、特别加扣分项目计分、单位党风廉政建设考评结果和个人廉考评结果等最终确定后，绩效办组织生成厅内各单位及其工作人员的绩效考评总分、全厅同级别排名总分，汇总各方面考评结果，形成绩效考评报告，提交厅党组会审定后，对单位各类排名和个人各级别排名前60%进行绩效展示。同级别排名总分计算公式为：

（一）单位全厅排名总分 = 单位全年绩效考评总分

（二）单位正职全厅排名总分 = 个人全年绩效考评总分

（三）单位副职全厅同级别排名总分 =（单位全年绩效指标换算得分 + 单位特别加分项目计分 – 单位特别扣分项目计分）÷10×40% +［（全年分管工作绩效指标换算得分 ÷ 全年分管工作绩效指标基础分 ×100 – 个人德勤扣分）+ 特别加分项目计分 – 特别扣分项目计分］×60% – 个人廉扣分

（四）其他工作人员全厅同级别排名总分 =（单位全年绩效指标换算得分 + 单位特别加分项目计分 – 单位特别扣分项目计分）÷10×40% +（个人全年绩效换算得分 + 特别加分项目计分 – 特别扣分项目计分 – 个人德勤扣分）×60% – 个人廉扣分

**第三十二条**　厅内岗位变动人员，分以下两种情况确定绩效考评结果：

（一）按照规定轮岗交流人员，全年绩效得分由变动前和变动后所在岗位的绩效得分按照时间比例加权平均计算得出。其中，岗位变动前的得分情况由原单位负责提供。

（二）按照规定程序借调人员，借调时间在考评年度半年以下的，由原单位负责考评；超过考评年度半年（含半年）的，由借调单位负责考评。

**第三十三条**　因公离岗人员，分以下四种情况确定绩效考评结果：

（一）公派长期借调财政部、省委省政府以及省直部门从事专项工作的人员，驻村干部和挂职干部，赴香港长期借调人员，分别由用人单位和派出单位对其工作表现进行评价。评价结果为优或先进的，离岗期间绩效得分取全厅同级别绩效得分前 40% 人员的平均分；结果为良的，离岗期间绩效得分取全厅同级别绩效得分前 60% 人员的平均分；结果为一般的，离岗期间绩效得分取全厅同级别人员的平均分。在岗期间绩效得分正常计算。

（二）援藏援疆干部，离岗期间绩效得分取全厅同级别绩效得分前 40% 人员的平均分，在岗期间绩效得分正常计算。

（三）因公负伤暂离岗位人员，离岗期间绩效得分取全厅同级别绩效得分前 40% 人员的平均分，在岗期间绩效得分正常计算。

（四）公派学习培训人员，离岗时间在考评年度半年以下的，由原单位负责考评；累计超过考评年度半年（含半年）的，离岗期间取全厅同级别人员平均分，在岗期间绩效得分正常计算。

**第三十四条**　个人原因请假离岗人员，分以下三种情况确定绩效考评结果：

（一）按照规定程序批准外出学习培训人员，累计离岗时间在考评年度半年以下的，由原单位负责考评；累计离岗时间超过考评年度半年（含半年）的，不进行绩效考评。

（二）病事假离岗人员，累计离岗时间在考评年度半年以下的，由原单位负责考评；累计离岗时间超过考评年度半年（含半年）的，不进行绩效考评。

（三）产假离岗人员，离岗时间在考评年度半年以下的，由原单位负责考评；离岗时间超过考评年度半年（含半年）的，全年绩效得分参照全厅同级别人员平均得分计算。

**第三十五条** 达到最高任职年龄、军队转业和厅外调入人员，当年绩效得分参照全厅同级别人员平均得分计算。

**第三十六条** 被考评对象在绩效考评中发生虚报、瞒报、作假等行为的，按虚增分数的 5 倍扣减绩效得分，予以通报批评并追究责任；无正当理由不参加年度绩效考评经教育后仍不参加的，直接确定其绩效得分为零。考评人员在考评过程中发生虚报、瞒报、作假等行为的，按被考评对象虚增分数的 5 倍扣减考评人员个人绩效得分，撤销其考评资格，予以通报批评并追究责任。

## 第六章 绩效改进

**第三十七条** 绩效改进指针对绩效考评结果反映的情况，就未达到绩效目标的工作，分析原因、查找问题、进行整改。包括职责工作方面的改进和标准化绩效管理体系的改进。

**第三十八条** 职责工作方面的改进分为执行过程中的日常改进和年度考评后的全面改进。

（一）日常改进。厅内各单位及其工作人员依据日常监控情况和提醒信息，制定提升计划，落实整改措施，反馈整改结果。

（二）全面改进。年度考评结束后，考评小组针对未达到绩效目标的工作，向相关单位提出工作方面的绩效改进建议，并对绩效整改提升情况进行督导；厅内各单位依据考评中发现的问题，向工作人员提出绩效改进建议，组织工作人员制定提升计划，落实整改措施，反馈整改结果。

**第三十九条** 标准化绩效管理体系的改进。

（一）厅内各单位及其工作人员结合绩效考评结果和工作实际，就标准化绩效管理制度、流程及目标指标设置、绩效系统功能等方面提出意见建议，经本单位统一汇总后反馈绩效办。

（二）绩效办根据收集的意见建议，研究体系改进的必要性，适时提出改进建议，经领导小组审定后，组织进行调整和修订。

**第七章　绩效沟通**

**第四十条**　绩效沟通指上下级之间、考评主体与被考评对象之间在标准化绩效管理过程中就相关事项进行的协商和反馈，沟通内容涉及目标分解、指标建立、计划辅导、过程管理、绩效考评、改进提升和结果运用等各个方面。

**第四十一条**　绩效沟通方式分为正式沟通和非正式沟通。正式沟通包括定期的书面报告、会议沟通和正式会谈。非正式沟通不限定固定形式内容，应快速高效，及时解决问题。

**第四十二条**　绩效计划阶段，应就目标指标和评价标准反复沟通，形成共识；绩效监控阶段，应根据日常工作开展情况，共同纠正实际工作与计划的偏差；绩效考评阶段，应围绕考评工作深入交流、广泛沟通，确保考评过程和结果合理公正；绩效改进阶段，应针对绩效结果，分析存在问题，制定改进措施。

第八章结果运用

**第四十三条**　坚持正向激励为主，鞭策加压为辅，综合应用绩效考评结果。

（一）正向激励

1．将单位绩效结果作为单位年度考核、评先评优以及其他奖励的主要依据。

2．将个人绩效结果作为选拔任用、轮岗交流、年度考核、评先评优、学习培训、绩效奖励以及其他奖励的主要依据。

（二）鞭策加压

1．对连续两年同类排名后10%的或连续两年同类排名后30%且位次后移2位以上的单位，由厅党组对单位主要负责人进行约谈；对连续三年同类排名后10%的或连续三年同类排名后30%且位次累计后移4位以上的，在全厅进行公示。

2．对连续两年同级别排名后10%的或连续两年同级别排名后30%且位次后移5位以上的个人，由厅党组和单位主要负责人进行约谈；对连续三年同级别排名后10%的或连续三年同级别排名后30%且位次累计后移10位以上的，在全厅进行公示。

**第四十四条**　绩效结果运用配套制度由相关职能部门另行制定。

## 第九章　附　则

**第四十五条**　本办法未列举事项，按规定程序报厅党组会研究决定。

**第四十六条**　本办法适用于厅机关各处、室、局，厅属各事业单位（不含经营性单位）及其工作人员的标准化绩效管理。省农发办可按照本办法，制定内部管理办法。

**第四十七条** 对经营性单位实施绩效目标管理，经营性单位可按照本办法，制定内部管理办法。

**第四十八条** 本办法由绩效办负责解释，并制定实施细则。

**第四十九条** 本办法自发布之日起施行。《河北省财政厅绩效管理办法（2016版）》（冀财组〔2016〕16号）停止执行。

2017年3月3日

# 河北省财政厅标准化绩效管理实施细则（2017 年版）*

## 第一章　总则

**第一条**　根据《河北省财政厅标准化绩效管理办法》（以下简称办法），制定本实施细则。

**第二条**　本实施细则适用于厅内各处、室、局，厅属各事业单位及其工作人员的标准化绩效管理。

## 第二章　组织机构及职责分工

**第三条**　厅党组会负责研究审定标准化绩效管理重大事项。具体事项包括：

（一）标准化绩效管理制度办法。

（二）绩效考评结果。

（三）其他需要研究审定的重大事项。

**第四条**　标准化绩效管理改革领导小组（以下简称领导小组）负责全厅标准化绩效管理工作组织、协调和督导，审定标准化绩效管理重要事项。具体事项包括：

（一）年度绩效计划。

（二）绩效计划变更。

（三）年度绩效考评方案。

（四）特别加扣分项目。

（五）申诉事项。

（六）绩效体系改进方案。

（七）其他需要审定的重要事项。

**第五条**　领导小组办公室（以下简称绩效办）、人事教育处、驻厅纪检组、机关党委、考评小组、考评监督小组负责标准化绩效管理工作的组织实施。其中，考评小组和考评监督小组为年度临时机构，应于每年 3 月 31 日前由绩效办提出组建方案，报经领导小组审定。具体职责分工如下：

（一）绩效办

1．承担领导小组办公室日常工作。

---

* 此版是在 2014 年试行制度基础上，历经 2015 年、2016 年、2017 年三轮修订而成。

2．起草、修订和解释标准化绩效管理制度办法。

3．起草发布绩效计划编制指导意见，组织厅内各单位及其工作人员编制绩效计划，汇总审核绩效目标指标初稿，组织编写涉及多单位指标，组织录入绩效目标指标。

4．组织开展对厅内各单位的绩效辅导、过程管理和绩效提醒。

5．组织开展特别加扣分项目认定和绩效考评。

6．组织开展对厅内各单位的绩效分析、诊断和整改提升，汇总标准化绩效管理运行过程中的意见和建议，适时提出解决方案。

7．负责标准化绩效管理系统业务需求的修改完善和流程优化。

8．负责标准化绩效管理业务培训和工作调研。

9．领导交办的其他工作。

（二）人事教育处

1．起草、修订和解释德勤考核评价办法。

2．组织对个人德勤的考评。

3．提出相关特别扣分具体建议及证明材料。

4．制订绩效结果运用相关配套制度并组织实施。

（三）驻厅纪检组

1．起草、修订和解释党风廉政建设考核评价办法。

2．组织对厅内各单位党风廉政建设和个人廉的考评。

3．提出相关特别扣分具体建议及证明材料。

（四）机关党委

1．配合驻厅纪检组开展对厅内各单位党风廉政建设和个人廉的考评。

2．制订绩效结果运用相关配套制度并组织实施。

（五）考评小组

1．实施对厅内各单位及其工作人员的绩效考评。

2．审核确认厅内各单位及其工作人员考评数据资料真实性、准确性。

3．汇总考评结果。

（六）考评监督小组

1．负责绩效考评各环节的监督。

2．复核申辩申诉事项。

**第六条**　厅内各单位（含与处室合署办公事业单位，下同）具体职责如下：

（一）组织落实本单位标准化绩效管理工作。

（二）编制本单位及其工作人员绩效目标指标。

（三）负责本单位工作人员绩效辅导、过程管理和绩效提醒。

（四）采集录入和分析本单位及其工作人员绩效指标执行数据。

（五）提供特别加扣分项目资料。

（六）配合调查涉及本单位的申辩申诉事项。

（七）负责本单位及其工作人员的绩效分析、诊断和整改提升。

（八）其他标准化绩效管理工作。

## 第三章　绩效计划

**第七条**　绩效指标要素。

（一）指标编码。统一为三段格式，即“BM（GW）－XXX－XX”。第一段标示指标管理级次，单位指标为BM，岗位指标为GW；第二段标示指标所属单位；第三段标示指标序号。

（二）指标名称。指对指标对应工作内容、性质的界定，使用主谓结构短语或名词表述。

（三）指标释义。指对指标对应工作的解释说明，表述应清楚准确、言简意赅，涵盖指标对应工作全部内容。

（四）指标类型。包括日常型、阶段型和年度型。日常型指标对应每年重复性、短期可考量的工作，阶段型指标对应年内某一时间段开展的工作，年度型指标对应每年持续开展的工作。

（五）考评周期。分为季度和年度。季度对应日常型指标，年度对应阶段型、年度型指标。

（六）考评标准及评价方法。指以时间、质量、数量三个维度具体表述的指标评价尺度及考评采取的方式方法。时间、质量和数量应分别明确占指标分值比重（百分比），原则上质量比重高于时间、数量比重。

（七）标准依据。指通过上级要求、同行业先进水平、历史水平三个方面来准确表述考评标准来源。

（八）数据来源。指考评数据的采集方式，分为审核评价和系统获取。

1. 审核评价指通过人工审核形成考评数据，应列明被考评对象需提供的具体内容。

2. 系统获取指从各类信息系统中提取考评数据，应列明系统名称、需提取的具体内容。

**第八条** 绩效指标设置规范。

（一）指标设置“八要”

1. 单位（二级）指标设置要全面系统。厅内各单位的单位（二级）指标对应本单位工作职责和分工，应覆盖所有上级部署工作、要点工作和基本职责。同时，指标要分类清晰，避免互相包含、交叉混淆；要高低一致，确保在同一个“辈分上”；要大小适中，对过散过细的指标，要进行必要的归纳整合；要充分考虑与其他单位的可比性，避免出现个别单位指标“孤立”的情况。

2. 岗位（三级）指标分解要科学合理。岗位（三级）指标对应具体工作事项，应选择单位（二级）指标的关键环节和工作重点，按照工作岗位分解，确保逻辑清楚。既要实现对单位（二级）指标的“完全支撑”，又要避免因其他工作加入而引起的“节外生枝”。

3. 指标名称要简短准确。采用主谓结构短语（名词＋动词）或名词格式。如果需要界定的内容较多，应放在指标释义中。

4. 指标类型和考评周期要呼应。日常型指标每季度终了组织考评；阶段型、年度型指标每季度终了考评关键节点，年度终了组织整体考评。指标类型填写“季度型”，考评周期填写“季度”；指标类型填写“阶段型”“年度型”，考评周期填写“年度”。

5. 考评标准及评价方法要可考。标准高低要适宜，遵循“跳一跳、摘得到”原则，参考上级要求、同行业先进水平、历史水平，合理设置。评价标准和方法要“客观明确”，准确衡量单位或个人的努力程度。时间方面要选择“6 月 5 日前完成”“收到财政部通知 30 日内”“每月 5 日前”等清晰标准，不应使用“及时、按时、准时”等形容词描述；质量方面要选择“文件正式印发”“通过领导小组审定”“通过厅领导审签”“正式上线运行”“在评审（定）工作中取得 95 分（优秀等次）以上成绩”等可准确衡量的标准，不应使用“科学、合理、全面、规范、准确、逻辑清楚”等形容词描述。

6. 设置计划节点要选对。要选择“报送省委省政府（或财政部）”“报厅长办公会研究”“报厅领导审签”“送需求单位测试”等有明确时间要求、阶段性工作完成并且可取得客观证明材料的关键环节为节点，不应选择“开展调研、统计分析、测算、完成初稿”等本单位内部自主掌握的工作阶段作为计划节点。

7．标准依据要准确有据。上级要求应具体明确、量化可比；同行业先进水平应标明具体单位和经验做法；历史水平应以近三年工作情况为基准；依据文件应列明名称、文号。

8．数据来源要可操作。数据来源要与考评标准一一对应，清楚标示“谁提供”“提供什么”“谁审核”。其中，“审核评价”类应列明被考评对象或相关责任单位需提供的时间、质量、数量方面的具体证明材料，“系统获取”类应列明系统名称、需提取的具体内容。

（二）指标设置“八不要”

1．工作要点指标不要丢。年度工作要点中涉及本单位的所有工作不要漏项，应全部列入单位（二级）指标，并分解为相应的岗位（三级）指标。

2．指标不要“避重就轻”。指标内容要实现对指标的完全支撑，不要“帽子”大内容小。

3．涉及多单位指标不要自行设置。对于涉及多个单位的指标，指标设置和分配不要“各自为政”，应采用责任单位统一设置的指标要素，并按照统一规则分配到分管副职和责任人员。

4．基础指标基本框架不要打破。厅内各单位基础指标对应日常工作，不要进行过多调整，应在上一年度基础指标基础上，进一步优化完善，保持指标基本框架的连续性。

5．指标维度不要少。原则上每项指标的时间、质量和数量标准都要设定，一般情况至少明确 2 个维度。

6．标准依据不要空。各指标“上级要求”“同行业先进水平”“历史水平”“文件依据”4 个方面的标准依据一般都不要填写“无”或空白，必须充实完整。

7．指标执行数据责任不要混淆。各级指标执行数据的提供责任、审核责任、复核责任不要混淆。单位（二级）指标执行数据的审核可表述为“被考评对象按照序时进度或时间节点要求，通过月小结上传×××、×××等资料，考评小组审核，形成指标考评数据”；岗位（三级）执行数据的审核可表述为“被考评对象按照序时进度或时间节点要求，通过月小结上传×××、×××等资料，单位负责人审核，考评小组复核，形成指标考评数据”。

8．责任人员不要交叉。单位（二级）指标的分管副职、岗位（三级）指标的责任人员，原则上不能为多名人员。其中，单位（二级）指标只能对应一名分管副职；岗位（三级）指标确实无法完全拆分的，可按工作实际由多名人员承担。

第九条 绩效计划编制流程。绩效计划具体体现为厅内各单位绩效计划框架表、单位（二级）指标要素表、岗位（三级）指标要素表。

（一）计划初拟

1．编制指导。绩效办在3月1日前，印发绩效计划编制指导意见，并组织各责任单位编写涉及多单位指标。

2．计划起草。厅内各单位依据本单位工作职责任务，结合标准化管理体系文件，编制本单位绩效计划框架表、单位（二级）指标要素表、岗位（三级）指标要素表，形成绩效计划初稿。责任单位负责编制填写涉及多单位绩效指标要素表，形成涉及多单位绩效指标征求意见稿。

3．初稿送审。厅内各单位和责任单位在绩效计划编制指导意见印发15个工作日内，分别将单位绩效计划初稿和涉及多单位绩效指标征求意见稿送绩效办汇总。

（二）计划初审

绩效办汇总各单位绩效计划初稿后，在5个工作日内完成初步审核，提出修改意见，并对各责任单位（处室）报送的涉及多单位指标进行汇总，待厅年度工作要点发布后一并反馈厅内各单位。

（三）计划修订

1．初稿修订。厅内各单位在收到审核意见5个工作日内，完成绩效计划初稿的修改完善，同时对涉及多单位指标提出修改意见，经分管厅领导审定后一并送绩效办。

2．计划汇总。绩效办组织各责任单位修改完善涉及多单位指标，组织领导小组成员单位主要负责人完成涉及多单位指标评星工作，并汇总厅内各单位绩效计划，形成绩效计划送审稿。

（四）计划审定

1．计划审定。涉及多单位指标和厅内各单位绩效计划送审稿提交领导小组研究审定。

2．计划分发。涉及多单位指标和厅内各单位绩效计划送审稿经领导小组审定后，绩效办在3个工作日内分发厅内各单位。

3. 计划录入。厅内各单位在接到绩效计划3个工作日内，完成绩效指标评星工作，并将涉及多单位指标纳入本单位绩效计划。绩效办汇总形成全厅绩效计划，并组织录入标准化绩效管理系统。

**第十条**　指标分值的确定。厅内各单位及其工作人员绩效指标分值由指标权重乘基础分得出，指标权重采用“五星法”确定。“五星法”指依据对应工作的重要程度、难易程度和工作量，将指标分别确定为1至5星，其中部属指标、要点指标对应3至5星，基础指标对应1至4星。单项指标权重计算公式为：单项指标权重 = 单项指标设定星数 ÷ ∑各项指标设定星数。单项指标分值的计算公式为：单项指标分值 =（单项指标设定星数 ÷ ∑各项指标设定星数）×1000。

（一）涉及多单位指标星值确定

涉及多单位指标由绩效办组织领导小组成员单位主要负责人按照工作量和难易程度确定指标星值。

（二）单位其他指标星值确定

由厅内各单位组织召开处务会对本单位除涉及多单位指标的其他各项指标评星。

（三）岗位指标星值确定

工作人员指标分配后，按照个人承担的岗位指标与单位指标之间的分解对应关系，自动继承单位指标星数。

**第十一条**　绩效计划变更。

（一）对于因厅内督查督办、厅领导交办等情况需追加指标的，由绩效办负责从办公室、机关党委等渠道实时获取相关事项。绩效办每月汇总追加事项，每季度在全厅公示。公示无异议的，由绩效办按照“添指标法”“添项法”将事项转化为绩效指标，经领导小组成员单位主要负责人确定指标星值后，录入标准化绩效管理系统。

（二）对于因单位自主提出申请需追加指标的，由单位提出指标追加申请（含星值），报分管厅领导审定后，送绩效办汇总。绩效办于每季度末将汇总的指标追加申请报领导小组审定后，录入标准化绩效管理系统。

（三）对于因省委、省政府、财政部及厅党组年度内新安排部署等情况需调整指标的，包括指标的取消、延期、修改等，由申请单位提出调整方案，报分管厅领导审定后，送绩效办汇总。绩效办于每季度末将汇总的指标调整方案报领导小组审定后，在标准化绩效管理系统中进行相应调整。

（四）对于因人员调动需调整个人绩效指标的，由人员变动单位提出指标承担人员变动申请，送绩效办汇总。绩效办于每季度末结合人教处提供的人员变动情况清单，将汇总的指标承担人员变动申请一并报领导小组审定后，在标准化绩效管理系统中进行相应调整。

## 第四章 绩效监控

**第十二条** 绩效辅导。绩效辅导分为统一辅导和即时辅导。

（一）统一辅导。年度绩效计划下达后20个工作日内，绩效办以制发辅导资料、举办培训、召开会议等方式，对厅内各单位共性问题进行统一辅导。厅内各单位负责对本单位工作人员共性问题进行统一辅导。

（二）即时辅导。绩效计划执行过程中，绩效办以会议、通知、面谈、电话、邮件及平台交流等方式，对厅内各单位个性问题进行即时辅导。厅内各单位负责对本单位工作人员个性问题进行即时辅导。

（三）辅导记录。绩效辅导工作结束当日，绩效办和厅内各单位填写《绩效辅导登记表》（附件1）。

**第十三条** 过程管理。年度绩效计划下达后实行“周记录、月小结”的过程管理模式。月小结每月下旬进行，在次月第3个工作日前完成。周记录每周进行，在其后两周结束前完成。

**第十四条** 绩效提醒。绩效提醒分为实时提醒和综合提醒，分级分工承担提醒责任。

（一）提醒主体

1. 厅领导、绩效办负责对厅内各单位的绩效提醒。

2. 厅内各单位主要负责人负责单位内的绩效提醒，其他负责人负责对分管工作的绩效提醒。

（二）实时提醒

1. 厅领导结合平时掌握情况和分管单位月计划、月小结审核情况，采取面谈或系统提示等方式，对分管单位绩效计划执行中出现的问题进行实时提醒。

2. 绩效办依据厅内各单位绩效计划执行情况，采取系统提示的方式，对出现的问题进行实时提醒。

3. 厅内各单位负责人按照厅领导、绩效办的提醒信息及日常掌握情况，采取面谈或系统提示等方式，对绩效计划执行中出现的问题进行实时提醒。

（三）综合提醒

绩效办每半年终了10个工作日内，梳理分析全厅绩效计划执行情况，通报存在问题，提出整改要求。

**第十五条**　绩效监控档案。

绩效办明确专人负责厅绩效监控档案整理保存，每月终了5个工作日内，完成标准化绩效管理记录资料的汇总整理。

## 第五章　绩效考评

**第十六条**　季度考评。

（一）制定考评方案。季度终了前，绩效办拟订季度考评方案，并组织各责任单位准备涉及多单位指标考评数据（以下简称第三方数据）。

（二）发布考评清单。季度终了3个工作日内，绩效办制发考评清单，发各考评小组。

（三）考评主体考评

1. 季度终了7个工作日内，厅内各单位组织完成工作负荷系数的评定及录入。

2. 季度终了10个工作日内，考评小组完成对厅内各单位及其工作人员绩效计划的季度考评。

（1）将月小结提供的证明材料和第三方数据作为考评依据，对绩效指标执行情况逐一进行考评。

（2）审核各单位及其工作人员考评数据资料真实性、准确性。

（四）审核汇总。季度终了15个工作日内，绩效办审核汇总生成厅内各单位及其工作人员季度绩效考评得分。

（五）得分展示。绩效办将厅内各单位及其工作人员季度绩效考评得分在全厅范围内展示。

**第十七条**　年度考评。

（一）制定考评方案。年度终了前，绩效办拟订年度考评方案，并组织各责任单位准备第三方数据。

（二）发布考评清单。年度终了3个工作日内，绩效办制发考评清单，发各考评小组。

（三）考评主体考评

1. 年度终了7个工作日内，厅内各单位组织本单位及其工作人员特别加分项目申请及证明材料，提交绩效办。

2. 年度终了15个工作日内，考评小组完成对厅内各单位及其工作人员绩效计划的年度考评。

（1）对照指标执行证明材料和第三方数据，对绩效指标执行情况逐一进行考评。

（2）审核各单位及其工作人员考评数据资料真实性、准确性。

3. 年度终了10个工作日内，绩效办组织开展特别加扣扣分项目认定，牵头组织民主测评会议，统一开展厅内各单位党风廉政建设、个人廉和个人德勤等方面的民主测评，人事教育处、驻厅纪检组、机关党委等单位按照职责分工分别实施具体事项的民主测评。

4. 年度终了15个工作日内，驻厅纪检组完成厅内各单位党风廉政建设和个人廉的考评。

5. 年度终了15个工作日内，人事教育处完成对个人德勤的考评。

（四）审核汇总。年度终了20个工作日内，绩效办通过标准化绩效管理系统汇总生成厅内各单位及其工作人员全年绩效考评原始得分；组织录入厅内各单位及其工作人员特别加扣分。

（五）领导小组审议年度绩效考评结果。

（六）得分发布。在标准化绩效管理系统发布厅内各单位及其工作人员全年绩效考评原始得分。

（七）申辩申诉。厅内各单位及其工作人员对绩效考评结果有异议的，按照程序进行申辩申诉。

（八）形成考评报告。绩效办对厅内各单位及其工作人员年度绩效考评原始得分进行调整计算，生成全年绩效考评总分，起草全厅绩效考评报告。

（九）党组会审定。

（十）结果展示。按照厅内各单位全年绩效考评总分排名和个人全年绩效考评总分全厅同级别排名，在标准化绩效管理系统中展示绩效结果。

**第十八条** 办法第二十六条第三款所指厅内各单位全年绩效指标换算得分，计算公式为：

全年绩效指标换算得分 = Σ｛［（单项厅内单项绩效指标得分率 − 同类厅内绩效指标得分率平均值）×（各类厅内绩效指标得分率标准差平均值 ÷ 同类厅内绩效指标得分率标准差）+ 各类厅内绩效指标得分率平均值］× 单项厅内绩效指标基础分｝

**第十九条** 办法第二十七条第三款所指厅内各单位副职全年分管工作绩效指标换

算得分，计算公式为：

全年分管工作绩效指标换算得分＝Σ｛［（单项厅内单项绩效指标得分率－同类厅内绩效指标得分率平均值）×（各类厅内绩效指标得分率标准差平均值÷同类厅内绩效指标得分率标准差）＋各类厅内绩效指标得分率平均值］×单项厅内绩效指标基础分｝×责任系数×全年工作负荷系数

其中：

（一）全年工作负荷系数＝Σ（季度工作负荷系数）÷4

（二）责任系数是根据单位内各副职间承担单位指标分值的相对分差而计算出的调整参数。计算公式为：

单位副职责任系数＝（个人承担绩效指标基础分－本单位所有副职承担绩效指标基础分平均值）×0．00002＋1。

责任系数上限为1．005，对单位副职责任系数超过1．005的，统一按照1．005计算。

第二十条 办法第二十七条第四款所指其他工作人员个人全年绩效换算得分由两步调整计算生成，计算公式分别为：

第一步：全年绩效指标换算得分＝Σ｛［（单项厅内绩效指标得分率－同类厅内绩效指标得分率平均值）×（各类厅内绩效指标得分率标准差平均值÷同类厅内绩效指标得分率标准差）＋各类厅内绩效指标得分率平均值］×单项厅内绩效指标基础分｝×全年工作负荷系数

第二步：个人全年绩效换算得分＝（个人全年绩效指标换算得分－本单位工作人员全年绩效指标换算得分平均值）×（各单位工作人员全年绩效指标换算得分标准差平均值÷本单位工作人员全年绩效指标换算得分标准差）＋各单位工作人员全年绩效指标换算得分平均值

其中：全年工作负荷系数＝Σ（季度工作负荷系数）÷4

**第二十一条**　季度工作负荷系数评定方法。

（一）季度工作负荷系数总值。根据被考评人数（N），采用“人均法”计算总值，人均值设为0．995，计算公式为：季度工作负荷系数总值＝0．995×N。

（二）季度工作负荷系数等次。设A、B、C、D、E五个等次，分别对应1、0．995、0．99、0．985、0．98。

（三）季度工作负荷系数评定方法。

1. 评价人可在总值范围内，对被考评对象评定季度工作负荷系数等次。被考评对象为1人的，可任意评定等次。被考评对象总数2人以上（含2人）的，不得全部评为一个等次。其中，A等次不超过考评对象总人数的30%，E等次不超过被考评对象的10%（四舍五入，不足整数按整数计算），B、C、D等次不设限制。

2. 对各单位分管副职，由主管厅领导、本单位正职、本单位一般工作人员分别按照50%、30%和20%的权重评价得出。其中，机关处室与事业单位合署办公的，由主管厅领导、本单位正职、与处室合署办公事业单位正职、本单位一般工作人员分别按照50%、20%、20%和10%的权重评价得出。

主管厅领导按照主管范围内所有分管副职总人数计算工作负荷系数总值，统筹设定工作负荷系数。

3. 对各单位其他工作人员，由本单位正职、本单位副职、本单位除本人外的一般工作人员分别按照50%、30%和20%的权重评价得出。其中，机关处室与事业单位合署办公的，由本单位正职、与处室合署办公事业单位正职、本单位副职、本单位除本人外的一般工作人员分别按照50%、20%、20%和10%的权重评价得出。

**第二十二条** 申辩申诉。

（一）申辩。厅内各单位及其工作人员对考评结果有异议的，在得分发布后2个工作日内，向绩效办提出申辩。申辩事项属单位党风廉政建设和个人廉方面的，由驻厅纪检组负责调查核实；属个人德勤方面的，由人事教育处负责调查核实；属工作负荷系数和责任系数方面的，由考评监督小组调查核实；属指标原始得分、特别加扣分和其他方面的，由考评小组负责调查核实。绩效办汇总调查核实结果，并反馈申辩复核结果。

（二）申诉。厅内各单位及其工作人员对申辩复核结果仍有异议的，在接到复核通知后1个工作日内，通过绩效办向领导小组提出申诉，由领导小组裁定。

（三）因申辩申诉导致绩效考评结果有变动的，由绩效办按照最终申辩复核结果和领导小组裁定申诉结果在标准化绩效管理系统录入修改数据。

## 第六章 绩效改进

**第二十三条** 单位绩效改进。

（一）日常改进

1. 厅内各单位接到提醒信息3个工作日内，提出存在问题的整改措施，录入标准化绩效管理系统，反馈提醒主体。

2. 提醒主体收到绩效改进建议5个工作日内，进行诊断分析，将审定结果反馈厅内各单位，并督导完成整改。

（二）全面改进

1. 收到考评小组改进建议5个工作日内，厅内各单位自我分析、查找原因，编写分析报告，制定提升计划，反馈考评小组。

2. 考评小组收到分析报告5个工作日内，汇总整理、诊断分析，提出绩效诊断建议，并将结果反馈各单位。

3. 厅内各单位根据诊断结果落实提升计划，考评小组负责督导。

**第二十四条**　工作人员绩效改进。

（一）日常改进

1. 厅内各单位工作人员接到提醒信息3个工作日内，提出存在问题的整改措施，录入标准化绩效管理系统，反馈单位主要负责人。

2. 单位主要负责人收到绩效改进建议5个工作日内，进行诊断分析，将审定结果反馈工作人员，并督导完成整改。

（二）全面改进

1. 年度考评结束后5个工作日内，厅内各单位工作人员自我分析、查找原因，编写分析报告，制定提升计划，录入标准化绩效管理系统，反馈单位主要负责人。

2. 单位主要负责人收到分析报告5个工作日内，汇总整理、诊断分析，形成绩效诊断建议，并将结果反馈工作人员。

3. 厅内各单位工作人员根据诊断结果落实提升计划，单位主要负责人负责督导。

**第二十五条**　标准化绩效管理体系改进。

（一）厅内各单位及其工作人员对标准化绩效管理体系有改进建议的，可即时填写《标准化绩效管理意见反馈表》（附件2），反馈绩效办。

（二）绩效办定期汇总、整理、分析绩效改进建议，结合体系运行过程中发现的问题，年度考评结束后30个工作日内研究提出体系改进的必要性，提交领导小组研究审定。如需改进，将改进意见一并提交领导小组研究审定。

（三）如有改进必要，根据领导小组审定结果，绩效办作出补充规定或组织修订相关制度。

## 第七章　绩效沟通

**第二十六条**　绩效沟通内容。

（一）绩效计划阶段。绩效办与厅内各单位、各单位负责人与工作人员之间应根据“三定”方案、岗责体系、业务流程、年度工作要点，对绩效目标指标内容进行反复沟通，达成一致，形成绩效计划。

（二）绩效监控阶段。绩效办与厅内各单位、各单位负责人与工作人员之间应根据绩效计划执行情况，适时进行沟通，记录沟通结果。

（三）绩效考评阶段。考评主体与厅内各单位、各单位负责人与工作人员之间应及时沟通考评情况，记录沟通结果。

（四）绩效改进阶段。年度考评结束后，绩效办与厅内各单位、各单位负责人与工作人员之间应根据绩效结果，对出现的问题进行沟通分析，制定改进措施。

## 第八章　附则

**第二十七条**　本实施细则由绩效办负责解释。

**第二十八条**　本实施细则适用于厅机关各处、室、局，厅属各事业单位（不含经营性单位）及其工作人员的标准化绩效管理。省农发办、各经营性单位可按照本实施细则，制定内部管理具体实施细则。

**第二十九条**　本实施细则自印发之日起施行。《河北省财政厅绩效管理实施细则（2016版）》（冀财组〔2016〕16号）停止执行。

2017年3月3日

附件 1：

## 绩效辅导登记表

| 辅导对象 | 具体问题 | 问题类别 | 辅导解答情况（方式、内容） | 辅导人 | 辅导时间 |
| --- | --- | --- | --- | --- | --- |
| | | | | | |
| | | | | | |
| | | | | | |

## 使用说明

1. 适用范围：绩效办和厅内各单位履行绩效辅导职责时使用。

2. 填表说明：

(1) 问题类别：将问题归集为办法类、实施细则类、绩效计划类、绩效考评类、特别加扣分类、标准化绩效管理系统类、其他类等七类，在本栏填写其中的具体类别。

(2) 辅导解答情况：填写具体的辅导方式，如电话、邮件、面谈等；对问题的具体解答。

(3) 辅导人：填写具体的辅导人姓名，若为统一辅导，填写负责人姓名。

3. 本表为 A4 型横式。

附件2：

## 标准化绩效管理意见反馈表

记录人：

| 单位 | |
|---|---|
| 建议内容及理由 | 年　月　日 |
| 厅绩效办意见 | 年　月　日 |
| 领导小组审定结果 | 年　月　日 |

## 使用说明

1．适用范围：厅内各单位及其工作人员对标准化绩效管理办法及其配套制度、指标设置、系统功能等方面提出意见建议时使用。

2．本表为A4型竖式。

# 河北省财政厅标准化绩效管理特别加扣分规定（2017年版）*

## 第一章　总　则

**第一条**　为树立正确导向，激励广大干部职工改革创新、勤奋工作，促进整体工作上水平，根据《河北省财政厅标准化绩效管理办法》和《河北省财政厅标准化绩效管理实施细则》，制定本规定。

**第二条**　特别加扣分规定的项目分为特别加分项目、特别扣分项目和特别加扣分项目。

特别加分项目包括突破性工作、增比进位和其他加分三类。其中，突破性工作由厅内各单位在年度绩效考评环节自行申报，依据工作对应绩效指标完成情况加分；增比进位和其他加分事项由厅内各单位在年度绩效考评环节自行申报或由厅领导在年度绩效考评环节提名，依据工作完成情况加分。

特别扣分项目包括行政行为有过错、行政权力运行有过错、行政违法行为、其他工作失误四类，由厅领导或相关职能部门在年度绩效考评环节提出扣分意见。

特别加扣分项目为争取资金类。争取资金加分由厅内各单位在年度绩效考评环节自行申报，预算处进行审核，依据资金争取情况加分；争取资金扣分在年度绩效考评环节由预算处进行测算，依据资金争取情况扣分。

**第三条**　特别加扣分分值按照同类管理对象绩效调整得分最大分差（以下简称最大分差）的一定比例动态确定。特别加分项目全年累计分值不超过最大分差的30%。若出现特别加分超过上限的情况，由绩效办汇总全厅加分综合情况报厅党组审定后，可对超出上限部分酌情加分。特别扣分项目全年累计分值不做限制。当单位和个人最大分差分别低于20分和4分时，以此数值作为最大分差进行计算。

## 第二章　突破性工作

**第四条**　突破性工作指厅内各单位当年谋划开展的，取得突出成效的工作项目。突破性工作分为特别重大突破、重大突破和一般突破三档。上级试点争取成功直接列为突破性工作，根据争取工作努力程度、试点争取批次和社会经济效益等情况确定突破档次。重大突破承办单位每项加最大分差的5%，分管副职每项合计加最大分差的

* 此版是在2014年试行制度基础上，历经2015年、2016年、2017年三轮修订而成。

5%，具体承办人员每项合计加最大分差的5%；一般突破承办单位每项加最大分差的3%，分管副职每项合计加最大分差的3%，具体承办人员每项合计加最大分差的3%。特别重大突破经厅党组会研究审定后，酌情加分。

**第五条** 厅内各单位有下列情形之一，可申报突破性工作。

（一）全国财政系统首创、在同类项目中居于全国领先地位的新制度、新机制、新技术。

（二）围绕全省财政改革发展，着力解决全省性重点、难点问题，对全省财政工作具有显著推动作用的创新事项。

（三）财政改革事项取得突破性进展，工作成果具有先进性、主动性或推广价值。

（四）年度争取财政部门主导的上级试点。

（五）在涉及多个单位的全厅性重点工作中取得突出成绩。

（六）创造性地完成本职工作，取得突出成效。

（七）主动发现、查处并上报违规违纪行为或案件线索。

（八）其他能够推动工作开展，增强队伍凝聚力、执行力等工作事项。

## 第三章 增比进位

**第六条** 对获得省部级及以上工作评比前三名或优秀等次，且名次或等次不低于上年度水平的，给予承担单位每项加最大分差的5%，分管副职每项合计加最大分差的5%，具体承办人员每项合计加最大分差的5%。

**第七条** 对在财政部组织的全国性会议（仅限有部领导参加的工作会、座谈会等）做经验介绍的，给予承办单位每项加最大分差的5%，分管副职每项合计加最大分差的5%，具体承办人员每项合计加最大分差的5%。

## 第四章 其他加分

**第八条** 对埋头苦干、甘于奉献、加分机会较少的一般工作人员，由分管厅领导提名，经厅党组审核确认后，每人加最大分差的3%。提名原则如下：

（一）每位分管厅领导可在其分管单位范围内按照一般工作人员总数（不含单位正职和分管副职）的3%提名（按照四舍五入方法取整确定人数，不足1人的按1人提名）。

（二）被提名人员非单位正职和分管副职。

（三）被提名人员不具备本规定第二章、第三章、第四章所列特别加分项目的加分条件。

（四）被提名人员未发生本规定第五章所列扣分事项。

（五）被提名人员具有埋头苦干、甘于奉献典型示范意义。

**第九条**　对主要厅领导推荐的其他加分项目，由绩效办提出加建议，经党组会研究确定后执行。

## 第五章　特别扣分项目

**第十条**　行政行为过错。厅内各单位在贯彻落实有关政策规定过程中有过错，被上级领导机关或同级组织检查和工作督查、监察中查实确认的，责任单位每起扣最大分差的5%，分管副职每起扣最大分差的5%，直接责任人员、连带责任人员每起分别扣最大分差的5%、最大分差的3%。

直接责任人员、连带责任人员指各单位承办该项工作的一般工作人员（不含单位正职和分管副职），下同。

**第十一条**　行政权力运行过错。厅内各单位对应公开的事项未公开或公开不及时被查证属实的，行政审批事项未按规定时间、程序、政策办理被查证属实或被上级有关单位检查发现有过错的，责任单位每起扣最大分差的5%，分管副职每起扣最大分差的5%，直接责任人员、连带责任人员每起分别扣最大分差的5%、最大分差的3%。

**第十二条**　行政违法行为。厅内各单位因具体行政行为引起行政诉讼被判决败诉的，责任单位每起扣最大分差的10%，分管副职每起扣最大分差的10%，直接责任人员、连带责任人员每起分别扣最大分差的10%、最大分差的5%。

**第十三条**　其他工作失误。厅内各单位因工作失误被上级约谈或者造成不良影响的，责任单位每起扣最大分差的5%，分管副职每起扣最大分差的5%，直接责任人员、连带责任人员每起分别扣最大分差的5%、最大分差的3%。

## 第六章　特别加扣分项目

**第十四条**　单位争取资金或单项争取资金的增量达到加分认定条件（每年初由预算局测算提供）的均可申报，但二者不可重复申报。试点争取已认定为突破性工作的，该试点争取的中央资金不得重复申报争取资金加分。

**第十五条**　单位或单项争取资金从增幅、增量和全国占比三个维度进行认定加分或扣分，每个维度符合认定标准（增幅、增量和全国占比加分认定标准每年末由预算局测算提出意见，报厅党组研究确定）的，合计最高可加或扣到最大分差的3%。

**第十六条**　对通过认定的项目，每项按照最大分差的实际加扣分比例，分别给予承担单位、分管副职和具体承办人员相应加扣分。

## 第七章 特别加扣分认定

**第十七条** 突破性工作认定流程。

突破性工作的认定采用“项目申报——汇总分类——专家论证——厅领导评定——党组会研究——发布录入”的流程（具体认定流程见附件1）。其中，论证专家的选用和管理按照《河北省财政厅特别加扣分项目论证专家库管理规定》执行。

**第十八条** 特别扣分项目认定流程。

（一）项目受理。涉及特别扣分项目的厅内各单位及其工作人员，由人事教育处、驻厅纪检组等职能单位在年度绩效考评环节，向绩效办提供事实依据、处理结果等相关证明材料，提出特别扣分具体建议，填写《特别扣分审批备案表》（见附件2），送绩效办汇总。

厅领导可根据工作实际，直接确定特别扣分事项。

（二）项目审定。绩效办对受理的扣分项目相关材料进行审核汇总，提交厅党组会研究审定。

（三）发布及录入。

1. 扣分项目及分值经厅党组会研究审定后，绩效办在标准化绩效管理系统上发布审定结果等相关情况。

2. 全厅年度绩效考评申辩申诉环节结束后，绩效办将认定的项目扣分统一录入标准化绩效管理系统。

**第十九条** 单位和个人全部绩效指标原始得分率高于90%（含），特别加分按照本规定计算；低于90%，不再给予特别加分。

**第二十条** 同一项目可获得多次加分的不重复计分，按最高分值计算。

**第二十一条** 特别加扣分认定以考评年度内取得的记载或反映加扣分项目内容的原始证明材料为依据；确实无法提供原件的，需提供复印件，并加盖收文单位或部门公章。

**第二十二条** 特别加扣分项目相关依据取得的有效时段为每年度的1月1日至12月31日。

**第二十三条** 厅内各单位及其工作人员提交的特别加扣分证明材料应当客观真实，不得弄虚作假。违反此项规定的，一经查实，按虚报项目对应分值的5倍扣减绩效得分，撤销已取得的相关奖励，予以通报批评并追究责任。

## 第八章　附　则

**第二十四条**　本规定未列举事项，按规定程序报厅党组会研究决定。

**第二十五条**　本规定适用于厅内各处、室、局，厅属各事业单位、经营性单位及其工作人员的特别加扣分管理。省农发办可按照本规定制定具体规定。

**第二十六条**　本规定由绩效办负责解释。

**第二十七条**　本规定自发布之日起施行。《绩效管理特别加扣分规定（2016 版）》（冀财组〔2016〕17 号）停止执行。

附件 1：

# 河北省财政厅突破性工作认定规程

## 第一章 总 则

**第一条** 按照《河北省财政厅标准化绩效管理办法》和《河北省财政厅标准化绩效管理实施细则》的有关要求，为进一步提高突破性工作认定的科学化、规范化水平，激励广大干部职工改革创新、勤奋工作，树立促进整体工作上水平的正确导向，根据《河北省财政厅标准化绩效管理特别加扣分规定》，结合财政工作实际，制定本规程。

**第二条** 本规程由绩效办制定，用于规范厅内突破性工作认定的有关事项。

**第三条** 突破性工作的认定应当遵循公开、公平、公正的竞争原则。

**第四条** 突破性工作的认定采用“项目申报——汇总分类——专家论证——厅领导评定——党组会研究——发布录入”的流程。

## 第二章 项目申报

**第五条** 突破性工作年终统一申报和认定。厅内各单位按照突破性工作等次申报维度及标准要求（见附件 1－1、附件 1－2），组织本单位申报突破性工作。

**第六条** 厅内各单位从突破类型、突破程度、取得成效、影响范围四个维度对本单位所申报的突破性工作进行自评。

**第七条** 厅内各单位填写《突破性工作推荐明细表》（见附件 1－3），附相关证明材料，提交绩效办。

## 第三章 汇总分类

**第八条** 绩效办对厅内各单位申报内容和证明材料的规范性进行审核汇总。

**第九条** 绩效办将厅内各单位按照预算管理、其他管理、事业及经营性单位三类，对申报项目进行分类汇总。预算管理类是指主要承担预算编制、部门预算管理、财政体制管理及争取中央专项资金等工作的单位；其他管理类是指除预算管理类之外的其他行政处室和参照公务员法管理的事业单位；事业及经营性单位是类指除参照公务员法管理事业单位之外的其他事业单位和厅属经营性单位。

**第十条** 试点争取类突破性工作，由申请单位送绩效办汇总。绩效办组织标准化绩效改革领导小组（以下简称“领导小组”）成员单位，按照试点争取类突破工作等次申报维度及标准要求进行审核认定后，报厅党组会研究。

## 第四章　专家论证

**第十一条**　专家论证采取论证会形式。针对项目申报内容，专家提出推荐意见。通过专家论证的项目初步确定为突破性工作（不含试点争取类）。

**第十二条**　专家论证会程序。

1．抽选。领导小组成员单位负责人组成推荐团队，驻厅纪检组负责现场监督，分别从预算管理类、其他管理类、事业及经营性单位类子专家库中，通过技术手段随机选取厅内专家、厅外专家和备选专家，形成3个专家组拟定人员名单，提交绩效办。

2．审定。绩效办将拟定人员名单报领导小组审定通过后，通知专家参会。

3．准备。专家论证当天，绩效办向各专家组介绍突破性工作等次维度及标准；讲解专家论证流程和推荐项目比率（一般为项目总数的40%左右）；提供各组突破性工作（不含试点争取类）申报项目材料。

4．展示。绩效办组织申报突破性工作（不含试点争取类）的责任或牵头单位向专家组展示申报项目成果。展示分组按处室排序进行，每个项目展示时间不超过3分钟。

5．论证。专家根据准备和展示情况，对照突破性工作（不含试点争取类）等次申报维度及标准，采取“背对背”投票方式对每项申请项目提出推荐意见。

6．反馈。展示结束后，绩效办整理汇总专家本人署名的书面推荐意见后报厅领导，供决策参考。

7．归档。绩效办专人负责整理、建档和保管专家咨询论证事项的相关文件资料，按年度归档。

第十三条　绩效办将专家论证结果统计汇总后，报厅领导审定。

1．获得2/3及以上专家推荐的项目初步确定为突破性工作（不含试点争取类），进入厅长评定程序。

2．未获得2/3及以上专家推荐的项目，按专家推荐得票从高到低排序后，报厅长评定。

## 第五章　厅领导评定

**第十四条**　厅领导针对每项通过专家推荐初步确定的突破性工作（不含试点争取类），分类提出各项推荐等次及意见。

**第十五条**　厅领导评定程序。

1．厅领导对专家论证初步确定的突破性工作（不含试点争取类）推荐重大等次，推荐项目数量不限。绩效办将结果汇总后呈厅长，为其提名重大等次提供参考。

2．未通过专家论证环节的项目，可由厅领导补充推荐突破等次，推荐数不超过专家应推荐数量和实际达标数的差额。绩效办将推荐结果按票数由高到低排序后，提交厅党组会研究。

3．厅领导对专家推荐通过的结果有异议的，可提出剔除意见，直接提交厅党组会研究。

## 第六章　厅党组会研究

**第十六条**　厅党组会对厅长提名项目、厅领导补充推荐及剔除项目和领导小组成员单位认定的试点争取类突破进行评议。

**第十七条**　厅党组会根据专家论证结果、厅领导评定推荐结果及厅长提名情况，最终确定年度突破性工作项目及等次。

## 第七章　发布录入

**第十八条**　突破性工作加分项目及等次经厅党组研究确定后，由绩效办发布相关情况。

## 第八章　附　则

**第十九条**　本规程自印发之日起施行。

第二十条　规程实施中的具体问题，由省财政厅绩效办负责解释。

2017 年 3 月 3 日

附件 1－1：

## 突破性工作等次申报维度及标准

| 审定维度＼突破等次 | 重大突破 | 一般突破 | 非突破 |
| --- | --- | --- | --- |
| 突破类型 | 复合型突破 | 业务型突破<br>或技术型突破<br>或管理型突破 | 业务改进或日常工作 |
| 突破程度 | 零突破或破纪录 | 破纪录 | 数据变化不明显 |
| 取得成效 | 得到上级主要领导肯定<br>或为我厅争得重大利益荣誉<br>或应用推广效果显著 | 得到上级领导肯定<br>或为我厅争得利益荣誉<br>或应用推广效果显现 | 没有获得上级领导肯定；<br>未为我厅争得利益荣誉；<br>缺少应用推广效果 |
| 影响范围 | 省外 | 厅外 | 厅内或单位内部 |

附件 1－2：

## 突破性工作等次申报维度及标准（试点争取类）

| 审定维度＼突破等次 | 重大突破 | 一般突破 |
| --- | --- | --- |
| 突破类型 | 复合型突破 | 业务型突破 |
| 突破程度 | 首批列入或覆盖全国 30% 及以内省（市）的 | 非首批列入或覆盖全国 30% 以上省（市）的 |
| 取得成效 | 为我省争得重大利益荣誉或争取资金额度 3 亿元及以上 | 为我省争得利益荣誉或争取资金额度 1 亿元及以上 |
| 影响范围 | 省外 | 省外 |

附件 1－3：

## 突破性工作项目申报汇总表（规范）

| 序号 | 申报单位 | 项目名称 | 对应指标及编码 | 负责人 | 申报等级 | 突破类型 | 突破程度 | 取得成效 | 影响范围 |
| --- | --- | --- | --- | --- | --- | --- | --- | --- | --- |
| 1 | 单位名称 | 项目名称（名词或主谓结构） | 二级指标编码：指标名称 | 单位副职及其他一般工作人员名单 | 重大突破 | 1. 业务型突破：突破内容。<br>2. 技术型突破：突破内容。<br>3. 管理型突破：突破内容。<br>（至少列明两种突破类型） | 零突破或破纪录：<br>1. 以质量或数量表示的突破水平数据。<br>2. 对应的历史水平数据。 | 得到上级主要领导肯定情况（证明材料名称）或为我厅争得重大利益荣誉情况（证明材料名称）或应用推广效果显著说明。 | 省外：影响情况说明。 |
| 2 | 单位名称 | 项目名称（名词或主谓结构） | 二级指标编码：指标名称 | 单位副职及其他一般工作人员名单 | 一般突破 | 业务型突破或技术型突破或管理型突破：突破内容。 | 破纪录：<br>1. 以质量或数量表示的突破水平数据。<br>3. 对应的历史水平数据。 | 得到上级领导肯定情况（证明材料名称）或为我厅争得利益荣誉情况（证明材料名称）或应用推广效果显现说明。 | 厅外：影响情况说明。 |

附件2：

## 特别扣分审批备案表

| 扣分依据情况 | | | | | 审批情况 | |
|---|---|---|---|---|---|---|
| 被扣分人（单位） | 扣分项目及理由 | 证明材料提供单位 | 证明材料提供日期 | 分值 | 厅党组意见 | 备注 |
| | | | | | | |
| | | | | | | |
| | | | | | | |
| | | | | | | |
| | | | | | | |

填报日期：　　年　月　日

## 使用说明

1. 适用范围：职能单位提供特别扣分建议时使用。

2. 填表说明：

（1）被扣分人（单位）：单位名称或个人姓名。

（2）扣分项目及理由：特别扣分证明材料中记载的事由及处理结果。

（3）证明材料提供单位：提供证明材料的单位名称。

（4）证明材料提供日期：相关单位提供证明材料的日期。

3. 本表为A4型横式。

# 河北省财政厅干部职工德的考核评价办法（试行）

## 第一章　总则

**第一条**　为全面、客观、准确地考核评价工作人员的德，贯彻落实德才兼备、以德为先的用人标准，建设“信念坚定、为民服务、勤政务实、敢于担当、清正廉洁”财政干部队伍，根据中组部《关于加强对干部德的考核意见》、省委考核评价机制“一个意见三个办法”具体要求，结合财政工作实际，制定本办法。

**第二条**　本办法适用于河北省财政厅在编在岗的处级及以下工作人员。

## 第二章　考核评价内容

**第三条**　干部职工德的方面考核评价内容主要包括：政治品质和道德品行。

**第四条**　政治品质主要考核评价干部职工在政治方向、政治立场、政治态度、政治纪律、党性原则等方面的表现。重点了解干部职工坚定理想信念，坚持中国特色社会主义道路、理论体系和制度，忠于党、忠于国家、忠于人民，贯彻落实科学发展观，执行党的路线方针政策和上级决策部署，树立正确的世界观、人生观、价值观，实践党的宗旨、坚持执政为民、密切联系群众，坚持原则、敢于负责和执行民主集中制等情况。

**第五条**　道德品行主要考核评价干部的社会公德、职业道德、个人品德、家庭美德。重点了解干部在践行社会主义核心价值体系、模范遵守社会公德、抵制各种不文明行为方面，在敬业奉献、真抓实干、锐意进取方面，在公道正派、诚实守信、品行端正、情趣健康等方面的表现。

## 第三章　考核评价标准

**第六条**　干部职工德的考核评价标准分“好”、“较好”、“一般”、“差”四个等次。

**第七条**　干部职工政治品质的考核评价标准

好：政治理论素养高，模范实践科学发展观；理想信念和政治立场坚定；大局意识强，政治鉴别力和敏锐性强。

较好：政治理论素养较高，认真实践科学发展观；理想信念和政治立场坚定；有较强的大局意识和政治敏锐性。

一般：政治理论水平和修养一般；大局意识和政治敏锐性不强。

差：政治理论水平和修养较差；大局意识和政治敏锐性较差。

**第八条** 干部职工道德品行的考核评价标准

（一）社会公德

好：模范遵守社会行为准则；举止文明，低碳节约；积极参与社会公益活动。

较好：认真遵守社会行为准则；举止文明，比较节约；能够参与社会公益活动。

一般：不能严格遵守社会行为准则；举止不文明，有浪费行为；参与社会公益活动意识不强。

差：不遵守社会行为准则；举止粗暴；铺张浪费；不参与社会公益活动。

（二）职业道德

好：爱岗敬业，恪尽职守；有强烈的责任心，工作认真仔细，一丝不苟；以身作则，依法办事，具备较强服务人民的意识，具备奉献精神。

较好：爱岗敬业，认真工作；自身要求比较严格，具备服务人民的意识，有一定的奉献精神。

一般：服务意识和敬业精神一般，工作敷衍，自我要求不够严格。

差：服务意识和敬业精神差，服务态度不好，工作有疏漏，自我要求低，没有奉献精神。

（三）个人品德

好：道德品行端正、诚实守信，情趣健康，心理调适能力强。

较好：道德品行比较端正、能够较好地做到诚实守信、情趣健康，心理调适能力较强。

一般：道德品行有偏差，不够诚实守信，情趣一般，心理调适能力较差。

差：道德品行差，情趣不健康，心理调适能力差。

（四）家庭美德

好：家庭伦理观念强，孝敬长辈，夫妻恩爱，与邻里关系和睦。

较好：家庭伦理观念强，能够较好地做到孝敬长辈，夫妻较恩爱，与邻里关系比较和睦。

一般：家庭伦理观念一般，父母、夫妻、邻里关系比较融洽。

差：家庭伦理观念差，不孝敬长辈，夫妻不和睦，与邻里关系不好。

**第九条** 干部职工德的考核评价中出现下列情形之一的，取消评先评优资格，在年度考核评价时，可以直接确定为不称职或不合格。

（一）政治品质差，在重大政治是非问题上立场动摇；

（二）违反纪律煽动或组织群众参与集体上访的；

（三）无正当理由拒不服从组织工作安排，无理取闹，扰乱机关正常秩序的；

（四）违反国家计划生育有关政策规定受到处罚的；

（五）因打架、酗酒闹事、醉酒驾车等严重违反社会公德，被有关部门处罚的；

（六）参与赌博、迷信、色情等活动，被有关部门处罚的；

（七）弄虚作假骗取荣誉，或虚报、谎报成绩欺骗领导、群众，造成不良社会影响的；

（八）其他有关规定中，明确应确定为不称职或不合格的。

## 第四章　考核评价方法

**第十条**　德的考核评价包括民主测评和综合考核两部分。

**第十一条**　民主测评是按照德的考核评价标准，根据测评人员职务层次，组织不同的考核评价主体多维度、分权重进行民主测评，量化计分。具体民主测评方法是：

省厅各单位（处室）主要负责人的考核评价主体为省厅领导、所在单位（处室）人员，计分权重分别为50%、50%。

省厅其他工作人员的考核评价主体为本单位（处室）主要负责人、本单位（处室）其他工作人员，计分权重分别为60%、40%。

**第十二条**　民主测评结果计算

（一）工作人员德的考核评价满分为100分，考核评价标准分为“好”“较好”“一般”“差”四个等次，分别对应测评项目分值的100分、80分、60分、40分。

（二）考核评价主体根据测评标准，对被测评对象给出相应的等次。

（三）按照考核评价主体，分别计算出被测评对象的平均分值，再根据考核测评主体计分权重分别累计计算出被测评对象德相应的最终测评分数。

**第十三条**　综合考核是通过向服务对象以及社会相关单位（处室）机构随机寄送反向测评表、开通群众举报信箱等形式，对评价较差、影响单位（处室）形象以及本办法第九条所述等情况的干部职工，由人事教育处、办公室、机关党委、厅纪检组成立的考核小组对相关情况核实后，依据考核评价的标准逐项对照，并参考民主测评结果进行综合考核，直接确定年度德考核等次和扣减绩效成绩分值。

## 第五章　考核评价结果运用

**第十四条**　工作人员德的测评结果在80分以上的，绩效成绩不扣分；德的测评结果低于80分的，由厅绩效办将其作为基础分，按照一定权重折合分值后相应扣减绩效得分。

**第十五条** 工作人员德的考核评价，作为评先评优、考核评价、干部任免、学习培训等工作的重要依据。

德的考核总成绩在80分以下的，在年度考核中不得评定为优秀等次，并不得参与各类评先评优。

**第十六条** 运用德的测评结果加强干部的教育培养和监督管理。按照从严管理干部的要求，对德的考核评价为“一般”等次票数较多的或经核查发现确有倾向性、苗头性问题的，有针对地进行提醒谈话，对有一般性问题的，及时进行批评教育或诫勉谈话；对德的民主测评中“差”票等次票数较多的并经核查确实存在问题、群众反映强烈以及在关键时刻、完成急难险重任务和应对突发事件中经不起考验的，视情节作出组织处理。

## 第六章 附则

**第十七条** 省农发办可按照本办法，由分党组制定具体实施办法。

**第十八条** 本办法由厅人事教育处负责解释。

**第十九条** 本办法自印发之日起施行。

# 河北省财政厅干部职工出勤考核办法（试行）

为进一步加强干部职工出勤考核管理，严肃工作纪律，根据《中华人民共和国公务员法》、《中华人民共和国劳动法》以及有关文件规定，结合实际，特制定本办法。

一、适用范围

本办法适用于厅内各单位（处室）（以下统称“单位（处室）”）在册的工作人员。

二、考勤主体和主要职责

（一）人事教育处是厅机关工作人员考勤管理的主管单位（处室），负责制定相关考勤规定，组织和监督考勤制度的实施，按规定对违反考勤制度的工作人员进行教育、处理。

（二）各单位（处室）主要负责人是所在单位（处室）考勤制度执行的第一责任人，负责全面落实考勤制度。

（三）各单位（处室）应当指定一名工作人员为考勤员，负责登记并核实本单位（处室）工作人员的考勤情况。工作人员应当支持、配合考勤员做好考勤工作。

（四）考勤员应当如实登记本单位（处室）工作人员的考勤情况，并将月考勤登记表进行专门存档。年终，各单位（处室）要将全体工作人员出勤情况汇总表报人事教育处备案。

三、日常考勤

（一）厅机关实行上下班签到考勤制度，工作人员签到必须由本人及时完成，不得改签、补签，他人不得代签。根据内部管理信息化程度，条件成熟后将采取电子化考勤模式。

（二）工作人员应当严格遵守机关工作纪律，不得无故迟到、早退。因临时有事外出，应当严格履行报告制，未经批准或未能及时报告的，视情节按早退或旷工处理。

（三）工作人员因事、因病、年休假等不能按时出勤的，要严格按照《河北省财政厅请休假管理暂行办法》（冀财人教［2013］36号）的规定，实行书面请假制度，并按规定程序报批，病假要附定点医疗机构诊断证明。考勤员要将相关情况登记在当月考勤表中。

四、监督和奖罚

（一）人事教育处应当采取不定期的方式对厅机关工作人员的出勤、考勤情况进行检查。

（二）经常迟到早退（全年累计超过35次）或旷工及无正当理由逾期不归连续超过7天，或者一年累计超过15天的，直接评为不称职或不合格等次。直接扣减绩效考评成绩40分。

（三）病假时间全年累计超过2个月不足半年的，或事假时间全年累计超过1个月不足半年的，将病事假累计时间按病假2个月、事假1个月扣除后的请假天数（有效工作日数）占全年有效工作日数比例，扣减绩效考评得分。

（四）病、事假累计超过考核年度半年的工作人员，不进行考核。

（五）旷工或者因公外出，请假期满无正当理由逾期不归连续超过15天，或者一年内累计超过30天的，应当辞退。

（六）事假全年累计超过1个月或病假超过2个月的，根据工资管理有关规定，结合本人工作年限、请假天数等扣发相应工资。

（七）单位（处室）负责人及考勤员在考勤中故意袒护违纪工作人员的，按违反考勤纪律处理，本年度不能评为优秀。

五、附则

（一）省农发办的考勤考核工作，在厅党组统一领导下，参照本办法自行组织实施。

（二）本办法由厅人事教育处负责解释。

（三）本办法自发布之日起施行。

# 党风廉政建设考核评价实施办法（试行）

## 第一章　总则

**第一条**　按照“改革统揽、绩效导向、科学规范、善治有为”的总体思路，为全面考核评价厅内各单位（处室）及其工作人员推进惩防体系建设及落实党风廉政建设责任制情况，深入推进全厅党风廉政建设和反腐败工作，根据《中共河北省财政厅党组关于在全省财政系统实施标准化绩效管理的意见》，制定本办法。

**第二条**　坚持分层级量化考核。考核评价分为厅内各单位（处室）、单位（处室）主要负责人和工作人员考核三个层级。对单位（处室）考核实行千分制；对工作人员考核实行百分制；对单位（处室）主要负责人考核实行所在单位（处室）考核得分（转换成百分制）与单位（处室）工作人员平均得分加权相加确定分值。考核评价实行基础分项下扣分制，同一事项不累计扣分，按最高扣分项计算。

## 第二章　考核评价要求

**第三条**　体现落实“两个责任”要求。充分发挥厅党组党风廉政建设主体责任，落实厅党组和领导班子成员各项责任要求。充分发挥驻厅纪检组党风廉政建设监督责任，加强对厅内各单位（处室）及其工作人员廉洁从政、落实中央八项规定精神情况的监督执纪问责。

**第四条**　体现落实“一岗双责”要求。厅内各单位（处室）主要负责人是单位（处室）党风廉政建设第一责任人，要将反腐倡廉建设作为财政工作重要内容，将廉政风险防控有效嵌入财政标准化绩效管理平台，与业务工作同部署、同检查、同考核，将党风廉政建设责任制落到实处。

**第五条**　体现坚守底线规范管理要求。强化对厅内各单位（处室）及其工作人员反腐倡廉、廉洁自律基本要求的考核评价，突出工作针对性，突出评价可操作性，突出日常教育管理监督，规范工作人员从政行为，守住“底线”，不越“红线”，不触“高压线”，促进廉洁从政。

## 第三章　对单位（处室）考核

**第六条**　分为民主测评、落实党风廉政建设责任制、作风建设、廉政教育、惩治和预防腐败五个单项。单项得分相加即为总得分。基础分值为1000分。

**第七条**　民主测评情况（250分）

年度述学述职述廉，单位（处室）民主测评较好以上得票率在95%（含95%）以上，不扣分；在90%—95%（不含95%），每比95%低1个百分点扣5分，最多扣25分；85%—90%（不含90%），每比95%低1个百分点扣6.25分，最多扣62.5分；80%—85%（不含85%），每比95%低1个百分点扣6.5分，最多扣97.5分；70%—80%（不含80%），每比95%低1个百分点扣6.75分，最多扣168.75分；60%—70%（不含70%），每比95%低1个百分点扣7分，最多扣245分；60%（不含60%）以下，0分。

**第八条** 落实党风廉政建设责任制方面（200分）

紧紧围绕责任分解、责任落实和责任考核重点环节，强化党风廉政建设责任制“龙头”作用，确保党风廉政建设责任制和惩防体系各项任务落到实处。实行责任书签订制度，形成层层抓落实的责任体系。强化“一岗双责”，确保反腐倡廉建设各项任务与财政业务工作同部署、同落实、同检查，同考核。

（1）未签订党风廉政建设责任书；未对本单位（处室）党风廉政建设和反腐败工作任务进行分解、责任到人。少一项扣50分。

（2）未按要求及时上报贯彻落实党风廉政建设责任制情况，年中、年末各一次。少一次扣40分。

（3）未按要求完成承担的全省党风廉政建设年度分工任务、厅党组部署的党风廉政建设年度工作任务和惩防体系建设工作任务，且无正当理由。少完成一项，牵头单位（处室）扣40分，配合单位（处室）扣30分。

（4）未按要求及时修订完善本单位（处室）职权目录、权力运行流程图、廉政风险等级目录，积极推进权力运行监控机制建设。少1项扣30分。

（5）未按要求及时向省纪委监察厅、驻厅纪检组报送有关临时性工作资料，少一次扣20分。

**第九条** 作风建设方面（200分）

严格落实中央八项规定，坚决克服和纠正“四风”。建立健全深化作风建设常态化制度，坚决防止反弹。加强日常教育管理监督，及时发现问题，及时督促整改。认真做好民主评议经常性工作，及时解决处理群众反映的各类问题，不断提高财政工作满意度。

（1）由中纪委、财政部、省纪委监察厅交办或督办并查实违反中央八项规定精神、各项禁止性规定等违规违纪问题，发生一起扣50分，并视问题性质和严重程度按2－4倍加倍扣分。

（2）由驻厅纪检组发现并查实违反中央八项规定精神、各项禁止性规定以及厅党组制定的财政干部廉洁自律“十不准”等违规违纪问题，发生一起扣40分。

（3）违规违纪问题被中央及地方新闻媒体曝光、被有关部门通报的，发生1起扣50分。

（4）未按要求积极参与《阳光热线》、《阳光理政》等政风行风活动，发生一次扣50分。

**第十条**　惩治和预防腐败方面（200分）

坚持有案必查，有腐必惩，严肃查办发生在财政干部职工身边的各类案件。坚持抓早抓小，治病救人，对苗头性、倾向性问题及时批评教育，防止小错酿成大错。

（1）单位（处室）出现贪污、贿赂等腐败案件和其他违法问题的，实行一票否决，惩治和预防腐败方面得0分。

（2）单位（处室）主要负责人受党纪政纪处分1次，扣50分；单位（处室）其他处级干部受党纪政纪处分1人次，扣40分，单位（处室）其他工作人员受党纪政纪处分1人次，扣30分。

（3）被厅党组或驻厅纪检组诫勉谈话的，每人次扣20分。

（4）不支持、不配合纪检监察部门信访举报调查的，扣50分。不支持、不配合提醒谈话或函询的，扣30分。

**第十一条**　廉政教育方面（150分）

结合单位（处室）实际，深入开展理想信念教育、宗旨教育、党风党纪和廉政法规教育。积极组织开展反腐倡廉宣教活动和廉政文化建设，引导干部职工筑牢思想道德防线，营造风清气正的浓厚氛围。

（1）不能以支部为单位（处室）每季度至少安排一次反腐倡廉学习教育活动（无内容、无记录），少一次扣10分。

（2）不能积极参加全厅组织的反腐倡廉宣教活动，确保人人受教育、实现全覆盖，无正当理由缺1人次扣10分，最多扣50分。

## 第四章　对工作人员考核

**第十二条**　考核评价对象与全厅年度考核范围相一致。除单位（处室）主要负责人之外的工作人员均按此层级考核。

**第十三条**　工作人员考核基础分值为100分。分为民主测评和经常性工作考核两部分，其中民主测评分值为25分、经常性工作分值为75分，两项得分相加即为总得分。

**第十四条** 民主测评情况（25分）

年度述学述职述廉，个人民主测评较好以上得票率在95%（含95%）以上，不扣分；在90%—95%（不含95%），每比95%低1个百分点扣0.5分，最多扣2.5分；85%—90%（不含90%），每比95%低1个百分点扣0.625分，最多扣6.25分；80%—85%（不含85%），每比95%低1个百分点扣0.65分，最多扣9.75分；70%—80%（不含80%），每比95%低1个百分点扣0.675分，最多扣16.875分；60%—70%（不含70%），每比95%低1个百分点扣0.7分，最多扣24.5分；60%（不含60%）以下，0分。

**第十五条** 经常性工作方面（75分）

（1）发生贪污、贿赂等腐败案件和其他违法问题的，实行一票否决，得0分。同时，单位（处室）分管处级干部扣10分。

（2）由中纪委、财政部、省纪委监察厅交办或督办并查实违反中央八项规定精神、各项禁止性规定等违规违纪问题，发生一起扣40分。同时，单位（处室）分管处级干部扣8分。

（3）由驻厅纪检组发现并查实违反中央八项规定精神、各项禁止性规定以及厅党组制定的财政干部廉洁自律“十不准”等违规违纪问题，发生一起扣30分。同时，单位（处室）分管处级干部扣6分。

（4）违规违纪问题被中央及地方新闻媒体曝光、被有关部门通报的，发生1起扣30分。同时，单位（处室）分管处级干部扣6分。

（5）不支持、不配合纪检监察部门信访举报调查的，扣10分。不支持、不配合提醒谈话或函询的，扣5分。被厅党组或驻厅纪检组诫勉谈话一次，扣5分。

（6）不能保障本年度至少参加一次纪检组组织廉政警示教育活动的，扣2分。

（7）不积极参加支部组织的反腐倡廉学习教育活动，无正当理由少一次扣2分。

（8）未按要求积极参与《阳光热线》、《阳光理政》等政风行风活动，发生一次扣5分。

## 第五章 对单位（处室）主要负责人考核

**第十六条** 对单位（处室）主要负责人考核评价由两部分组成，基础分值为100分。

（一）单位（处室）主要负责人考核评价分值由单位（处室）考核得分（转换成百分制）权重50%与单位（处室）个人平均得分权重50%相加产生。即：考核分值 = 单位（处室）得分 × 50% + 单位（处室）个人平均得分 × 50%。

（二）单位（处室）主要负责人发生贪污、贿赂等腐败案件和其他违法问题的，实行一票否决，得0分。

## 第六章 考核结果运用

**第十七条** 本实施办法作为检验各单位（处室）及其工作人员开展党风廉政建设情况的主要依据，纳入财政厅标准化绩效管理考核之中，作为评先评优、考核评价、干部任免、学习培训等工作的重要依据。

**第十八条** 单位（处室）发生违法违纪违规问题，取消单位（处室）及主要负责人本年度厅内、外评先评优评功资格；个人发生违法违纪违规问题，取消本人本年度厅内、外评先评优评功资格，同时取消其单位（处室）主要负责人、分管处级干部本年度厅内、外评先评优评功资格；单位（处室）主要负责人发生违法违纪违规问题，同时取消单位（处室）本年度厅内、外评先评优评功资格。

**第十九条** 本实施办法由驻厅纪检组负责解释。

**第二十条** 本办法自2014年11月1日起执行。

## 附件：河北省财政厅党组<br>党风廉政建设考核评价标准

**第一条** 为认真做好全厅党风廉政建设考核评价工作，突出针对性和可操作性，根据《河北省财政厅党组党风廉政建设考核评价实施办法（试行）》，制定本考核评价标准。

**第二条** 党风廉政建设考核评价工作在厅党组领导下，由驻厅纪检组组织并实施。考核评价一般采取述学述职述廉民主测评和实地检查、台帐式管理的方式进行。

**第三条** 述学述职述廉民主测评按照全厅年度考核安排执行。根据单位（处室）、个人民主测评得票情况，由驻厅纪检组开具《党风廉政建设考核通知单》，作为年度考核评价扣分依据。

**第四条** 实地检查是指通过现场查阅有关资料、会议记录、开展明察暗访等形式，对评价对象有关考核事项作出客观、公正考核评价。下列考核事项一般采用实地检查方式进行：

（1）党风廉政建设责任书签订情况；本单位（处室）党风廉政建设和反腐败工作任务分解、责任到人情况；

（2）年中、年末上报贯彻落实党风廉政建设责任制情况；

（3）完成承担全省党风廉政建设各项年度分工任务、厅党组部署的党风廉政建设各项年度工作任务和惩防体系建设工作任务情况；

（4）修订本单位（处室）职权目录、权力运行流程图、廉政风险等级目录情况；

（5）向省纪委监察厅、驻厅纪检组报送有关临时性工作资料情况；

（6）参加驻厅纪检组组织和党支部组织的反腐倡廉学习教育活动情况；

（7）违反中央八项规定精神、各项禁止性规定以及厅党组制定的财政干部廉洁自律“十不准”等违规违纪情况。

**第五条** 坚持日常管理监督检查与年终考核评价相结合。对所有考核评价事项建立管理台帐。驻厅纪检组年初汇总各项任务分解落实到各单位（处室），年中根据临时增加任务事项分解落实到各单位（处室），按任务清单建立管理台帐。年度内，对违法违纪违规问题、按时完成工作任务等信息进行及时登录。年终考核评价时依据记录内容对考核对象作出客观、公正的考核评价。

**第六条** 实地检查考核事项中有内容和时限要求的，对逾期未报或不符合要求的，经催办后仍未报或不符合要求的，由驻厅纪检组开具《党风廉政建设考核通知单》，作为年度考核评价扣分依据。

**第七条** 单位（处室）、工作人员发生违法违规违纪问题，根据处理意见审批时间（受党纪政纪处分，以审批在前时间为准），由驻厅纪检组分别对当事人和分管处级干部开具《党风廉政建设考核通知单》，作为本年度考核评价扣分依据。违规违纪问题本年度内尚未处理完毕的，延续至下年度。违规违纪问题被中央及地方新闻媒体曝光、被有关部门通报情况，以被曝光和被通报时间为准。

**第八条** 无故不参加《阳光热线》等政风行风活动的，由驻厅纪检组开具《党风廉政建设考核通知单》，作为年度考核评价扣分依据。

**第九条** 对被厅党组或驻厅纪检组进行诫勉谈话的，由驻厅纪检组发出《诫勉谈话通知书》，作为年度考核评价扣分依据。

**第十条** 对不支持、不配合纪检监察部门信访举报调查，不支持、不配合提醒谈话或函询的，经厅党组和驻厅纪检组教育仍不改正的，由驻厅纪检组开具《党风廉政建设考核通知单》，作为年度考核评价扣分依据。

**第十一条**　本考核评价标准由驻厅纪检组负责解释。

**第十二条**　本标准自 2014 年 11 月 1 日起执行。

# 关于建立“以德为先、绩效导向、综合评价”选人用人机制的意见

为进一步深化我厅干部人事制度改革，提高干部选拔任用工作科学化、民主化、制度化水平，根据《中华人民共和国公务员法》《党政领导干部选拔任用工作条例》和省委《关于改进干部选拔任用工作的意见》等要求，结合我厅干部队伍建设实际，现就建立“以德为先、绩效导向、综合评价”选人用人机制提出以下意见。

## 一、充分认识建立“以德为先、绩效导向、综合评价”选人用人机制的重要性和紧迫性

建立“以德为先、绩效导向、综合评价”选人用人机制，是贯彻落实正确选人用人导向的重要保证。党的十八大指出，要坚持党管干部原则，坚持五湖四海、任人唯贤，坚持德才兼备、以德为先，坚持注重实绩、群众公认。省委结合我省干部工作实际，有针对性地提出在干部工作中要坚持“五个重用”：重用对党忠诚的干部，重用务实肯干的干部，重用敢于担当的干部，重用善谋发展的干部，重用躬身实践的干部；坚持“五个不用”：决不用信念不牢、品行不端的干部，决不用跑官要官、投机钻营的干部，决不用滥用职权、不讲规矩的干部，决不用拉帮结派、闹不团结的干部，决不用不干不净、以权谋私的干部；坚持“五个调整”：坚决调整心思不集中、工作不在状态的干部，坚决调整为官不为、混事度日的干部，坚决调整思想保守、得过且过的干部，坚决调整人岗不适、不能担当的干部，坚决调整不严不实、作风漂浮的干部。认真贯彻落实党的十八大精神和习近平总书记重要讲话精神，以客观公正的绩效结果作为干部选拔的一个主要依据，有利于将党管干部、注重实绩和扩大民主有机结合起来，通过制度设计把选拔竞争转变为品德竞争、能力竞争、业绩竞争，把优秀干部选用出来。

建立“以德为先、绩效导向、综合评价”选人用人机制，是引导干部干事创业的现实需要。财政事业发展，关键在人，关键在领导班子和领导干部。党的十八届三中全会将财政职能定位为“国家治理的基础和重要支柱”，提出了建立现代财政制度的目标。目前，全省财政事业正处在科学发展的关键时期，财政工作面临着前所未有的

机遇和挑战。实现我省“十三五”时期经济社会发展奋斗目标，财政部门任务艰巨、责任重大，必须加强财政干部队伍建设，必须深化改革、创新机制、完善制度，建立一套符合正确用人导向、符合科学管理原则、符合河北财政实际的选人用人机制，把广大财政干部的智慧和工作热情凝聚到财政改革与发展中来。

建立“以德为先、绩效导向、综合评价”选人用人机制，是解决干部人事工作深层次矛盾和问题的迫切要求。当前，干部选拔任用中新情况、新问题不断出现，一些矛盾和问题亟需破解。在干部选人用人工作中还存在评价方式比较单一、工作实绩导向作用发挥不够充分，“唯票”、“唯分”现象仍较为突出，部分干部工作心浮气躁等问题。破解影响和制约干部工作科学化的突出矛盾和问题，从源头上匡正选人用人风气，必须通过选人用人制度机制加以解决。建立“以德为先、绩效导向、综合评价”选人用人机制，客观、公正地评价干部，有利于形成组织想着干部、干部想着事业的常态机制，培育风清气正的选人用人环境。

## 二、建立“以德为先、绩效导向、综合评价”选人用人机制的指导思想、基本原则和目标要求

### （一）指导思想

全面贯彻落实党的十八大和中央组织工作会议、全省组织工作会议精神，紧紧围绕新时期财政工作面临的新形势、新任务，以制度创新为重点，健全完善干部选拔任用、监督管理、考核评价和奖惩激励制度，形成以德为先、绩效导向、综合评价的干部选拔任用机制，充分调动广大干部干事创业的积极性，从制度环境上让财政干部大胆放心干事创业，努力营造鼓励创新、勇于负责、激情工作的良好氛围，培养造就一支信念坚定、为民服务、勤政务实、敢于担当、清正廉洁的高素质干部队伍，为全面推进财政事业科学发展提供坚强的基础保障。

### （二）基本原则

1、坚持以德为先。以德为先，就是要把干部的品德放在重要位置，特别是将政治坚定、对党忠诚作为干部任用的首要条件，形成以德领才、德才兼备、以德服众的用人导向。就是要把干部贯彻上级决策部署、完成重大任务以及关键时期的表现作为

考察干部德才的主要方面，把是否坚持原则、敢于负责、真抓实干、清正廉洁作为考察干部德才的重要内容，真正把政治上靠得住、工作上有本事、作风过得硬、群众信得过的干部培养好、选拔好、使用好。

2、坚持绩效导向。绩效导向，就是重实干、重实绩，把工作实绩作为选人用人的重要依据，引入标准化绩效管理评价机制，引导广大干部在履职尽责、攻坚克难中展示才智、建功立业，努力形成有为才有位的正确导向。

3、坚持综合评价。综合评价，就是全面、历史、民主、科学地看待干部，既要看业绩表现，又要全面把握德才兼备的用人原则；既看资历、学历，又看干部的综合素质和潜力；既看票，又不唯票，真正让能干事的有舞台，干成事的有位置，兢兢业业有出路，老老实实不吃亏。

4、坚持公开、公平、公正。公开、公平、公正就是严格按照《党政领导干部选拔任用工作条例》及有关规定执行，保证选拔程序的科学性、规范性、严肃性，选拔任用办法认真征求全厅干部意见，形成广泛共识，接受全厅干部监督，切实把优秀干部选拔到合适岗位上来。

5、坚持民主集中制。民主集中就是既要扩大民主、又要实行民主基础上的集中，要充分体现党管干部的原则，保证由厅党组集体决策，掌握选人用人的最终决定权。

### （三）目标要求

——形成风清气正、充满活力的干部选拔任用机制。通过建立有效制度办法，使选人用人导向更加明确、选拔任用方法更加科学、选人用人程序更加规范，形成以德行树形象、凭绩效看才干，比品行、比能力、比业绩、比贡献的良好工作氛围，调动不同层次人员工作积极性，全面激发全厅财政干部的强大活力。

——形成内容完备、科学管用的干部人事制度体系。通过建立健全科学完备的制度体系，使干部人事工作科学化水平明显提高，实现干部评价客观准确，干部考核科学规范，干部激励有力有效，干部监督严格高效，实现干部人尽其才、人尽其用。

——形成结构合理、优势互补的人员配备格局。认真分析各单位（处室）职责需要和每名财政干部的专业特长、性格特点，科学配备各处室、单位（处室）人员力量。通过干部调配，使厅内各单位（处室）领导班子年龄结构、知识结构更加合理，领导班子的引领、指挥、管理作用有效发挥，单位（处室）整体力量明显提升，集体凝聚力、战斗力显著增强。

## 三、建立"以德为先、绩效导向、综合评价"选人用人机制的主要内容

（一）建立科学规范的干部选拔任用制度和操作办法。按照顶层设计、广泛沟通和科学化、规范化、制度化要求，构建绩效初选、能绩评定、综合评价、党组研究为主要程序的处级干部选拔任用办法，真正将信念坚定、为民服务、勤政务实、敢于担当、清正廉洁的好干部选拔上来。

（二）完善干部综合评价体系。按照德才兼备、以德为先的标准，多角度了解干部、多维度评价干部。积极探索考察"德"的新途径，通过多维度、分权重进行民主测评、量化计分，体现以德为先的用人导向。既注重工作业绩、比真本事，又坚持民主推荐、注重群众公认；既看标准化绩效管理综合考评结果，又看岗位实际需求，切实做到客观公正、历史全面地评价每一名干部，力求用科学的办法选优秀的人才，把优秀的人才配置到适合的岗位，更好地发挥作用。

（三）积极引导多岗位锻炼干部。坚持工作需要与培养干部相结合，注重干部多岗位历练，逐步建立和完善干部在不同岗位之间有序交流、锻炼提高的有效机制，培养一批综合素质高、业务能力强的财政干部。针对经历单一或者缺少基层工作经历的年轻干部，有计划地选派到基层复杂环境中工作锻炼。对下基层参加扶贫开发、驻村帮扶期间勇于担当、成绩突出、顺利完成急难险重任务的干部，重点培养使用。

（四）加快培养使用年轻领导干部。站在战略高度，持续有序培养年轻干部，通过面向优秀年轻干部的定向选拔、使用等措施，加大年轻干部的配备力度，有计划地将优秀年轻干部提拔交流到关键岗位任职，丰富阅历、增长才干。

（五）完善干部考察机制。拓宽考察渠道，通过民主测评、书面征求意见、个别谈话、组织座谈、实地调研、查阅资料等方法对干部进行深入了解；扩大考察范围，扩大群众在干部考察中的知情权、参与权、选择权和监督权，合理设定"知情人"的范围和考察了解人员的结构。探索延伸考察，不仅考察干部八小时内工作情况，还注意了解干部八小时外生活圈、社交圈情况。

（六）探索推行处级干部目标管理制度。逐步探索实行处级干部目标管理制度，一个目标管理期一般为三年，把目标管理期考核制度作为推进标准化绩效管理的重要抓手，做到年度绩效考评、期满绩效总评，并在使用干部上充分运用目标管理期考核

结果，实现领导干部目标管理期内工作有方向、履职过程有监督、功过业绩有说法，进一步激发动力和活力，增强事业心和责任感，营造干事创业的良好氛围。

（七）健全干部管理监督机制。充分发挥好驻厅纪检组、厅机关纪委的作用，在干部选任交流轮岗等工作中充分征求纪检机构意见，加大干部管理监督力度，建立干部权责一致、失责必究的有效机制，防止“带病提拔”。

## 四、加强对“以德为先、绩效导向、综合评价”选人用人机制建设工作的领导

（一）加强组织领导。创新选人用人机制建设是一项长期性、系统性工程，要按照党管干部的原则，在厅党组的领导下，积极稳妥地推进，凡涉及干部管理的重大决定、制度、办法等问题，都由厅党组研究决定。人事教育处具体负责选人用人机制的谋划、建设、实施工作。各处室、单位（处室）要从选好用好干部、为财政事业科学发展提供坚强组织保证的高度，与厅党组保持高度一致，积极支持建立选人用人机制建设工作，努力为我厅干部队伍建设作出贡献。

（二）强化监督管理。驻厅纪检组、厅机关纪委要加强对干部选拔任用、轮岗交流、教育培养等工作的全过程监督，严格执行干部管理各项规定，发现不正之风和不良苗头立即制止。人教处要进一步加强对各单位（处室）和全厅干部的深入了解，采取不定期调研、会议座谈、问卷调查等多种方式，广泛征求不同层次干部的意见建议，不断扩大选人用人工作的民主性和公开度，打牢选人用人工作的群众基础；要及时回应广大干部的关切，努力营造良好的思想舆论氛围，保证选人用人机制建设工作有序有效进行。

（三）严肃组织纪律。全厅干部要把思想统一到厅党组建立选人用人机制的决定上来，切实维护好选人用人工作的严肃性。各处室、单位（处室）主要负责同志和领导班子成员要带头遵守各项选人用人制度规定，把主要精力和智慧集中到财政改革与发展上来，积极为其他干部做出表率。人教处、驻厅纪检组、厅机关纪委加强对组织工作纪律的监督检查，对于违反相关纪律规定的，一经查实，严肃追究责任。

# 处级领导职务干部选拔任用实施办法

**第一条**　为进一步规范干部选拔任用工作，推进干部工作科学化、民主化、制度化，根据《公务员法》、《党政领导干部选拔任用工作条例》、《中共河北省委关于改进干部选拔任用工作的意见》和《中共河北省财政厅党组关于建立“以德为先、绩效导向、综合评价”选人用人机制的意见》，制定本办法。

**第二条**　本办法适用于省财政厅处级领导职务干部的选拔。按照干部管理权限，选拔任用工作在厅党组领导下，由人事教育处具体组织实施，驻厅纪检组、厅机关纪委对选拔任用工作进行全程监督。

**第三条**　干部选拔任用工作贯彻落实“信念坚定、为民服务、勤政务实、敢于担当、清正廉洁”的好干部标准，坚持省委提出的“五个重用”、“五个不用”、“五个调整”的选人用人原则。

**第四条**　干部选拔任用必须在规定的领导职数内进行。不得超职数配备，不得低职高配，不得违反程序选配。

**第五条**　选拔任用资格条件

选拔任用领导干部，除应符合《公务员法》、《党政领导干部选拔任用工作条例》、《公务员职务任免与职务升降规定（试行）》规定的基本条件外，同时还应具备以下其中一项资格：

### （一）提任正处级领导职务资格

1．调研员；

2．任职满2年以上的副处级干部；

3．符合任职条件的正团职及以上军转干部或符合任职条件、任副团职2年以上的军转干部。

### （二）提任副处级领导职务资格

1．副调研员；

2．厅机关及参公事业单位（处室）任职满3年以上的主任科员；

3．事业单位（处室）任管理岗七级职员（正科级）满3年以上，或具有副高级以上专业技术资格干部（仅限选拔事业单位（处室）副处级领导职位）；

4. 符合转业任职条件的副团职军转干部或具有专业技术9级职称及以上的军转干部。

选拔以上职务，需在规定任职资格年限内的年度考核结果均为称职以上等次；近两年请休病假、事假等累计不超过3个月。

**第六条** 提拔人选要具备两年以上基层工作经历，积极报名申请到基层工作、但基层工作经历不足两年的需履行破格提拔程序。

**第七条** 根据中央和省有关文件精神，对下基层参加扶贫开发、驻村帮扶期间勇于担当、成绩突出、顺利完成急难险重任务的干部，可破格提拔。

**第八条** 干部选拔任用的基本程序

主要包括初选、能绩评定、综合评价、党组研究。

**（一）初选**

1. 绩效初选。在符合任职资格条件人员中，根据近三年绩效分值，按照选配职位数量3－5倍的比例，确定绩效初选人员进入能绩评定环节。

绩效分值按推行标准化绩效管理后年限记分。2016年计算绩效得分方法为：2014年度绩效成绩×50%＋2015年度绩效成绩×50%；2017年以后计算绩效得分依据前三年绩效成绩，按上一年度绩效成绩的40%、再前两个年度绩效成绩均按30%的权重计算。

2. 推荐补充。绩效初选名单确定之后，以会议投票方式征求对初选人员意见。如果认为在符合提任资格条件但未进入绩效初选范围的人员中，还有其他合适人选的，也可以提名推荐。但推荐人选总数（即绩效初选人选与新补充推荐人选）不得超出绩效初选人选数量。新补充推荐人选得票数必须高于绩效初选人员推荐得票平均数，才能进入能绩评定环节。进入初选人选的最终人选包括：⑴绩效初选人选，不论得票多少，均进入能绩评定环节；⑵符合上述要求的新补充推荐人选。会议投票推荐范围为全厅副处级以上干部。

3. 其他人选。在具体操作方案中规定的其他直接进入能绩评定环节人选，主要指援疆、援藏、挂职、锻炼、扶贫等未能包括在标准化绩效管理体系中的特殊人选。

### （二）能绩评定

能绩评定由绩效基础分值和加分项分值两部分组成。

1. 绩效基础分值。绩效基础分值一般考核近三年绩效成绩，分值计算方法与绩效初选环节计算方法相同。

2. 加分项分值。加分项分值由资历、学历、突出贡献、特殊人才、笔试、面试、其他特殊加分项七部分分值组成。

（1）资历（1分）。自符合拟提任职务最低条件的职级任职时间算起，即选拔正处级领导职务的，调研员和副处级干部均按任副处级时间算起；选拔副处级领导职务的，副调研员和主任科员（科级干部）均按任主任科员（科级干部）时间算起；事业单位（处室）人员按取得副高级职称资格时间算起。每增加1个月计0.01分，满分1分。

（2）学历学位（1.4分）：大专及以下学历计0.8分，大学本科学历计1分，研究生学历或硕士学位计1.2分，博士研究生学历或博士学位计1.4分。

（3）突出贡献（2分）。主要考核从推行标准化绩效管理后以绩效考评为主要依据确定的近三年突出贡献。年度考核被确定为优秀等次、荣记三等功、二等功、一等功及以上奖励的，分别计0.5分、1分、1.5分、2分。连续三年考核优秀记三等功的，不作为荣记三等功计分项；满分2分，不重复计分。突出贡献包括我厅推行标准化绩效管理后厅内产生的相关荣誉，没有明确记功奖励的均按优秀等次对待计分，同一年度内不重复计分。优秀党员视同优秀等次；2016年以后，干部在下基层期间获得记功奖励和优秀等次的，按厅内记功和考核等次同等对待。

突出贡献分值按推行标准化绩效管理后年限记分。2016年计算方法为：2014年度分值×50%+2015年度分值×50%；2017年以后计算突出贡献得分依据前三年分值，按上一年度突出贡献分值的40%、再前两个年度突出贡献分值均按30%的权重计算。

（4）特殊人才（2分）。获得国家突出贡献专家、国务院特殊津贴专家、全国杰出专业技术人才、国家“百千万人才工程”等相关人选的计2分；获得全国优秀留学回国人员、全国专业学术领军人才或牵头人、省突出贡献专家、省杰出专业技术人才等相关人选的计1分；获得省“三三三”人才工程一层次、省“百人计划”等相关人选的计0.5分；获得省“三三三”人才工程二层次人选、省优秀留学回国人员、优秀专家出国培训人选、省社会科学优秀青年专家、省优秀专家、全省专业学术领军人才或牵头人等相关人选的计0.2分。

(5) 笔试 (5分)。采取闭卷方式，考试内容主要为从事财政工作应知应会的基本理论、业务知识及操作技能。笔试成绩在90分以上计5分，80—89分计4.5分，70—79分计4分，60—69分计3.5分，59分及以下计3分。

(6) 面试 (5分)。主要测试干部在基本理论、业务素质和应变能力、语言表达能力、领导素质、胜任特征等方面与选拔职位的适应程度。面试成绩在90分以上计5分，80—89分计4.5分，70—79分计4分，60—69分计3.5分，59分及以下计3分。

(7) 其他。根据工作需要，经厅党组研究确定的特殊加分项，在具体操作方案中确定。

厅党组根据绩效基础分值差，确定加分项分值具体换算系数，单项加分项分值乘以换算系数后加入绩效基础分值。

最终，能绩评定总成绩 = 绩效基础分值 + Σ (单项加分×换算系数)。

### (三) 综合评价

根据能绩评定结果排序，按照选配职位数量1∶2的比例确定进入综合评价人选。综合评价包括民主推荐、民意测评、酝酿等环节。民主推荐按照选配数量进行推荐，分会议投票推荐和个别谈话推荐，先后顺序可根据实际情况进行调整。

1. 会议投票推荐

参加会议推荐范围：副处级以上干部。

被推荐人选按“三定”方案规定的处室、单位（处室）顺序排序，同一处室、单位（处室）的依次按职位高低、任现职时间、任上一职级时间、参加工作时间、出生年月排序。推荐票分A、B票，厅领导为A票，其他参会人员为B票。会议推荐票为定额民主推荐票。

2. 个别谈话推荐

参加个别谈话推荐范围：厅领导，各处室、单位（处室）主要负责同志。个别谈话推荐实行定额推荐并署名。推荐票分A、B票，厅领导为A票，其他参会人员为B票。

3. 所在单位（处室）民意测评

为更好地了解群众公认情况，设置民意测评环节，设“同意推荐”和“不同意推荐”两档评价意见。在组织会议投票推荐和个别谈话推荐基础上，由人教处、驻厅纪检组等部门共同组成工作小组，在人选所在单位（处室）进行民意测评。

4．酝酿

人教处将能绩评定得分、会议投票推荐、个别谈话推荐、民意测评情况作为重要参考，充分考虑岗位需求及人岗相适情况，充分考虑优化干部队伍结构需要，充分听取厅领导意见，最后形成人选初步方案，在征求驻厅纪检组、厅机关纪委意见后，报厅党组书记、副书记审定。

**（四）党组研究**

人事教育处将经厅党组书记、党组副书记审定后的初步人选建议提交厅党组会，厅党组研究确定考察对象。

**第九条**　考察

人事教育处依据干部选拔任用条件和有关要求，对考察对象进行全面考察。厅党组根据考察情况，结合工作需要，研究确定拟任职人选。

**第十条**　公示

领导干部任前公示，公示期为5个工作日。

**第十一条**　备案任命

经公示无异议后，报省委组织部备案。备案后，厅党组正式任命。

**第十二条**　试用

厅机关内设处室、参公事业单位（处室）领导职务执行试用期，试用期为一年。

**第十三条**　在选拔任用工作开始前，单独制定具体操作办法，根据不同情况可以简化相关程序。有特殊岗位要求需要提拔任职的，厅党组根据实际需要，可对选拔办法进行简化调整。

**第十四条**　本办法由河北省财政厅党组授权人事教育处负责解释。

**第十五条**　省农业综合开发办公室分党组可根据实际，参照本办法执行。

**第十六条**　本办法自印发之日起施行。

# 处级非领导职务干部选拔任用实施办法

**第一条** 为进一步规范干部选拔任用工作，推进干部工作科学化、民主化、制度化，根据《公务员法》、《党政领导干部选拔任用工作条例》、《中共河北省委关于改进干部选拔任用工作的意见》和《中共河北省财政厅党组关于建立“以德为先、绩效导向、综合评价”选人用人机制的意见》，制定本办法。

**第二条** 本办法适用于省财政厅调研员和副调研员的选拔任用。按照干部管理权限，选拔任用工作在党组领导下，由人事教育部门组织实施，驻厅纪检组、厅机关纪委对选拔任用工作进行全程监督。

**第三条** 干部选拔任用工作贯彻落实“信念坚定、为民服务、勤政务实、敢于担当、清正廉洁”的好干部标准，坚持省委提出的“五个重用”、“五个不用”、“五个调整”的选人用人原则。

**第四条** 干部选拔任用必须在规定的处级非领导职数内进行。不得超职数配备，不得违反程序选配。

**第五条** 选拔任用资格条件

提任处级非领导职务，除应符合《公务员法》、《党政领导干部选拔任用工作条例》、《公务员职务任免与职务升降规定（试行）》规定的基本条件外，同时还应具备以下其中一项资格：

**（一）提任调研员条件资格**

1. 厅机关及所属事业单位（处室）任副处级职务满 4 年以上的干部；

2. 符合任职条件的正团职及以上军转干部或符合任职条件、任副团职 4 年以上的军转干部。

**（二）提任副调研员条件资格**

1. 厅机关和参公事业单位（处室）任职满 4 年以上的主任科员；

2. 厅机关和参公事业单位（处室）符合转业任职条件的副团职军转干部或具有专业技术 9 级职称及以上的军转干部。

晋升以上职务，需在规定任职资格年限内的年度考核结果均为称职以上等次；近两年请休病假、事假等累计不超过3个月。

**第六条** 提拔人选要具备两年以上基层工作经历，积极报名申请到基层工作、但基层工作经历不足两年的需履行破格提拔程序。

**第七条** 根据中央和省有关文件精神，对下基层参加扶贫开发、驻村帮扶期间勇于担当、成绩突出、顺利完成急难险重任务的干部，可破格提拔。

**第八条** 选拔任用基本程序

主要包括初选、能绩评定、综合评价、党组研究。

### （一）初选

1．绩效初选。在符合任职资格条件人员中，根据近三年绩效分值，按照选配职位数量3－5倍的比例，确定绩效初选人员进入能绩评定环节。

绩效分值按推行标准化绩效管理后年限记分。2016年计算绩效得分方法为：2014年度绩效成绩＊50％＋2015年度绩效成绩＊50％；2017年以后计算绩效得分依据前三年绩效成绩，按上一年度绩效成绩的40％、再前两个年度绩效成绩均按30％的权重计算。

2．推荐补充。在标准化绩效管理体系运行初期，绩效初选名单确定之后，以会议投票方式征求对初选人员意见。如果认为在符合提任资格条件但未进入绩效初选范围的人员中，还有其他合适人选的，也可以提名推荐。但推荐人选总数（即绩效初选人选与新补充推荐人选）不得超出绩效初选人选数量。新补充推荐人选得票数必须高于绩效初选人员推荐得票平均数，才能进入能绩评定环节。进入初选人选的最终人选包括：（1）绩效初选人选，不论得票多少，均进入能绩评定环节；（2）符合上述要求的新补充推荐人选。会议投票推荐范围为全厅副处级以上干部。

3．其他人选。在具体操作方案中规定的其他直接进入能绩评定环节人选，主要指援疆、援藏、挂职、锻炼、扶贫等未能包括在标准化绩效管理体系中的特殊人选。

### （二）能绩评定

能绩评定由绩效基础分值和加分项分值两部分组成。

1．绩效基础分值。绩效基础分值一般考核近三年绩效成绩，分值计算方法与绩效初选环节计算方法相同。

2．加分项分值。加分项分值由工作年限、任职年限、突出贡献、特殊人才和其他特殊加分项五部分分值组成。

（1）工作年限（10 分）。自参加工作当月算起，每一个月计 0.03 分，满分 10 分。

（2）任职年限（10 分）。自符合拟提任职务最低条件的职级任职时间算起，每月计 0.05 分，满分 10 分。其中，担任领导职务的自任职当月算起每月加计 0.01 分。

（3）突出贡献（4 分）。主要考核以绩效考评为主要依据确定的近三年突出贡献。年度考核被确定为优秀等次、荣记三等功、二等功、一等功及以上奖励的，分别计 1 分、2 分、3 分、4 分。连续三年考核优秀记三等功的，不作为荣记三等功计分项；满分 4 分，不重复计分。突出贡献包括我厅推行标准化绩效管理后厅内产生的相关荣誉，没有明确记功奖励的均按优秀等次对待计分，同一年度内不重复计分。优秀党员视同优秀等次；2016 年以后，干部在下基层期间获得记功奖励和优秀等次的，按厅内记功和考核等次同等对待。

突出贡献分值按推行标准化绩效管理后年限记分。2016 年计算方法为：2014 年度分值 ×50% +2015 年度分值 ×50%；2017 年以后计算突出贡献得分依据前三年分值，按上一年度突出贡献分值的 40%、再前两个年度突出贡献分值均按 30% 的权重计算。

（4）特殊人才（5 分）。获得国家突出贡献专家、国务院特殊津贴专家、全国杰出专业技术人才、国家“百千万人才工程”等相关人选的计 5 分；获得全国优秀留学回国人员、全国专业学术领军人才或牵头人、省突出贡献专家、省杰出专业技术人才等相关人选的计 4 分；获得省“三三三”人才工程一层次、省“百人计划”等相关人选的计 3 分；获得省“三三三”人才工程二层次人选、省优秀留学回国人员、优秀专家出国培训人选、省社会科学优秀青年专家、省优秀专家、全省专业学术领军人才或牵头人等相关人选的计 2 分。

（5）其他。根据工作需要，经厅党组研究确定的特殊加分项，在具体操作方案中确定。

厅党组根据绩效基础分值差，确定加分项分值具体换算系数，单项加分项分值乘以换算系数后加入绩效基础分值。

最终，能绩评定总成绩 = 绩效基础分值 + Σ（单项加分×换算系数）。

### （三）综合评价

根据能绩评定结果排序，按照选配职位数量1∶2的比例确定进入综合评价人选。综合评价包括民主推荐、民意测评、酝酿等环节。民主推荐按照选配数量进行推荐，分会议投票推荐和个别谈话推荐，先后顺序可根据实际情况进行调整。综合评价情况作为重要参考。

1．会议投票推荐

参加会议推荐范围：副处级以上干部。

被推荐人选按“三定”方案规定的处室、单位（处室）顺序排序，同一处室、单位（处室）的依次按职位高低、任现职时间、任上一职级时间、参加工作时间、出生年月排序。推荐票分A、B票，厅领导为A票，其他参会人员为B票。会议推荐票为定额民主推荐票。

2．个别谈话推荐

参加个别谈话推荐范围：厅领导，各处室、单位（处室）主要负责同志。个别谈话推荐实行定额推荐并署名。推荐票分A、B票，厅领导为A票，其他参会人员为B票。

3．所在单位（处室）民意测评

为更好的了解群众公认情况，设置民意测评环节，设“同意推荐”和“不同意推荐”两档评价意见。在组织会议投票推荐和个别谈话推荐基础上，由人事处、驻厅纪检组等部门共同组成工作小组，在人选所在单位（处室）进行民意测评。

4．酝酿

人教处将能绩评定得分、会议投票推荐、个别谈话推荐、民意测评情况作为重要参考，充分考虑岗位需求及人岗相适情况，充分考虑优化干部队伍结构需要，充分听取厅领导意见，最后形成人选初步方案，在征求驻厅纪检组、厅机关纪委意见后，报厅党组书记、副书记审定。

### （四）党组研究

人事教育处将经厅党组书记、党组副书记审定后的初步人选建议提交厅党组会，厅党组研究确定考察对象。

**第九条**　考察

人事教育处依据干部选拔任用条件和有关要求，对考察对象进行全面考察。厅党组根据考察情况，结合工作需要，研究确定拟任职人选。

**第十条** 公示

公示期为5个工作日。

**第十一条** 备案任命

经公示无异议后，报省公务员局备案。备案后，厅党组正式任命。

**第十二条** 在选拔任用工作开始前，单独制定具体操作办法，根据不同情况可以简化相关程序。有特殊岗位要求需要提拔任职的，厅党组根据实际需要，可对选拔办法进行简化调整。

**第十三条** 本办法由河北省财政厅党组授权人事教育处负责解释。

**第十四条** 省农业综合开发办公室分党组可根据实际，参照本办法执行。

**第十五条** 本办法自印发之日起施行。

# 党支部和党员考核评议办法

为加强和改进机关党的建设，提高机关党建设科学化水平，进一步规范党支部考核和党员民主评议工作，根据《中国共产党章程》、《中国共产党党和国家机关基层组织工作条例》等有关规定，结合我厅实际，制定本办法。

## 一、考评对象

党支部考评对象为厅机关党委所属各党支部、党总支、党委等基层党组织（以下统称党支部）。

党员考评对象为厅所有正式党员和预备党员，预备党员不参加优秀党员评选。

## 二、考评内容

### （一）党支部考核内容

对党支部考核主要包括思想建设、组织建设、党风廉政建设和保障业务工作情况。

1．思想建设（20分）

主要考核支部是否坚持学习制度，按照建设学习型党组织的要求，组织党员认真开展政治理论学习，提升马克思主义理论素养；是否注重学习成果转化，用先进理论武装头脑、指导实践、推动工作；是否坚持以人为本与解决实际问题相结合，注重人文关怀和心理疏导，区别不同对象，采取多种方式，深入开展思想政治工作。

2．组织建设（20分）

主要考核党支部是否按届选举、机构健全，班子能否严格遵守民主集中制，实行重大事项民主决策；是否坚持党性原则上的团结，努力增强党支部的凝聚力、创造力和战斗力；是否经常性组织党员教育活动，开展社会主义核心价值观教育，加强对党员理想信念、党性宗旨以及形势和国情教育；是否严格党内生活，坚持“三会一课”、领导干部民主生活会等组织生活制度，认真开展批评与自我批评，开展民主评议党员工作；是否严格党员发展，按时足额收缴党费。

3．党风廉政建设（30 分）

主要考核支部是否认真落实党风廉政建设主体责任，监督党员深入贯彻落实中央、省委和厅党组关于加强党风廉政建设各项要求，遵守党纪国法、财政工作纪律；是否教育和带动党员严格遵守中央“八项规定”，自觉克服形式主义、官僚主义、享乐主义和奢靡之风，着力解决“四风”方面存在的突出问题；是否践行全心全意为人民服务的宗旨，组织带动党员弘扬理论联系实际、密切联系群众的作风。

4．保障业务工作（30 分）

主要考核支部围绕履行本单位（处室）工作职能开展党建工作，以党建促进年度各项工作任务和工作目标完成情况，重点考核党建和财政业务工作“两手抓、两手硬”的创新举措和突出成效。

### （二）党员评议内容

对党员评议主要包括理想信念、先锋模范作用和履职尽责情况。

1．理想信念（20 分）

主要评议党员共产主义远大理想和建设中国特色的社会主义信念是否坚定，世界观、人生观、价值观是否正确，是否善于运用马克思主义立场、观点、方法认识问题，廓清思想迷雾，排除思想干扰，矢志不渝为中国特色社会主义共同理想而奋斗。

2．先锋模范作用（50 分）

（1）勤奋学习的模范（10 分）。主要评议党员能否模范地学习党的基本理论和路线方针政策，学习中国特色社会主义理论和财政业务知识，并自觉做到学以致用，不断提升财政工作水平。

（2）开拓创新的模范（10 分）。主要评议党员能否树立较强的创新意识，把创新实践与财政工作紧密结合，注重通过工作历练和加强学习提升创新能力，创新成果有助于推动工作。

（3）自觉服务的模范（10 分）。主要评议党员能否模范地践行党的宗旨，牢固树立服务意识，主动为领导服务，积极为部门服务，热情为基层和群众服务。

（4）爱岗敬业的模范（10 分）。主要评议党员能否模范地履行岗位职责，兢兢业业、恪尽职守，无私奉献、任劳任怨，积极投身财政改革发展，努力创造一流工作业绩。

（5）文明守纪的模范（10 分）。主要评议党员能否模范地践行社会主义核心价值观，自觉遵守党的纪律和国家法律法规，带头弘扬正气、廉洁自律、维护稳定、促进团结，倡导文明新风尚。

3. 履职尽责情况（30 分）

主要评议党员履行岗位责任制，完成年度业务工作目标和任务情况，重点看工作实绩和工作成效，所分管的工作是否有创新、有突破。

## 三、考评等次

党支部考核的等次分为：先进、达标和不达标。先进党支部的综合考核分值必须在 90 分（含 90 分）以上，综合考核分值在 60 分（不含 60 分）以下为不达标党支部，其他为达标党支部。综合考核分值的计算：

支部综合考核分值 = 思想建设综合得分 + 组织建设综合得分 + 作风建设综合得分 + 保障业务工作综合得分

思想建设综合得分 = 支部互评平均分值 ×0.4 + 党委考评分值 ×0.6

组织建设综合得分 = 支部互评平均分值 ×0.4 + 党委考评分值 ×0.6

党风廉政建设综合得分 = 支部互评平均分值 ×0.8 + 党委考评分值 ×0.2

保障业务工作综合得分 = 支部互评平均分值 ×0.8 + 党委考评分值 ×0.2

党员评议等次分为：优秀、合格和不合格。优秀党员的综合评议分值必须在 90 分（含 90 分）以上，综合评议分值在 60 分（不含 60 分）以下为不合格党员，其他为合格党员。综合评议分值计算方法：

党员综合评议分值 = 支部党员互评平均分值 ×0.6 + 支部书记评分 ×0.4。

## 四、考评程序

### （一）党支部考核程序

党支部考核年度为每年的 1 月 1 日至 12 月 31 日，考核工作在机关党委的统一领导下，采取支部自评、支部互评和机关党委考评相结合的方式，集中时间分步进行。具体步骤如下：

1. 支部自评

各党支部要在学习《党章》、《中国共产党党和国家机关基层组织工作条例》及省委《关于贯彻〈中国共产党党和国家机关基层组织工作条例〉的实施办法》等内容的基础上，对支部全年工作进行认真回顾总结和自我评价，按要求准备相关辅助材料。党支部年度工作总结、自评表及辅助材料报送机关党委审查。

2. 支部互评

召开支部书记会议，由各支部书记汇报本年度党建工作情况，实事求是地总结一年来在党建工作中取得的成绩、存在问题以及努力方向，在此基础上，各支部进行相互评定。

3. 党委考评

机关党委根据各支部上报的总结、自评情况以及提供的党建工作相关辅助材料，结合日常掌握的情况，对支部本年度党建工作进行全面考察，按照考评内容对支部进行综合评定。

4. 党委会审定

召开党委会，对各支部综合考评情况进行审议，在征求厅党组意见基础上，确定年度先进党支部，研究对不达标党支部处理意见。

### （二）党员评议程序

党员评议年度为每年1月1日至12月31日，评议工作在机关党委的统一领导下，以支部为单位（处室），集中时间分步进行。具体步骤如下：

1. 党员自评

评议期间，每个党员要认真学习《党章》有关党员标准等内容，联系个人思想和工作实际，认真总结一年来在思想、工作、学习、生活等方面的情况，肯定成绩，找准存在的问题和不足，明确努力方向，提出改进措施。

2. 党员互评

支部召开党员大会，每个党员在支部党员大会上进行自我总结，开展批评与自我批评。在此基础上，支部党员进行互评打分。

3. 支部评议

支部委员会在每个党员综合评议分值进行排序的基础上，结合党员的日常表现和党外群众意见，对支部党员进行全面分析，实事求是地确定党员评议等次，并按支部党员人数15%的比例，推荐本支部优秀党员建议人选。

4. 党委会审定

召开党委会，对支部推选的优秀党员人选进行审议，在征求厅党组意见的基础上，确定年度优秀党员，研究对不合格党员的处理意见。

## 五、一票否决制

### （一）评选先进党支部实行一票否决制

党支部有下列情况之一的，取消先进党支部评选资格：

1. 支部党员中有严重违纪违法，受到处分的；
2. 不按规定收缴党费或党委催交党费2次（含2次）以上。

（二）评选优秀党员实行一票否决制

党员有下列情况之一的，取消优秀党员评选资格：

1. 党纪政纪处分，以及被诫勉谈话的；
2. 无正当理由2次（含2次）以上不按时足额交纳党费的。

## 六、表彰奖励

召开表彰大会，对评选出的先进党支部和优秀党员进行表彰奖励。

## 七、对不达标党支部和不合格党员的处置

### （一）对不达标党支部的处置

经考核为不达标的党支部，机关党委要提出整改要求，责令其针对考核发现的问题提出具体的整改措施，制定整改方案，限期整改，必要时由机关党委提请厅党组对支部领导班子进行调整。

### （二）对不合格党员的处置

经评议为不合格的党员，党支部应区别情况，提出限期改正、劝退或除名的意见。具体程序严格按党内有关规定办理。

## 八、本办法自印发之日起执行

# 指标案例

根据河北省财政厅2014年、2015年标准化绩效管理运行情况，结合各部门工作，从2016年绩效目标指标体系中，初步筛选内部管理指标10类、105项。这些指标多数属于各部门都会开展的内部管理工作，具有一定的普遍性和参考意义。具体包括：

## 机关运转类（21项）

标准化绩效管理推广应用、厅领导服务保障、厅领导日常会议活动组织、全省性重要会议文稿起草、全厅性重要会议文稿起草、厅日常综合性文稿起草、全省财政工作要点起草、公文处理、大型综合性会议组织、政务信息组织管理和报送、信息刊物编发、政府信息公开管理、机要保密、档案管理、台账管理、督查督办、人大建议和政协提案承办、信访及应急管理、人大代表政协委员沟通联络、标准化绩效管理、厅机关应急公务用车管理

具体指标见表附-1。

## 表附－1　内部管理机关运转类指标案例表（21项）

| 指标编码 | 指标名称 | 指标释义 | 指标类型 | 考评周期 | 考评标准及评价方法 | | 计划节点 | | 标准依据 | | | | | 数据来源 |
|---|---|---|---|---|---|---|---|---|---|---|---|---|---|---|
| | | | | | 时间方面 | 质量方面 | 数量方面 | 节点 | 完成时间 | 上级要求 | 同行先进 | 历史水平 | 文件依据 | |
| BM－101－01 | 标准化绩效管理推广应用 | 总结绩效管理运行经验，打造一套标准化绩效管理应用模板，包括：一套通用流程和指标模板、一个软件系统和操作手册、一本模式解读和应用指南。便于标准化绩效管理推广应用。 | 阶段型 | 年度 | 40%，4月15日前，完成《绩效管理模式解读和应用指南》、《通用流程和指标模板》报主管厅领导审定，软件开发完毕。按照时间节点完成得满分，每延误1项扣时间分值的30%。 | 60%，《绩效管理模式解读和应用指南》、《通用流程和指标模板》报主管厅领导审定，软件开发完毕得满分。每有1项未完成，扣质量分值的35%。 | | | | 完善管理体系，编制标准化绩效管理理论解读、操作手册，开发通用信息系统，建立起简便易行复制推广机制。 | 省地税局在全系统推行绩效管理。 | 先行先试，弥补空白。 | 《中共河北省财政厅党组关于在全省财政系统实施绩效管理的意见》（冀财组［2014］10号）、《河北省财政厅关于推进绩效管理的实施方案》（冀财办［2014］8号）。 | 审核评价。被考评单位按照序时进度和时间节点要求，通过月小结上传《绩效管理模式解读和应用指南》、《通用流程和指标模板》和软件截图，考评小组审核，形成指标执行数据。 |
| BM－101－04 | 厅领导服务保障 | 做好厅领导政务活动和会议服务保障工作，随时更新完善OA系统中“厅领导日程”、“领导会议登记”、“领导会议管理”内容。 | 日常型 | 季度 | 60%，根据有关会议和活动通知要求，协调并通知参会厅领导，协调做好会议准备工作。并在确定参会领导的当日登陆OA系统并登记。考评采取抽查方式，抽查不少于10次，按时间节点完成得满分，每延误1次扣时间分值的10%。 | 40%，保障厅领导参加各项会议和活动，不因组织原因被上级通报或文件书面批评，得满分。每出现1次，扣质量分值的30%。 | | | | 保障厅领导参加各项会议活动无差错。 | 省委、省政府办公厅和财政部办公厅服务保障情况。 | 以往厅领导服务保障工作未出现重大纰漏。 | 《河北省财政厅工作规则》（冀财办［2012］9号）。 | 审核评价。被考评单位按照序时进度或时间节点要求，通过月小结上传领导会议登记等资料，考评小组审核，形成指标执行数据。 |
| BM－101－05 | 厅领导日常会议活动组织 | 做好厅党组会、厅长办公会、厅领导碰头会、厅领导专题会等会议的组织准备、会议记录和纪要编印，编制交办单。 | 日常型 | 季度 | 40%，按照会议方案、通知或领导确定时间组织召开会议。按照时间节点完成得满分，每延误1次扣时间分值的10%。 | 60%，会议材料、会议记录和纪要等资料齐全，保存完整，得满分。资料每缺少1项扣质量分值的35%；因会议组织原因出现重大失误的，每出现1次扣质量分值的50%。 | | | | 按时按要求组织好各类会议。 | 省委办公厅、省政府办公厅会议组织工作。 | 以往年度会议圆满组织实施。 | 《河北省财政厅工作规则》（冀财办［2012］9号）、《会议管理作业指导书》（ZY101－002－2014）。 | 审核评价。被考评单位按照序时进度或时间节点要求，通过月小结上传会议通知、会议材料、会议记录和纪要等资料，考评小组审核，形成指标执行数据。 |

续表

| | | | | | | | | | | | | | | |
|---|---|---|---|---|---|---|---|---|---|---|---|---|---|---|
| BM－101－06 | 全省性重要会议文稿起草 | 完成厅领导在全省财政工作会议、省直财政财务会议、全省财政专题培训、省委省政府相关会议讲话发言等全省性会议上的重要文稿，以及给上级领导的汇报等材料的撰写、修改、审核工作。 | 年度型 | 年度 | 40%，按照厅主要领导批示、会议纪要、会议方案、通知时间要求，完成文稿起草工作。按时间节点完成得满分，每有1项未完成扣时间分值的5%。 | 60%，文稿通过厅领导审核，得满分。每有1项未完成，扣质量分值的5%。 | | | | 综合文稿重点突出、内容简洁，结构严谨、逻辑严密，表述准确、文字精炼。 | 省委办公厅、省政府办公厅综合文稿起草工作。 | 以往年度综合文稿起草工作未出现明显纰漏。 | 《河北省人民政府办公厅关于进一步提高公文质量切实精简文件有关事项的通知》（冀政办函［2014］20号）、《厅机关重要文稿起草作业指导书》（ZY101－011－2014）。 | 审核评价。被考评单位按照序时进度或时间节点要求，通过月小结上传综合文字工作台账、综合文稿正件等资料，考评小组审核，形成指标执行数据。 |
| BM－101－07 | 全厅性重要会议文稿起草 | 完成厅领导在全厅干部职工大会、领导干部会议、党风廉政会议、厅务会、民主生活会、党课等全厅性重大会议文稿的撰写、修改、审核工作。 | 年度型 | 年度 | 40%，按照厅主要领导批示、会议纪要、会议方案、通知时间要求，完成文稿起草工作。按时间节点完成得满分，每有1项未完成扣时间分值的5%。 | 60%，文稿通过厅领导审核，得满分。每有1项未完成，扣质量分值的5%。 | | | | 综合文稿重点突出、内容简洁，结构严谨、逻辑严密，表述准确、文字精炼。 | 省委办公厅、省政府办公厅综合文稿起草工作。 | 以往年度综合文稿起草工作未出现明显纰漏。 | 《河北省人民政府办公厅关于进一步提高公文质量切实精简文件有关事项的通知》（冀政办函［2014］20号）《厅机关重要文稿起草作业指导书》（ZY101－011－2014）。 | 审核评价。被考评单位按照序时进度或时间节点要求，通过月小结上传综合文字工作台账、综合文稿正件等资料，考评小组审核，形成指标执行数据。 |
| BM－101－08 | 厅日常综合性文稿起草 | 完成厅年度工作总结等全厅综合性工作报告、厅领导述职报告、上级机关约要材料、反馈意见等日常型综合文稿的撰写、修改、审核工作。 | 年度型 | 年度 | 40%，按照厅主要领导批示、会议纪要、会议方案、通知时间要求，完成文稿起草工作。按时间节点完成得满分，每有1项未完成扣时间分值的5%。 | 60%，文稿通过厅领导审核，得满分。每有1项未完成，扣质量分值的5%。 | | | | 综合文稿重点突出、内容简洁，结构严谨、逻辑严密，表述准确、文字精炼。 | 省委办公厅、省政府办公厅综合文稿起草工作。 | 以往年度综合文稿起草工作未出现明显纰漏。 | 《河北省人民政府办公厅关于进一步提高公文质量切实精简文件有关事项的通知》（冀政办函［2014］20号）《厅机关重要文稿起草作业指导书》（ZY101－011－2014）。 | 审核评价。被考评单位按照序时进度或时间节点要求，通过月小结上传综合文字工作台账、综合文稿正件等资料，考评小组审核，形成指标执行数据。 |
| BM－101－09 | 全省财政工作要点起草 | 谋划全省财政工作开展思路，着力当好参谋助手。 | 年度型 | 年度 | 40%，3月30日前，完成全厅工作要点起草工作；按照厅领导批示或通知要求，谋划全厅阶段型工作思路。按照时间节点完成得满分，每延误1次扣时间分值的5%。 | 60%，厅2016年工作要点正式印发，阶段性工作思路得到厅领导应用，得满分每有1次未完成，扣质量分值的5%。 | | | | 运用新发展理念，谋划新常态下财政工作。 | 省委办公厅、省政府办公厅工作思路谋划。 | 以往年度工作思路谋划得到领导认可。 | 《厅机关重要文稿起草作业指导书》（ZY101－011－2014）。 | 审核评价。被考评单位按照序时进度或时间节点要求，通过月小结上传全厅工作要点、阶段性工作思路等资料，考评小组审核，形成指标执行数据。 |

续表

| | | | | | | | | | | | | | | |
|---|---|---|---|---|---|---|---|---|---|---|---|---|---|---|
| BM-101-10 | 公文处理 | 文件的接收、扫描、登记、上传、转办、运转；审核以厅名义制发的公文，印章、印模使用和文印工作；使用管理电子政务信息系统；编印《领导重要批示》和《河北省财政厅大事记》。 | 日常型 | 季度 | 40%，纸质来文随到随收，半日内扫描、登记、上传、转办，电子公文随到随收、随发，紧急公文，随收随扫描、登记、上传、转办（工作日17：00前截止）；7月31日前，完成上年度《河北省财政厅大事记》编印。按时间节点完成得满分。《河北省财政厅大事记》编印未按规定完成，扣时间分值的10%；公文接收、扫描、登记、上传、转办考评采用抽查方式，每项抽查不少于5次，每项每延误1次扣时间分值的5%。 | 30%，来文登记、转办、公文排版、公文发送、印章印模使用台账齐全规范，得满分。每少1项，扣质量分值的20%。违规使用印章印模，每出现1次扣质量分值的100%。 | 30%，全年编印《领导重要批示》不少于3期，每少1期扣数量分值的35%。 | | | 符合党政机关和我厅公文运转要求。 | 省委办公厅、省政府办公厅公文处理工作情况。 | 以往年度公文运转未出现重大失误。 | 《河北省财政厅机关公文处理办法》（冀财［2001］29号）、《河北省财政厅加强机关公文办理工作提高公文运转效率的规定》（冀财办［2005］50号）、《河北省财政厅印章管理办法》（冀财办［2009］10号）、《河北省财政厅工作规则》（冀财办［2012］9号）等。 | 1. 系统获取。办公自动化（OA）系统、河北省政府电子公文交换系统、财政电子公文传输系统、河北省财政厅公文管理系统获取公文运转记录等资料，考评小组审核，形成指标执行数据。2. 审核评价。被考评单位按照序时进度或时间节点要求，通过月小结上传来文登记、公文拟办、公文审核、公文发送、印章印模使用台账，《领导重要批示》、《河北省财政厅大事记》等资料，考评小组审核，形成指标执行数据。 |
| BM-101-11 | 大型综合性会议组织 | 组织协调与服务全省财政工作会议、全省财政工作座谈（研讨）会、全厅干部职工大会等会议。 | 年度型 | 年度 | 40%，按照会议方案、通知或领导确定时间组织召开会议。按照时间节点完成得满分，每延误1次扣时间分值的5%。 | 60%，会议方案、通知、会议报道等资料齐全，保存完整，得满分。资料每缺少1项质量分值的5%。 | | | | 按时按要求组织好各类会议。 | 省委办公厅、省政府办公厅会议组织工作。 | 以往年度会议圆满组织实施。 | 《河北省财政厅工作规则》（冀财办［2012］9号）、《河北省财政厅关于进一步做好厅务会、厅长办公会等会议有关工作的通知》（冀财办［2014］58号）、《会议管理作业指导书》（ZY101-002-2014）。 | 审核评价。被考评单位按照序时进度或时间节点要求，通过月小结上传会议方案、通知、会议报道等资料，考评小组审核，形成指标执行数据。 |

续表

| | | | | | | | | | | | | |
|---|---|---|---|---|---|---|---|---|---|---|---|---|
| BM－101－13 | 政务信息组织管理和报送 | 做好财政信息选报撰写、信息调研及培训和政务信息考核管理等日常管理工作。 | 年度型 | 年度 | 30%，10月30日前，举办全省财政信息人员培训班；每季度结束10个工作日内，发布上季度厅内各单位、各市县信息考核得分情况，按照时间节点完成得满分。每有1项未按时完成，扣时间分值的10%。 | 40%，培训工作记录、考核通报等资料齐全，省委、省政府及财政部信息考核分别达到优胜等次，得满分。每有1项未达到要求，扣质量分值的25%。 | 30%，每季度报送财政部信息不少于18条。每少1条扣数量分值的5%。 | 举办全省财政信息人员培训班。 | 10月30日前。 | 跻身省直单位、全国财政系统信息组织管理和报送先进行列。 | 上级机关考核单位优胜政务信息工作情况。 | 前三年每年被上级单位评为优胜或先进单位。 | 《全国财政系统信息工作考核评比办法》、《河北省财政信息工作管理办法》（冀财办［2012］8号）、《河北省财政信息工作考核办法》、《财政政务信息管理作业指导书》（ZY101－009－2014）。 | 审核评价。被考评单位按照序时进度或时间节点要求，通过月小结上传报送数量证明、信息培训通知、考核通报等资料，考评小组审核，形成指标执行数据。 |
| BM－101－14 | 信息刊物编发 | 审核编发我厅财政信息刊物。 | 年度型 | 年度 | 60%，信息刊物编发不出现错误，得满分。每出现1次错误，扣质量分值的20%。 | 40%，编发《财政工作简报》不少于24期，编发《财政专报》不少于24期，编发《领导参阅》不少于24期，按要求完成得满分。每少1期扣数量分值的5%。 | | | | 集中有效体现财政专项工作动态情况，提高服务领导决策参考性。 | 财政部信息刊物编发水平。 | 前三年每年编发信息刊物不少于24期。 | 《河北省财政信息工作管理办法》（冀财办［2012］8号）、《财政政务信息管理作业指导书》（ZY101－009－2014）。 | 审核评价。被考评单位按照序时进度或时间节点要求，通过月小结上传财政工作简报、财政专报、厅领导参阅等资料，考评小组审核，形成指标执行数据。 |
| BM－101－15 | 政府信息公开管理 | 做好我厅政府信息公开组织管理工作。 | 年度型 | 年度 | 60%，每季度结束后20个工作日内，向有关单位移交主动公开的规范性文件汇编；3月31日前，公开本单位政府信息公开年度报告。按照时间节点完成得满分。每延误1次，扣时间分值的50%。 | 40%，政府信息公开年度报告、公开文件移交台账等资料齐全，得满分。每有1项未达到要求，扣质量分值的10%。 | | 公开本单位政府信息公开年度报告。 | 3月31日前。 | 按时按要求落实政府信息公开各项制度要求。 | 省政府政府信息公开管理水平。 | 前三年均达到规定要求。 | 《河北省财政厅政府信息公开管理办法》（冀财办［2013］38号）《政府信息公开作业指导书》（ZY101－008－2014）。 | 审核评价。被考评单位按照序时进度或时间节点要求，通过月小结上传政府信息公开年度报告、公开信息移交台账等资料，考评小组审核，形成指标执行数据。 |

续表

| | | | | | | | | | | | | | | |
|---|---|---|---|---|---|---|---|---|---|---|---|---|---|---|
| BM-101-16 | 机要保密 | 全厅保密工作管理；机要文件的接收、登记、加签、送批、运转、日常管理；机要交通、机要通讯等工作。 | 年度型 | 年度 | 40%，按上级通知规定时间，组织保密检查和教育；即时取送、处理各类机要文件。按照时间节点完成得满分。保密检查和教育每延误1项扣时间分值的25%；机要文件处理考评采取抽查方式，抽查不少于5项，每发现1次延误扣时间分值的10%。 | 60%，通过上级保密检查，不发生泄密事件，机要文件台账管理规范，得满分。抽查机要文件不少于5件，每有1件未纳入台账管理的，扣质量分值的10%；在上级保密检查中被通报的，每发生1次扣质量分值的50%；发生泄密事件的，扣质量分值的100%。 | | | | 不发生失泄密问题。 | 省保密局、省政府办公厅机要保密工作情况。 | 以往年度保密工作情况未出现纰漏。 | 《河北省财政厅保密工作管理规定》（冀财办［2006］35号）、《保密工作作业指导书》（ZY101-006-2014）。 | 1. 系统获取。涉密文电传输管理系统获取收文记录清单等资料，考评小组审核，形成指标执行数据。2. 审核评价。被考评单位按照序时进度或时间节点要求，通过月小结上传台账、上级检查和自查通知记录、河北省财政厅涉密文件登记表等资料，考评小组审核，形成指标执行数据。 |
| BM-101-17 | 档案管理 | 厅机关文书档案的收集、整理、归档、利用。 | 年度型 | 年度 | 30%，3月31日前，组织开展档案整理工作；6月30日前，完成档案审核归档。按照时间节点完成得满分，每延误1项扣时间分值的50%。 | 40%，档案管理规范，借阅记录、接收记录、归档记录齐全，得满分。资料每缺少1项，扣质量分值的35%。 | 30%，全部档案纳入台账管理，抽查不少于5件档案，每遗漏1项扣数量分值的20%。 | | | 档案管理达到规定要求。 | 省直单位档案管理最高达到6A等级。 | 档案管理3A等级。 | 《河北省财政厅文书立卷和档案管理办法》（冀财办字［1997］13号）、《文书档案管理作业指导书》（ZY101-007-2014）。 | 审核评价。被考评单位按照序时进度或时间节点要求，通过月小结上传台账、通知、档案案卷、借阅记录、接收记录、归档记录等资料，考评小组审核，形成指标执行数据。 |
| BM-101-54 | 台账管理 | 建立业务管理、工作规程、重大事项、政策法规、先进经验等台账。 | 年度型 | 年度 | | 100%，在历次检查中被评为合格的得满分，每有1次被评为不格的，扣质量分值的（1/检查次数）*100%。 | | | | 主动对接省委省政府决策需求，认真梳理本单位业务政策及财政数据，弄清分类口径、大小口径，及历史水平、当前情况、同行情况，随时更新相关台账。 | 中共陕西省委机关实行台账管理制度，主推年度目标责任考核工作。 | 各单位台账还不够健全，未能发挥作用，有待完善。 | 《河北省财政厅关于印发2016年工作要点及编制2016年绩效计划的通知》（冀财办［2016］12号）。 | 审核评价。办公室、人教处提供各单位台账情况等资料，考评小组审核，形成考评指标执行数据。 |

续表

| | | | | | | | | | | | | | | |
|---|---|---|---|---|---|---|---|---|---|---|---|---|---|---|
| BM－101－18 | 督查督办 | 组织办理上级交办督办事项、厅领导交办督办和厅内会议议定事项。 | 年度型 | 年度 | 30%，督办交办事项立项后（厅领导同意后）1个工作日内，交承办单位办理；到期前3个工作日，进行督导；按照上级要求时间汇总报送督办交办事项办理情况。考评采取抽查方式，各项工作分别抽查不少于5次，按时间节点完成得满分，每项每延误1次扣时间分值的10%。 | 40%，交办事项到期办结率达到90%以上，督办事项到期办结率达到90%以上，进展情况报告正式签批报送，得满分。督办和交办事项办结率每降低1个百分点，扣质量分值的10%。 | 30%，督办事项每年通报不少于2次，交办事项每年通报不少于3次，得满分。每缺少1次，扣数量分值的20%。 | | | 按规定时限、要求办理和反馈交办督办事项。 | 省政府督查室、省委督查室督办事项办理情况。 | 2015年度督办交办事项办结率达到90%以上。 | 《河北省财政厅工作规则》（冀财办［201?］号）、《河北省财政厅督办工作管理办法》（冀财办［2015］6号）、《督查督办作业指导书》（ZY101－003－2014）。 | 1. 系统获取。办公（OA）系统获取交办单、督办记录和签报文件等资料，考评小组审核，形成指标执行数据。2. 审核评价。被考评单位按照序时进度和时间节点要求，通过月小结上传通知、台账、签报文件、办理情况报告等资料，考评小组审核，形成指标执行数据。 |
| BM－101－19 | 人大建议和政协提案承办 | 做好承办人大代表建议和政协提案。 | 年度型 | 年度 | 40%，收到人大代表建议和政协提案5个工作日内，拟定办理通知、分办意见并送交承办单位；答复、会办意见经分管厅领导审签后5个工作日内，组织统一编号、印制；印制完成后2个工作日内，送省政府办公厅审核；省政府办公厅审核后5个工作日内，完成答复和会办意见寄送。考评采取抽查方式，每项事项抽查不少于5次，按时间节点完成得满分，每项每延误1次扣时间分值的5%。 | 60%，办复率、代表委员满意率和走访率均达到90%以上，得满分。有1项未达到要求，扣质量分值的35%。 | | | | 按时按要求办理和答复。 | 省政府办公厅、省发展改革委承办工作情况。 | 近三年办复率、代表委员满意率和走访率均达到85%以上。 | 《河北省人民政府办公厅关于印发2015年人大代表建议政协提案办理要求的通知》（冀政办字［2015］4号）、《人大代表建议和政协提案办理作业指导书》（ZY101－005－2014）。 | 审核评价。被考评单位按照序时进度和时间节点要求，通过月小结上传签报、通知、台账、存档资料、征询意见表、走访证明等资料，考评小组审核，形成指标执行数据。 |

续表

| | | | | | | | | | | | | | | |
|---|---|---|---|---|---|---|---|---|---|---|---|---|---|---|
| BM－101－20 | 信访及应急管理 | 上级交办和厅受理的群众来信来访分办督导；组织突发和群体性事件应对工作。 | 年度型 | 年度 | 40%，即时接待群众来访事项；来信来访事项1个工作日内，提出分办意见；提前2个工作日，督促到期信访事项；即时组织应对突发和群体性事件。考评采用抽查方式，每项抽查不少于5次，按照时间节点完成得满分，每延误1次扣时间分值的5%。 | 60%，实名信访办复率达到90%的，得满分，每降低1个百分点扣质量分值的20%。 | | | | 妥善处理财政工作信访应急事项。 | 省信访局信访应急事项办理。 | 以往年度信访应急组织工作办复率均达到90%以上。 | 《河北省财政厅信访接待办理办法》（冀财办［2013］37号）、《关于进一步规范信访接待和办理工作的通知》（冀财办［2014］13号）《信访工作作业指导书》（ZY101－004－2014）。 | 审核评价。被考评单位按照序时进度和时间节点要求，通过月小结上传台账、分办单、通知记录等资料，考评小组审核，形成指标执行数据。 |
| BM－101－21 | 人大代表政协委员沟通联络 | 多方面组织开展与人大代表政协委员的沟通互动，广泛征求代表意见。 | 年度型 | 年度 | 60%，走访座谈记录、联络代表有关文件、走访复查表、人大代表培训通知、采访稿等资料齐全，保存完整，得满分。 | 40%，组织厅领导赴各市走访代表委员，联络代表委员人数不低于60人；确定省人大各代表团联络代表，联络代表人数不低于20人；组织各承办处室赴主办件代表委员所在地进行承办复查，走访人数不低于25人；配合新闻中心对代表委员进行专访或约稿；组织建议提案开门办案，活动不少于3项。组织向代表赠阅《中国财经报》《政府支出与采购》等资料。组织活动次数达不到以上数量，每少一项扣质量分值的20%。 | | | | | 无、 | 河北省财政厅关于印发《加强财政部门与人大代表沟通联络的指导意见》的通知（冀财办［2015］76号）。 | 审核考评。被考评单位按照序时进度和时间节点要求，通过月小结上传记录纪要、走访卡、开门办案记录等资料，考评小组审核，形成指标执行数据。 | |

续表

| | | | | | | | | | | | | | | |
|---|---|---|---|---|---|---|---|---|---|---|---|---|---|---|
| BM-101-28 | 标准化绩效管理 | 组织厅内各单位绩效管理体系运行。 | 年度型 | 年度 | 40%，厅内工作要点下发后5个工作日，下发编制2016年绩效计划的通知；3月31日前，组完成2016年度绩效计划编制工作；4月30日前、7月31日前、10月31日前组织完成前三季度考评；12月31日前印发年度考评实施方案。按照时间节点完成得满分，每延误1项扣时间分值的17%。 | 60%，2016年绩效计划正式录入绩效管理系统，按照规定要求开展绩效监控、绩效考评，考评方案、考评报告等工作记录和档案完备，得满分。每有1项未完成，扣质量分值的25%。 | | 1. 下发编制2016年绩效计划的通知；2. 组织完成2016年度绩效计划编制工作；3. 第一季度考评；4. 第二季度考评；5. 第三季度考评；6. 印发考实施方案。 | 厅内工作要点下发后5个工作日；2. 3月31日；3. 4月30日；4. 7月31日；5. 10月31日；6. 12月31日。 | 全厅绩效管理体系规范运行。 | 监察部、国家税务总局、省地税局建立和实施了规范的绩效管理。 | 2015年我厅完善了行政绩效管理机制。 | 《河北省财政厅关于推进绩效管理的实施方案》（冀财办［2014］8号）。 | 1. 系统获取。从绩效管理系统获取联系厅内各单位指标录入、工作记录等资料，考评小组审核，形成指标执行数据。2. 审核评价。被考评单位按照序时进度和时间节点要求，通过月小结上传组织联系厅内各单位开展2015年度绩效计划编制通知等资料，考评小组审核，形成指标执行数据。 |

## 人事教育类（18项）

机关职能转变、分事行权分岗设权分级授权及定期轮岗试点、基层锻炼帮扶、干部选拔任用、能上能下机制建设、干部招录、干部调配、干部考核、干部监督管理、干部工资管理、人事档案专项审核、干部日常管理、先进典型宣传培树、阳光热线、“行动学习”组织、“三比”活动组织、培训组织和评估、培训管理。

具体指标见表附-2。

**表附－2　内部管理人事教育类指标案例表（18项）**

| 指标编码 | 指标名称 | 指标释义 | 指标类型 | 考评周期 | 考评标准及评价方法 | | 计划节点 | | 标准依据 | | | | | 数据来源 |
|---|---|---|---|---|---|---|---|---|---|---|---|---|---|---|
| | | | | | 时间方面 | 质量方面 | 数量方面 | 节点 | 完成时间 | 上级要求 | 同行先进 | 历史水平 | 文件依据 | |
| BM－102－01 | 机关职能转变 | 优化内设机构，推进机关职能转变。 | 年度型 | 年度 | 40%，按照省委统一时限要求，制定厅机关内设机构职责调整优化方案并组织实施，推进机关职能转变。按照省里规定时间节点完成得满分，发生延误扣时间分值的100%。 | 60%，厅机关内设机构职责调整方案经厅长办公会研究通过或厅领导审签通过满分。未达到要求扣质量分值的100%。 | | 制定厅机关内设机构职责调整方案。 | 省委规定时间。 | 省委作风整顿动员会指出：精简内设机构，优化职能职责。 | 省委办公厅、省委组织部、农业厅、国土厅是试点单位。 | 2015新成立2个处，更名1个处，调整有关职能，理顺工作分工，印发关于内设机构和职责调整实施方案。 | 克志书记在省直作风整顿年动员大会上的讲话。 | 审核评价。被考评单位按照序时进度和时间节点要求，通过月小结上传领导签批或文件，考评小组复核，形成指标执行数据。 |
| BM－102－02 | 分事行权、分岗设权、分级授权及定期轮岗试点 | 加强对厅内部权力的制约，对财政资金分配使用、国有资产监管、政府采购等权力集中的处室和岗位实行分事行权、分岗设权，分级授权，定期轮岗，强化内部流程控制，防止权力滥用。 | 阶段型 | 年度 | 40%，按照省里统一要求，起草制定我厅分事行权、分岗设权、分级授权及定期轮岗的试点方案，并组织实施。按时间节点完成得满分，发生延误扣时间分值的100%。 | 60%，试点方案经厅领导同意签发，得满分。未签发扣质量分值的100%。 | | 起草制定试点方案。 | 全省统一要求时间。 | 2016年3月底前出台试点方案，并组织实施。 | 省商务厅。 | | 《河北省人民政府办公厅印发关于推进省政府部门分事行权分岗设权分级授权及定期轮岗试点方案的通知》。 | 审核评价。被考评单位按照时间节点要求，通过月小结上传试点方案，考评小组审核，形成指标考评数据。 |
| BM－102－03 | 基层锻炼帮扶。 | 有计划多途径安排干部基层锻炼。 | 年度型 | 年度 | 40%，1月22日前，经党组研究确定精准扶贫驻村干部人选并报组织部；2月25日前召开动员会，印发通知就厅内各单位支持扶贫工作，强化纪律约束提出要求；2月22日前，经厅党组研究确定挂职副县长人选并报组织部。按照时间节点完成得满分，每发生1次延误扣时间分值的35%。 | 40%，精准扶贫驻村干部经厅党组研究通过；挂职干部人选经厅党组研究通过；起草厅长在动员会上的讲话。每有1项未达要求，扣质量分值的35%。 | 20%，在厅外刊物刊发我厅精准扶贫做法2篇以上。每少1篇，扣数量分值的50%。 | 确定报送驻村人选召开动员会印发支持驻村工作通知确定报送挂职人选。 | 1月22日；2月25日；2月22日。 | 实施精准扶贫加强干部锻炼。 | 财政部凡新录用人员均选派到市县挂职培养锻炼。 | 2015年选派18人参加美丽乡村建设驻村帮扶。 | 省委关于加强扶贫帮扶工作的通知。 | 审核评价。被考评单位按照序时进度和时间节点要求，通过月小结上传下基层人员名单、扶贫帮扶人员名单、来厅锻炼方案，领导签批，考评小组审核，形成指标考评数据。 |

续表

| | | | | | | | | | | | | | | |
|---|---|---|---|---|---|---|---|---|---|---|---|---|---|---|
| BM－102－04 | 干部选拔任用 | 完善“以德为先、绩效导向、综合评价”选人用人机制。 | 年度型 | 年度 | 40%，按照厅党组要求，修订“一个意见两个办法”；按照厅党组要求，制定选拔任用实施方案。按照时间节点完成得满分，每发生1次延误扣时间分值的50%。 | 60%，修订意见经厅领导审签通过；实施方案经厅领导审签通过。每有一项未达到要求扣质量分值的50%。 | | 修订一个意见两个办法制定选拔任用实施方案。 | 按照厅党组要求。 | 不断改进完善选人用人机制。 | 多个省直单位来我厅考察学习选人用人机制。 | 2015年在全省组织工作会议上做典型发言。 | 中央省委关于深化干部人事制度改革一系列文件。 | 审核评价。被考评单位按照序时进度和时间节点要求，通过月小结上传领导签批或文件，考评小组复核，形成指标执行数据。 |
| BM－102－05 | 能上能下机制建设 | 建立能上能下用人机制，年底向省委报告能上能下，特别是能下的情况。 | 年度型 | 年度 | 40%，3月31日前，报送关于推进领导干部能上能下工作的情况汇报；根据省委要求的时限，报告能上能下特别是能下的情况。按照时间节点完成得满分，每发生1次延误扣时间分值的50%。 | 60%，建立能上能下机制，特别是能下，年底报告经厅领导审签通过得满分，未审签通过扣质量分值的100%。 | | 向省委组织部报送情况报告向省委报告。 | 3月31日。 | 省委要求的时限<br>建立能上能下用人机制，年底向省委报告能上能下，特别是能下的情况。 | 无 | 新增事项。 | 省委推作风整顿推进意见。 | 审核评价。被考评单位按照序时进度和时间节点要求，通过月小结上传领导签批或文件，考评小组复核，形成指标执行数据。 |
| BM－102－07 | 干部招录 | 公开招录公务员，补充工作力量。 | 年度型 | 年度 | 40%，1月30日前制定招录计划；5月31日前完成网上报名、资格审核工作；6月30日前完成笔试面试工作；8月31日前完成体检、考察工作、党组会研究、报公务员局审核，确定人员名单。按照时间节点完成得满分，每发生1次延误扣时间分值的25%。 | 60%，招录计划经厅领导审签通过。人员名单经省公务员局审核通过。每有一项未达到要求扣质量分值的50%。 | | 制定招录计划确定人员名单。 | 1月30日；5月31日；6月30日；8月31日。 | 公开公平公正。 | 省公务员局政策把握准、程序要求严。 | 2015年招录14名公务员、12名事业单位人员、遴选16名公务员。 | | 审核评价。被考评单位按照序时进度和时间节点要求，通过月小结上传领导签批、人员名单公示，考评小组复核，形成指标执行数据。 |

续表

| | | | | | | | | | | | | | | |
|---|---|---|---|---|---|---|---|---|---|---|---|---|---|---|
| BM－102－08 | 干部调配 | 优化干部配备，稳步推进干部轮岗交流。 | 年度型 | 年度 | 40%，根据工作需要和厅党组时限要求，提出干部轮岗交流方案；厅领导批准并经组织人事部门沟通同意后，3个工作日内依序启动任职备案、申报增人卡、办理调任或调令手续。按照时间节点完成得满分，每延误1次扣时间分值的25%。 | 60%，轮岗方案通过厅领导审批或党组研究，得满分，未通过扣质量分值的100%。 | | 干部轮岗交流。 | 根据厅党组要求和工作需要。 | 严格按照省委组织部、省人社厅规定的程序进行。 | 省委组织部、省人社厅。 | 2015年轮岗交流32名。 | 省公务员局《干部轮岗交流办法》、省财政厅《关于建立“以德为先、绩效导向、综合评价”选人用人机制的意见》及干部管理相关政策。 | 审核评价。被考评单位按照序时进度和时间节点要求，通过月小结上传领导签批或党组决定、任职备案文件，考评小组审核，形成指标考评数据。 |
| BM－102－09 | 干部考核 | 做好省管干部考核和全厅干部职工年度考核相关工作，进一步完善考核办法，做好干部职工德勤考核评价工作。 | 年度型 | 年度 | 40%，按照省委考核组的时间要求，完成厅领导班子和省管干部年度考核组织准备和实施工作；4月30日前完成年度综合考评工作。按照时间节点完成得满分，每延误1项扣时间分值的50%。 | 60%，省管干部年度考核材料、2015年度省管干部考核人员建议名单、相关测评表等资料齐全，完成年度考核、表彰决定、电子备案等工作，得满分，每有一项未达到要求，扣质量的分值的50%。 | | 1.完成厅领导班子和省管干部年度考核组织准备和实施工作；2.完成年度综合考评工作。 | 1.按照省委考核组的时间要求；2.4月30日前。 | 上级要求4月底完成。 | 学习省委组织部考核做法。 | 未出现过任何纰漏。 | 公务员法、公务员考核规定。 | 审核评价。被考评单位按照序时进度和时间节点要求，通过月小结上传制定科学规范的考核工作安排，完成年度考核、备案资料，省管干部年度考核材料、2015年度省管干部考核人员建议名单、相关测评表等资料，考评小组审核，形成指标考评数据。 |

续表

| | | | | | | | | | | | | | | |
|---|---|---|---|---|---|---|---|---|---|---|---|---|---|---|
| BM-102-10 | 干部监督管理 | 全面贯彻落实中央、省委有关文件精神，承担完成领导干部个人事项，收集汇总领导干部兼职信息。 | 年度型 | 年度 | 40%，按照省委组织部通知的时间要求，申报领导干部个人事项和抽查核实工作；1月30日前完成公务员、参公人员统计数据及说明材料报省委组织部、省人社厅；4月30日前完成事业单位工作人员、事业单位岗位统计年报报省人社厅。按照时间节点完成得满分，每发生1次延误扣时间分值的20%。 | 60%，公务员报表经厅领导审签；事业单位报表经厅领导审签；领导干部个人事项申报成功、抽查核实工作通过，得满分。每有1项未达要求，扣质量分值的35%。 | | 公务员、参公人员统计；事业单位工作人员统计。 | 4月30日；4月30日。 | 为干部管理做好基础性工作，为厅党组实施干部管理提供基础数据。 | 省委组织部管理规范严格。 | 2015年完成公务员信息库基础信息录入；2015年度优秀公务员、参公统计单位。 | 省委组织部《关于进一步做好领导干部报告个人有关事项工作的通知》、《省公务员局关于做好公务员信息库建设的通知》。 | 审核评价。被考评单位按照序时进度和时间节点要求，通过月小结上传报表签批，考评小组审核，形成指标考评数据。 |
| BM-102-11 | 干部工资管理 | 根据国家及我省政策，做好我厅工作人员工资改革方案测算落实工作和机关事业单位工作人员工资日常管理工作。 | 年度型 | 年度 | 60%，接到人社厅工资或津补贴调整通知、干部备案手续后15个工作日内，起草调整方案报人社厅；人社厅审批通过后20个工作日内，开具工资通知单报机关财务。每有一项未按时完成扣时间分值10%。 | 40%，全部工资调整方案得到落实得满分。每有1项未达到要求，扣质量分值的10%。 | | 起草调整方案报人社厅；开具工资通知单报机关财务。 | 接到人社厅工资或津补贴调整通知、干部备案手续后15个工作日内；人社厅审批通过后20个工作日内。 | 省政府及相关部门有关工作要求。 | 省人社厅等部门。 | 及时准确完成，无延误，无差错。 | 国家和我省相关政策。 | 审核评价。被考评单位按照序时进度和时间节点要求，通过月小结上传工资津补贴审批方案及福利待遇调整方案、工资通知单等材料，考评小组审核，形成指标考评数据。 |

续表

| | | | | | | | | | | | | | | |
|---|---|---|---|---|---|---|---|---|---|---|---|---|---|---|
| BM－102－12 | 人事档案专项审核 | 完成档案专项审核，完善干部信息，加强档案日常管理。 | 年度型 | 年度 | 40%，4月15日前，参照省管干部认定意见和新定政策，制定我厅认定理意见并提交厅党组会研究；4月20日前第一次提交党组会，对“三龄两历”基本一致的研究认定；6月30日前，提交党组会研究认定其他情况；7月30日前完善干部信息，更新远程调阅系统；8月30日前，梳理流程，制定印发档案管理配套制度。按照时间节点完成得满分，每发生1次延误扣时间分值的20%。 | 60%，按照新定政策，对全厅干部档案进行再梳理，逐人填写审核登记表（20余项信息）；逐人填写审核专用任免表；认定处理意见党组会研究通过；配套管理制度正式印发。每有1项未达要求，扣质量分值的35%。 | | 制定认定处理意见并提交党组会议研究第一次上会研究第二次上会研究完善信息更新系统制定印发配套制度。 | 4月15日；4月20日；6月30日；7月30日；8月30日。 | 严格档案管理。 | 省委组织部制定了严格完善的档案转递、档案审核、档案借阅等管理制度；干部档案全部数字化。 | 2015年全厅干部档案全部升级A4规制，完成了初步核查；2015年干部信息远程调阅上线运行。 | 中组部关于加强档案管理的规定。 | 审核评价。被考评单位按照序时进度和时间节点要求，通过月小结上传领导签批或正式文件，考评小组审核，形成指标考评数据。 |
| BM－102－13 | 干部日常管理 | 办理退休、辞职、请休假、出国（境）、计划生育、事业单位岗位聘用管理、专业技术资格和工勤技能等级考核评审等手续，规范干部职工日常管理。 | 年度型 | 年度 | 40%，退休人员到龄前1个月内事前谈话、到龄后1个月内完成手续审核报批；接请休假申请后5个工作日内完成审批备案手续；接出国境人员申请5个工作日内完成审核备案；接生育二胎申请15个工作日内完成公示、出具证明，每延误1项扣基础分值的10%。 | 60%，按照国家及我省相关政策办理，违反规定办理扣质量分值的100%。 | | 辞职、退休手续报批；请休假审批备案；出国境人员备案；计划生育公示、证明等。 | 12月31日。 | 国家及我省有关规定。 | 省委组织部、省人社厅等。 | 及时准确完成，无延误，无差错，无违规。 | 国家和我省相关政策。 | 审核评价。被考核部门提供退休审批方案、请休假审批表、出国境人员审核备案表及计划生育公示、证明等材料，考评小组审核，形成指标考评数据。 |
| BM－102－14 | 先进典型宣传培树 | 按照财政部和我省“双先”的评选结果，大力宣传和培树先进典型。 | 阶段型 | 年度 | 60%，对先进集体和先进个人的先进事迹进行再挖掘宣传7篇高质量的稿件，每有一项达不到要求，扣质量值的50%。 | 40%，宣传挖掘不少于7篇以上宣传稿件。按数量要求完成得满分，每有一项为完成扣数量得分的20%。 | | | | 财政部关于“双先”后期宣传活动有关要求。 | 河北省财政厅2010年“双先”评比。 | 2010年（5年一次）进行了部分典型的宣传报道。 | | 审核评价。被考评单位按照质量和数量要求，通过月小结上传提供对外宣传的文件等资料，考评小组审核，形成指标考评数据。 |

续表

| BM－102－15 | 阳光热线 | 扎实组织开展好我厅的阳光热线、阳光理政工作。 | 年度型 | 年度 | 40%，按照省委有关职能部门通知的时间要求，做好每一期阳光热线活动，每期均要报厅领导审定，按时完成得满分，未按时完成扣时间分值的100%。 | 60%，全省阳光热线答复率100%，得满分。每降低一个名次扣质量分值的20%。 |  | 起草我厅阳光热线安排方案，组织开展好阳光热线有关活动。 | 12月31日。 | 省民评办和厅党组要求。 | 发改委每年答复完成率在100%。 | 以前答复完成率为100%。 |  | 审核评价。被考评单位按照序时进度和时间节点要求，通过月小结上传工作结果、情况报告等资料，考评小组审核，形成指标考评数据。 |
|---|---|---|---|---|---|---|---|---|---|---|---|---|---|---|
| BM－102－16 | “行动学习”组织 | 组织推行“行动学习”，在干中学、学中干，着力提升解决问题的能力。 | 年度型 | 年度 | 40%，6月底前制定完成全厅“行动学习”方案并报厅领导审阅，得满分，未完成不得分。 | 60%，方案制定紧贴当前财政工作实际，突出问题导向，具有较高的可操作性，“行动学习”方案正式印发并组织实施得满分，每达不到上述一方面要求，扣质量分值的35%。 |  | 制定完成全厅“行动学习”方案并报厅领导审阅。 | 6月30日前。 | 组织推行行动学习，在干中学、学中干，对准问题，团体研讨，提升解决问题的能力。 | 司法厅开展行动学习的水平。 |  | 《河北省2016年财政工作要点》、《干部教育培训工作条例》。 | 审核评价。被考评单位按照序时进度和时间节点要求，通过月小结上传全厅“行动学习”方案及厅长批示等资料，单位领导审核，考评小组复核，形成指标考评数据。 |

续表

| | | | | | | | | | | | | | |
|---|---|---|---|---|---|---|---|---|---|---|---|---|---|
| BM-102-17 | “三比”活动组织 | 继续深化“三比”活动，加强岗位练兵，组织省级业务能手评选活动，制定2016年度计划，引导广大干部学本领、长才干。 | 年度型 | 年度 | 30%，6月底前组织全厅单位开展岗位练兵活动；8月份前，制定完成2016年度“三比”活动方案并报厅长审阅；10月底前制定完成全省财政系统业务能手选拔方案并报厅长审阅；12月底前组织开展全省财政系统“业务能手”选拔工作和省级综合能力高手、业务工作能手选拔组织工作，全完成得满分，每延误1项扣时间分值的25%。 | 40%，各项活动开展过程中，积极组织督导推进，评选出业务能手，并进行通报表彰；2016年度“三比”活动实施方案正式印发；严把交流文章质量，不合规的一律退回；每有1方面达不到要求，扣质量分值的25%。 | 30%，选拔省级业务能手不少于30名的业务能手；省厅各单位、市县提交的文章全部进行审核。每有1方面达不到要求，扣数量分值的50%。 | 组织全厅单位开展岗位练兵活动并报厅长审阅制定完成2016年度“三比”活动方案并报厅长审阅制定完成省级“业务能手”选拔方案并报厅领导审阅组织开展全省财政系统“业务能手”选拔工作和省级综合能力高手、业务工作能手选拔组织工作。 | 6月30日前；8月30日前；10月30日前；12月30日前。 | 加强财政干部队伍建设，提升财政干部的综合素质和履职能力，全面推进财政改革。 | | 2015年组织全省财政系统“业务能手”选拔工作水平。 | 《河北省财政厅关于在全省财政系统开展“三比”活动的意见》；《2015年度“三比”活动实施方案》。 | 审核评价。被考评单位提供《岗位练兵月方案》《省级“业务能手”选拔方案》《2016年度“三比”活动方案》。网上交流平台记录等资料，考评小组审核，形成指标考评数据。 |

续表

| | | | | | | | | | | | | | |
|---|---|---|---|---|---|---|---|---|---|---|---|---|---|
| BM-102-18 | 培训组织和评估 | 按照项目绩效管理原则核定全年培训班计划，组织举办各类培训班、财政大讲堂、网络教育培训及干部调训工作，做好培训评估工作。 | 年度型 | 年度 | 30%，1月25日前，将2015年我省财政系统干部教育培训工作自评报告、统计报表及相关佐证材料上报财政部；4月15日前，核定完成全厅培训计划并提交厅领导审定；按照财政部、省委组织部、省人社厅相关调训通知要求时间完成调训人员选派工作；按照时间节点完成得满分，每延误1次扣时间分值的20%。 | 30%，培训计划制定突出问题导向和绩效原则，组织实施培训计划并做好评估工作；财政部干教工作评比中，进入前3名。每有1项未达到要求扣质量分值的25%。 | 40%，组织举办不少于6期财政大讲堂；制作上传网络学习课件不少于200门，都完成得满分，每有一项达不到要求，扣时间分值的50%。 | 将2015年我省财政系统干部教育培训工作自评报告上报财政部。<br>核定完成全厅培训计划并提交厅领导审定。 | 1月25日前；<br>4月15日前。 | 指导财政干部教育培训工作，增强教育培训工作的针对性、时效性，提高财政干部能力素质。 | 省委组织部干训处培训教育工作管理水。 | 2015年财政部干教工作评比第一名。 | 《河北省财政厅2015年培训计划》《河北省财政厅干部教育培训管理办法》《河北省财政厅培训班管理办法》《财政部干部教育中心2016年工作要点》。 | 审核评价。被考核部门提供培训计划，有关处室单位办班申请、会签意见；我处（中心）举办的培训班请示、通知；财政大讲堂请示、通知等资料，考评小组审核，形成指标考评数据。 |

续表

| | | | | | | | | | | | | | |
|---|---|---|---|---|---|---|---|---|---|---|---|---|---|
| BM－102－19 | 培训管理 | 做好全厅干部教育培训档案管理信息系统和师资库管理信息系统组织开发工作；做好干部学历教育管理工作；配发学习资料。 | 年度型 | 年度 | 40%，7月底前提出全厅干部教育培训档案管理信息系统和师资库管理信息系统需求方案，11月底前组织开发完成全厅干部教育培训档案管理信息系统和师资库管理信息系统；在接到在职人员参加继续教育申请之日起5个工作日内完成审核工作，按照时间节点完成得满分，每有一项达不到要求扣时间分值的20%。 | 30%，学历教育申请请示、签报文件等资料齐全，得满分，每有1项未达到要求扣质量分值的50%。 | 30%配发图书学习资料不少于10本（期），每少1本（期）扣数量分值的10%。 | 提出全厅干部教育培训档案管理信息系统和师资库管理信息系统需求方案组织开发完成教育培训档案管理信息系统和师资库管理信息系统完成学历教育申请审核工作。 | 7月30日前11月30日前接到职在人员参加学历教育申请之日起5个工作日内。 | 不断提高干部教育培训工作管理水平，增强教育培训工作的针对性、实效性。 | 财政部师资库建设情况。 | 审核相关人员学历教育3人次。 | 《河北省财政厅干部教育培训管理办法》《河北省财政厅培训班管理办法》《干部教育培训工作条例》《河北省财政厅关于贯彻落实〈2010—2020年干部教育培训改革纲要〉的实施意见》《河北省财政厅在职人员参加研究生学历学位教育管理办法》。 | 审核评价。被考评单位按照序时进度和时间节点要求，通过月小结上传全厅干部职工教育培训档案管理信息系统、干部教育培训师资库管理信息系统和培训管理信息交流平台相关资料，被考核部门提供学习资料和配发清单，学历教育签报文件、申请请示等资料，单位领导审核，考评小组复核，形成指标考评数据。 |

# 机关党建类（18项）

解放思想大讨论、机关作风整顿、作风评议、省级机关文明大院创建、政治理论学习、民主生活会组织、党支部组织生活会组织、机关党建工作责任落实机制、党员阵地建设、党组织和党员管理、年度民主评议、党风廉政建设主体责任落实、党风廉政建设主体责任和监督责任落实机制、党风廉政建设权力运行风险防控机制建设、《准则》和《条例》两部法规的学习贯彻落实、廉政教育和廉政文化建设、大型文体活动开展、帮扶关爱。

具体指标见表附－3。

**表附－3　内部管理机关党建类指标案例表（18 项）**

| 指标编码 | 指标名称 | 指标释义 | 指标类型 | 考评周期 | 考评标准及评价方法 | | 计划节点 | | | 标准依据 | | | | 数据来源 |
|---|---|---|---|---|---|---|---|---|---|---|---|---|---|---|
| | | | | | 时间方面 | 质量方面 | 数量方面 | 节点 | 完成时间 | 上级要求 | 同行先进 | 历史水平 | 文件依据 | |
| BM－133－01 | 解放思想大讨论 | 做好我厅解放思想大讨论组织推动工作。 | 年度型 | 年度 | 40%，按照上级要求时间，完成我厅解放思想大讨论工作任务。按时间节点完成得满分，每延误1项扣时间分值的（100/X）%。 | 60%，献良策通知及报送材料、一招鲜情况、专题研讨交流记录、督导通知等资料齐全，得满分。每缺少1项扣质量分值的(100/X)%。 | | 完成我厅大讨论。 | 按照上级要求时间。 | 做好解放思想大讨论组织工作。 | 省直工委解放思想大讨论组织。 | 2013年解放思想大讨论。 | 关于印发《省直单位“解放思想、抢抓机遇、奋发作为、协同发展”大讨论实施方案》的通知，CX08－2016党务政工控制程序。 | 审核评价。被考评单位按照序时进度和时间节点要求，通过月小结上传上级要求文件、献良策通知及报送材料、一招鲜情况、专题研讨交流记录、督导通知等证明材料，考评小组审核，形成考评指标执行数据。 |

续表

| | | | | | | | | | | | | | | |
|---|---|---|---|---|---|---|---|---|---|---|---|---|---|---|
| BM－133－02 | 机关作风整顿 | 指导厅内各单位开展机关作风整顿工作。 | 年度型 | 年度 | 40%，2月29日前，完成起草厅作风整顿实施方案、作风整顿推进方案、作风评议工作方案，经厅长签字后报主管省领导；3月31日前，指导组织厅行政审批大厅实行“四零”承诺服务；4月30日前，组织全厅作风情况问卷调查，进行征求意见；4月30日前，结合“三严三实”专题民主生活会查摆到的问题、征求到的意见建议，开展“七查七看”；6月30日前，召开《知之深、爱之切》读书研讨会；7月31日前，前围绕“八破八立”中每一破一立，开展八个专题研讨；12月15日前，采取专项督查、随机抽查和会议调度等形式，加强对活动开展情况的监督检查。按照时间节点完成得满分，每延误1次扣时间分值的10%。 | 60%，作风整顿实施方案、作风整顿推进方案、作风评议工作方案，全厅作风情况问卷调查，“七查七看”通知，“八破八立”专题研讨记录，《知之深、爱之切》读书研讨会记录，厅作风整顿督导检查通知等资料齐全得满分，每缺少1项扣质量分值的10%。 | | “三个方案”起草指导组织厅行政审批大厅实行“四零”承诺服务作风情况问卷调查开展“七查七看”召开《知之深、爱之切》读书研讨会围绕“八破八立”专题研讨进行监督检查。 | 2月29日前；3月31日前；4月30日前；4月30日前；6月30日前；7月31日前；12月15日前。 | 落实全面从严治党要求，大力整治“为官不为”问题，开展为期一年的作风整顿，推动中央和省委、省政府重大决策部署的贯彻落实，更广泛更有效地调动干部队伍积极性，以实干实政打好河北经济社会发展翻身仗。 | 省直工委作风整顿组织。 | 首创。 | 省委、省政府关于开展省级机关作风整顿的意见，CX08－2016党务政工控制程序。 | 审核评价。被考评单位按照序时进度和时间节点要求，通过月小结上传作风整顿实施方案、作风整顿推进方案、作风评议工作方案，全厅作风情况问卷调查，“七查七看”通知，“八破八立”专题研讨记录，《知之深、爱之切》读书研讨会记录，厅作风整顿督导检查通知等证明材料，考评小组审核，形成考评指标执行数据。 |

续表

| | | | | | | | | | | | | | | |
|---|---|---|---|---|---|---|---|---|---|---|---|---|---|---|
| BM－133－03 | 作风评议 | 做好我厅作风公开评议相关工作。 | 年度型 | 年度 | 40%，3月31日前，建立我厅作风问题举报平台；在工作日，做好举报电话登记、举报邮件查收等举报线索受理工作，并按有关规定及时办理移交；按照省评议办要求时间，做好评议组织工作。按照时间节点完成得满分，每延误1次扣时间分值的(100/X)%。 | 60%，作风问题举报平台正式建立，举报电话、举报邮件登记记录、问题线索转交记录，向省评议办提供材料等资料齐全得满分，每缺少1项扣质量分值的(100/X)%。 | | 建立作风问题举报平台。 | 3月31日前。 | 做好作风公开评议工作。 | 省直工委作风评议。 | 首创。 | 省委、省政府关于开展省级机关作风整顿的意见，CX08－2016党务政工控制程序。 | 审核评价。被考评单位按照序时进度和时间节点要求，通过月小结上传作风问题举报平台正式建立，举报电话、举报邮件登记记录、问题线索转交记录，向省评议办提供材料等证明材料，考评小组审核，形成考评指标执行数据。 |
| BM－133－05 | 省级机关文明大院创建 | 创新活动载体，丰富机关文化生活；提炼财政精神，营造向上向善的绩效文化氛围，创建省级机关文明大院。 | 年度型 | 年度 | 40%，4月30日前，完成创建省级机关文明大院部署；按上级要求时间，接受文明大院联查。按照时间节点完成得满分，每延误1次扣时间分值的50%。 | 60%，完成创建省级机关文明大院工作方案制定，得满分，未完成扣质量分值的100%。 | | 完成创建省级机关文明大院部署。 | 4月30日前。 | 做好省级文明大院创建。 | 省委、省政府文明大院创建。 | 首创。 | 省直工委《关于在省级机关创建文明大院的通知》（冀直字［2016］5号），CX08－2016党务政工控制程序。 | 审核评价。被考评单位按照序时进度和时间节点要求，通过月小结上传创建文明大院部署通知、上级通报等证明材料，考评小组审核，形成考评指标执行数据。 |
| BM－133－04 | 政治理论学习 | 组织开展政治理论学习。 | 日常型 | 季度 | 40%，厅党组理论中心组学习，每月结束前提出学习安排。党支部和党员学习，按上级要求和我厅工作实际完成学习组织。按照时间节点完成得满分，每延误1次扣时间分值的(100/X)%。 | 60%，中心组学习每月有计划、学习有记录、学后有反馈、年初总结上年度学习情况，学习资料齐全；党支部和党员学习相关资料齐全（省直工委学习通知或安排、组织厅内各党支部进行学习的通知或安排等），得满分。每缺少1项扣质量分值的10%。 | | 中心组学习组织党支部和党员学习。 | 每月结束前按厅长要求或按上级要求时间。 | 充分发挥党组（党委）中心组“龙头”带动作用。扎实推进学习型党组织建设。 | 省直“十佳学习型党组织”。 | 我厅党组中心组被评为“2014年度省直‘十佳’党组中心组”。 | 《关于省直部门党组（党委）中心组学习管理办法（试行）》《河北省省直机关推进学习型党组织建设考评意见》（冀直发［2012］1号），ZY133－004－2016理论中心组学习作业指导书。 | 审核评价。被考评单位按照序时进度和时间节点要求，通过月小结上传学习计划、学习记录、学习反馈、学习总结，学习资料等资料，党支部和党员学习相关资料（省直工委学习通知或安排、组织厅内各党支部进行学习的通知或安排等）等证明材料，考评小组审核，形成考评指标执行数据。 |

续表

| | | | | | | | | | | | | | | |
|---|---|---|---|---|---|---|---|---|---|---|---|---|---|---|
| BM－133－06 | 民主生活会组织 | 组织2016年度厅领导班子专题民主生活会，制定2015年度民主生活会《问题整改清单》。 | 阶段型 | 年度 | 40%，4月10日前，起草2015年度厅领导班子民主生活会《问题整改清单》，呈报厅领导班子成员征求意见；按上级要求组织开展2016年度民主生活会。按照时间节点完成得满分，每延误1次扣时间分值的50%。 | 60%，《工作方案》、会议记录、会议情况报告等资料齐全，《问题整改清单》经厅领导同意，得满分。每缺少一项或未完成扣质量分值的25%。 | | | | 开好民主生活会，落实民主生活会整改任务。 | 省委常委专题民主生活会。 | 上年度民主生活会受到领导肯定。 | 转发中央纪委机关、中央组织部《关于开好"三严三实"专题民主生活会的通知》的通知（冀组字【2015】57号），ZY133－005－2016民主生活会作业指导书。 | 审核评价。被考评单位按照序时进度和时间节点要求，通过月小结上传《工作方案》、会议记录、会议情况报告等证明材料，考评小组审核，形成考评指标执行数据。 |
| BM－133－07 | 党支部组织生活会组织 | 按照上级要求，组织各党支部召开组织生活会。 | 阶段型 | 年度 | 40%，按上级要求时间，组织各党支部召开组织生活会。按照时间节点完成得满分，未达到要求的扣时间分值的100%。 | 60%，组织召开组织生活会的通知、各党支部报送的材料等资料齐全，得满分。每缺少一项或未完成扣质量分值的25%。 | | 组织各党支部召开组织生活会。 | 按上级要求时间。 | 严格党内政治生活。 | 省直工委组织生活会组织。 | "严格党内政治生活年"活动。 | 《中国共产党党和国家机关基层组织工作条例》（中发［2010］8号），ZY133－005－2016民主生活会作业指导书。 | 审核评价。被考评单位按照序时进度和时间节点要求，通过月小结上传上级要求文件、组织召开组织生活会的通知、各党支部报送的材料等证明材料，考评小组审核，形成考评指标执行数据。 |

续表

| | | | | | | | | | | | | | |
|---|---|---|---|---|---|---|---|---|---|---|---|---|---|
| BM-133-08 | 机关党建工作责任落实机制。 | 构建机关党建工作责任落实机制。 | 年度型 | 年度 | 40%，3月31日前，转发省委办公厅《关于深入贯彻全面从严治党要求进一步落实机党建工作责任的实施意见》并提出落实要求；5月31日前，提出成立厅党建工作领导小组的意见。按照时间节点完成得满分，每延误1次扣时间分值的50%。 | 60%，转发意见正式印发、成立厅党建工作领导小组意见呈报厅领导，得满分，每缺少一项或未完成扣质量分值的50%。 | | 转发省委办公厅《关于深入贯彻全面从严治党要求进一步落实机关党建工作责任的实施意见》提出成立厅党建工作领导小组的意见。 | 3月31日前；5月31日前。 | 落实机关党建工作责任。 | 财政部落实机关党建工作责任情况。 | 首创。 | 《关于深入贯彻全面从严治党要求进一步落实机关党建工作责任的实施意见》（冀办发［2016］3号），CX08-2016党务政工控制程序。 | 审核评价。被考评单位按照序时进度和时间节点要求，通过月小结上传转发省委办公厅《关于深入贯彻全面从严治党要求进一步落实机关党建工作责任的实施意见》、成立厅党建工作领导小组的意见等证明材料，考评小组审核，形成考评指标执行数据。 |
| BM-133-09 | 党员阵地建设 | 建成党员活动室，成为省直试点。 | 阶段型 | 年度 | 40%，10月31日前，建成机关党员活动室。按照时间节点完成得满分，未达到要求的扣时间分值的100%。 | 60%，党员活动室正式建成，实现党员活动、廉政教育、文化展示“三位一体”目标，得满分。未达到标准扣质量分值的100%。 | | 建成机关党员活动室。 | 10月31日前。 | 建设标准化党员活动室。 | 省直工委党员活动室建设。 | 新增工作。 | 关于印发《省直机关党员活动室标准化建设试点工作实施方案》的通知（冀直字【2015】41号，ZY133-003-2016基层组织建设作业指导书。 | 审核评价。被考评单位按照序时进度和时间节点要求，通过月小结上传党员活动室正式建成的图片等证明材料，考评小组审核，形成考评指标执行数据。 |

续表

| | | | | | | | | | | | | | | |
|---|---|---|---|---|---|---|---|---|---|---|---|---|---|---|
| BM－133－10 | 党组织和党员管理 | 做好党员管理、基层党组织管理。 | 日常型 | 季度 | 40%，按程序要求时间发展党员，党员组织关系转接当日完成；收到支部换届、调整申请后，20个工作日内批复；按照要求做好党员信息统计工作。按照时间节点完成得满分，每延误1次扣时间分值的(100/X)%。 | 60%，党员管理工作台账、发展党员党委会记录，支部换届改选（调整）请示、对支部换届改选(调整）的批复等资料齐全，得满分。每缺少1项扣质量分值的10%。 | | 完成支部换届、调整批复。 | 收到申请后20个工作日内。 | 加强基层组织建设。 | 河北专员办党员管理工作；财政部基层党组织管理。 | 按规定做好党员管理，按期做好换届改选工作，按要求上报党统信息。 | 《中国共产党党和国家机关基层组织工作条例》（中发［2010］8号），ZY133－002－2016发展党员作业指导书。 | 审核评价。被考评单位按照序时进度和时间节点要求，通过月小结上传党员管理工作台账、发展党员党委会记录，支部换届改选（调整）请示、对支部换届改选(调整)的批复等证明材料，考评小组审核，形成考评指标执行数据。 |
| BM－133－11 | 年度民主评议 | 开展2015年度民主评议，部署2016年度民主评议工作。 | 阶段型 | 年度 | 40%，在2015年度绩效考评结果下发后20个工作日内完成党支部和党员考核；12月31日前完成2016年民主评议工作部署。按照时间节点完成得满分，每延误1次扣时间分值的50%。 | 60%，民主评议通知、评议表格（表样）、年度表彰决定；部署2016年民主评议工作的通知等资料齐全，得满分。每缺少1项扣质量分值的25%。 | | 完成2015年度党支部和党员考核；完成2016年民主评议工作部署。 | 2015年度绩效考评结果下发后20个工作日内；12月31日前。 | 加强基层组织建设。 | 省直工委年度民主评议工作。 | 按规定做好民主评议工作。 | 《中国共产党党和国家机关基层组织工作条例》（中发［2010］9号），ZY133－001－2016党支部和党员考核作业指导书。 | 审核评价。被考评单位通过月小结上传证明材料，考评小组审核，形成考评指标执行数据。 |

续表

| | | | | | | | | | | | | |
|---|---|---|---|---|---|---|---|---|---|---|---|---|
| BM－133－12 | 党风廉政建设主体责任落实。 | 全面落实党风廉政建设主体责任，健全制度、细化任务、狠抓落实。 | 年度型 | 年度 | 40%，4月10日前，组织党风廉政建设和反腐败工作的谋划部署和责任分解；1月10日和7月10日前按要求分别向省委、省纪委书面报告厅党组主体责任落实情况；3月31日前，组织签订责任书；按照厅领导要求，在中秋和国庆“双节”节点印发廉政提醒通知；联合驻厅纪检组做好巡视工作。按照时间节点完成得满分，每延误1次扣时间分值的15%。 | 60%，党风廉政建设和反腐败工作会议通知及工作任务分工；上半年和下半年厅党组落实主体责任工作报告，各单位党风廉政建设主体责任落实情况通知和报告台账；各单位签订责任书通知及文本；“双节”廉政提醒通知；联合巡视工作报告。证明材料齐全，得满分。每缺少1项资料扣质量分值的10%。 | | 组织谋划部署和责任分解按要求汇报厅党组主体责任落实情况组织签订责任书中秋和国庆“两节”节点印发廉政提醒通知联合驻厅纪检组做好巡视工作。 | 4月10日前；1月10日和7月10日前；3月31日前；按照厅领导要求；按照厅领导要求。 | 落实党风廉政建设主体责任。 | 财政部落实党风廉政建设主体责任情况。 | 按要求做好党风廉政建设主体责任落实工作。 | 《中共河北省财政厅党组关于落实党风廉政建设主体责任和驻厅纪检组监督责任的意见》（冀财组［2014］44号），CX09－2016党风廉政建设控制程序。 | 审核评价。被考评单位通过月小结上传各单位党风廉政建设主体责任落实情况通知和报告台账；各单位签订责任书通知及文本；“双节”廉政提醒通知；联合巡视工作报告等证明材料，考评小组审核，形成考评指标执行数据。 |
| BM－133－13 | 党风廉政建设主体责任和监督责任落实机制。 | 构建党风廉政建设主体责任和监督责任落实机制 | 年度型 | 年度 | 40%，5月31日前，完成《河北省财政厅党风廉政建主体责任和监督责任清单》起草。按照时间节点完成得满分，未达到要求的扣时间分值的100%。 | 60%，《河北省财政厅党风廉政建设主体责任和监督责任清单》经厅领导同意，得满分，未达到标准扣质量分值的100%。 | | 完成《河北省财政厅党风廉政建设主体责任和监督责任清单》起草。 | 5月31日前。 | 落实党风廉政建设责任。 | 财政部落实党风廉政建设责任情况。 | 首创。 | 《中共河北省财政厅党组关于落实党风廉政建设主体责任和驻厅纪检组监督责任的意见》（冀财组［2014］44号），CX09－2016党风廉政建设控制程序。 | 审核评价。被考评单位按照序时进度和时间节点要求，通过月小结上传《河北省财政厅党风廉政建设主体责任和监督责任清单》等证明材料，考评小组审核，形成考评指标执行数据。 |

续表

| | | | | | | | | | | | | | |
|---|---|---|---|---|---|---|---|---|---|---|---|---|---|
| BM－133－14 | 党风廉政建设权力运行风险防控机制建设 | 指标释义：积极推进惩防体系建设和廉政风险防控管理，推进权力运行监控机制建设，规范财政权力运行。 | 年度型 | 年度 | 40%，4月30日前，向厅领导提交关于党风廉政建设权力运行风险防控机制建设的请示报告；7月31日前，向信息中心提出关于党风廉政建设权力运行风险防控机制建设的需求报告。按照时间节点完成得满分，未按时间要求完成扣时间分值50%。 | 60%，党风廉政建设权力运行风险防控机制建设请示报告、需求报告材料齐全，得满分。每缺少1项扣质量分值的50%。 | | 向厅领导提交关于党风廉政建设权力运行风险防控机制建设的请示报告<br>向信息中心提出关于党风廉政建设权力运行风险防控机制建设的需求报告。 | 4月30日前；7月31日前。 | 深化权力运行机制建设。 | 财政部风廉政风险防控机制建设。 | 按要求做好党风廉政建设权力运行风险防控机制建设。 | 《中共河北省财政厅党组关于落实党风廉政建设主体责任和驻厅纪检组监督责任的意见》（冀财组［2014］44号），CX09－2016党风廉政建设控制程序。 | 审核评价。被考评单位按照序时进度和时间节点要求，通过月小结上传党风廉政建设权力运行风险防控机制建设请示报告、需求报告等证明材料，考评小组审核，形成考评指标执行数据。 |

续表

| | | | | | | | | | | | | |
|---|---|---|---|---|---|---|---|---|---|---|---|---|
| BM－133－15 | 《准则》和《条例》两部法规的学习贯彻落实 | 组织全厅学习贯彻《准则》和《条例》两部法规，细化任务，强化督导，确保两部法规精神要求落实到位。 | 阶段型 | 年度 | 40%，4月30日前，开展专题辅导讲座，进行释义解读；6月30日前，开展“读条文、查言行、促提高”活动，组织全厅党员逐条对照检查自身言行，促进学习贯彻；9月30日前，开展对支部和党员学习执行情况的督导检查。按照时间节点完成得满分，每延误1次扣时间分值的35%。 | 60%，组织活动通知、专题辅导图片信息、督导工作记录等资料齐全，得满分。每缺少1项资料扣质量分值的35%。 | | 开展专题辅导讲座，进行释义解读开展“读条文、查言行、促提高”活动，组织全厅党员逐条对照检查自身言行，促进学习贯彻开展对支部和党员学习执行情况的督导检查。 | 4月30日前；6月30日前；9月30日前。 | 贯彻落实两部法规要求。 | 财政部学习贯彻两部法规情况。 | 新增职能。 | 关于深入学习《中国共产党廉洁自律准则》《中国共产党纪律处分条例》的通知，ZY133－007－2016反腐倡廉教育作业指导书。 | 审核评价。被考评对象按照序时进度和时间节点要求，通过月小结上传组织活动通知、专题辅导图片信息、督导工作记录等证明材料，单位领导审核，考评小组复核，形成考评指标执行数据。 |

续表

| | | | | | | | | | | | | | |
|---|---|---|---|---|---|---|---|---|---|---|---|---|---|
| BM-133-16 | 廉政教育和廉政文化建设 | 加强廉政宣传教育和廉政文化建设，打造财政廉政文化品牌。 | 年度型 | 年度 | 40%，11月30日前，开展廉政教育和廉政文化"四个一"活动，观看一部廉政教育警示片，参观一个廉政教育基地，开展一次服刑人员忏悔反省的警示教育，组织一次厅领导廉政荐书寄语读书活动。按照时间节点完成得满分，每延误1次扣时间分值的25%。 | 60%，组织观看廉政教育警示片，参观廉政教育基地，开展服刑人员忏悔反省警示教育，活动通知、工作安排、图片资料齐全；厅领导廉政荐书寄语读书活动通知、领导寄语、图书资料齐全，得满分。每缺少1项资料扣质量分值的25%。 | | 开展廉政教育和廉政文化"四个一"活动。 | 11月30日前。 | 打造财政廉政文化品牌。 | 财政部廉政文化建设。 | 按要求完成廉政教育和廉政文化建设。 | 《中共河北省财政厅党组关于落实党风廉政建设主体责任和驻厅纪检组监督责任的意见》（冀财组［2014］44号），ZY133-007-2016反腐倡廉教育作业指导书。 | 审核评价。被考评对象按照序时进度和时间节点要求，通过月小结上传组织观看廉政教育警示片，参观廉政教育基地，开展服刑人员忏悔反省警示教育，活动通知、工作安排、图片资料；厅领导廉政荐书寄语读书活动通知、领导寄语、图书资料等证明材料，单位领导审核，考评小组复核，形成考评指标执行数据。 |
| BM-133-17 | 大型文体活动开展 | 开展机关文体活动，组织参加省直群众性文体活动。 | 年度型 | 年度 | 40%，春节前举办迎新春联欢会，5月1日前组织全厅开展"红色河北之旅"健步走，10月1日前，开展一次全厅性登山活动。按照时间节点完成得满分，每延误1次扣时间分值的35%。 | 60%，活动通知、方案、相关图片等资料齐全得满分。每缺少1项扣质量分值的35%。 | | 迎新春联欢会"河北红色之旅"健步走登山。 | 春节前；5月1日前启动；10月1日前。 | 大力推进工青妇工作；进一步活跃机关文化生活。 | 省直工委文体活动组织。 | 多次在省直文体活动竞赛中获得表彰奖励。 | 《关于加强和改进党的群团工作的意见》《工会法》《中国工会章程》《关于在省直机关开展全员健身活动的实施意见》，CX08-2016党务政工控制程序等。 | 审核评价。被考评单位按照序时进度和时间节点要求，通过月小结上传活动通知、方案、相关图片等证明材料，考评小组审核，形成考评指标执行数据。 |
| BM-133-20 | 帮扶关爱 | 统计困难职工，按规定予以补助或向上级工会申请补助，对老党员定期走访慰问；开展"职工生日送祝福"活动。 | 年度型 | 年度 | 40%，在春节前、七一前（七一是否慰问取决于工委是否要求）等重要节点组织对老党员、困难职工进行慰问；组织在职工生日当天送上生日蛋糕和生日祝福卡。按照时间节点完成得满分，每延误1次扣时间分值的（100/X）%。 | 60%，慰问活动通知、困难党员及困难职工统计表、申请补助文件、走访慰问记录、工会会员生日统计表、生日祝福卡等资料齐全，得满分。每缺少1项工作资料扣质量分值的20%。 | | 组织对老党员、困难职工进行慰问委托工会小组送上生日蛋糕和生日祝福卡。 | 春节前、七一前（七一是否慰问取决于工委是否要求）职工生日当天。 | 开展多种形式的关爱活动。 | 省直工委帮扶关爱工作。 | 按上级要求做好帮扶关爱工作。 | 《关于在元旦春节期间开展送温暖活动的通知》，CX08-2016党务政工控制程序（冀直工［2015］52号）。 | 审核评价。被考评单位按照序时进度和时间节点要求，通过月小结上传慰问活动通知、困难党员及困难职工统计表、申请补助文件、走访慰问记录、工会会员生日统计表、生日祝福卡等证明材料，考评小组审核，形成考评指标执行数据。 |

# 法制建设类（12 项）

立法起草和审议工作、普法宣传、法制培训、行政复议办理、被复议案件办理、应诉、行政赔偿、行政审批事项监督管理、依法行政考核、财政行政处罚审核、涉法事件合法性审核、文件合法性审查。

具体指标见表附－4。

**表附－4　内部管理法制建设类指标案例表（12 项）**

| 指标编码 | 指标名称 | 指标释义 | 指标类型 | 考评周期 | 考评标准及评价方法 | | 计划节点 | | 标准依据 | | | | | 数据来源 |
|---|---|---|---|---|---|---|---|---|---|---|---|---|---|---|
| | | | | | 时间方面 | 质量方面 | 数量方面 | 节点 | 完成时间 | 上级要求 | 同行先进 | 历史水平 | 文件依据 | |
| BM－125－04 | 立法起草和审议工作 | 深入贯彻落实十八届四中全会“加强重点领域立法”精神，根据《预算法》“各级政府财政部门负责监督本级预算编制执行”和《国务院关于深化预算管理制度改革的决定》（国发［2014］45 号）“要健全财政监督方面的制度建设，扎紧制度的篱笆”要求，加强财政立法组织起草工作进一步完善地方财政法规体系。 | 日常型 | 季度 | 40%，地方法规条款审议：接到上级征求意见函后，3个工作日内向有关处室下发征求意见通知，按照来函要求时间提出法规、规章草案的审核意见，如需延长上报时间，须经省委、省政府、省人大等上级及外单位同意。按照时间节点完成得满分；每项每延误1次扣时间分值的10%；组织制定财政立法规划：接到省政府法制办通知后，3个工作日内下发通知征求各处室意见，按省政府立法计划的通知，在规定时间内提出书面意见，如需延长需经省法制办同意，按时间完成得满分，每延误一项扣（除其他因素除外）时间分值的50%。 | 60%，管理台账、上级及外单位来函、征求意见通知、处室反馈意见、审核意见等账实相符、资料齐全，得满分；每有1次不符合要求扣质量分值的20%；通知、各处室立法计划原始记录、立法规划资料齐全得满分。每少1项扣质量分值的35%；《河北省预算管理规定》及《河北省财政专项资金管理办法》上级部门通知及调研论证、修订记录等资料齐全得满分，每少一项扣质量分值的35%。 | | | | 按时按要求反馈意见，立法起草工作符合宪法精神，体现群众意志、符合我省实际情况。 | 省法制办或其他厅局办理草案审议相关事项。 | 近三年来按照要求完成汇总反馈工作。 | 《国务院关于加强法制政府建设的意见》（国发［2010］33 号）、《国务院关于印发全面推进依法行政实施纲要的通知》（国发［2004］10 号）、《河北省人民政府关于推进依法行政加强法制政府建设的意见》（冀政［2011］46 号）。《河北省人民政府立法规定》（省政府令［2001］28 号）、相关上级部门印发的2016年立法计划。ZY125－001－2016 财政立法组织管理作业指导书。 | 审核评价。被考评单位按照序时进度和时间节点要求，通过月小结上传通知、会签等证明材料，考评小组审核，形成指标执行数据。 |

续表

| | | | | | | | | | | | | | | |
|---|---|---|---|---|---|---|---|---|---|---|---|---|---|---|
| BM－125－05 | 普法宣传 | 创新宣传方式，采用以“问答式”为主的宣传方式，广泛宣传财税法律知识，进一步提高普法宣传效果。 | 年度型 | 年度 | 40%，12月4日前，组织上街宣传普法，完成工作汇报材料；12月20日前，组织完成法规知识竞赛，完成工作汇报材料。按时间节点完成得满分，每延误一项扣时间分值的50%。 | 60%，财政法规政策宣传手册、照片、通知、试卷等资料齐全，得满分，每少一项扣质量分值的15%。 | | 1.组织上街宣传普法；2.组织完成法规知识竞赛。 | 12月4日前；12月20日前。 | 广泛宣传财税法规知识，不断提高财政干部法律素质。 | 其他部门普法宣传和法制普法。 | 宣传和培训工作顺利完成。 | 省委、省政府法制宣传教育要求。 | 审核评价。被考评单位按照序时进度和时间节点要求，通过月小结上传宣传材料，考评小组审核，形成指标执行数据。 |
| BM－125－06 | 法制培训 | 创新培训方式，改变“填鸭式”“漫灌式”授课方式，广泛采用“专题研讨、案例教学、以案释法”等方式，不断提高普法效果，增强财政干部法律水平。 | 年度型 | 年度 | 40%，12月10日前，完成市县财政局长培训；12月20日前，完成4期厅内公务员培训。按照时间节点完成得满分，每延误1项扣时间分值的50%。 | 60%，采用“专题研讨、案例教学、以案说法、以案释法”加强培训效果。培训通知、课程安排、讲义、影像新闻等资料齐全，得满分。每少一项扣质量分值的15%。 | | 1.完成市县财政局长培训，2.完成4期厅内公务员培训。 | 12月10日前；12月20日前。 | 不断提高财政干部法律素质。 | 其他部门法制培训。 | 培训工作顺利开展。 | 省委、省政府法制培训教育要求。 | 审核评价。被考评单位按照序时进度和时间节点要求，通过月小结上传培训材料，考评小组审核，形成指标执行数据。 |
| BM－125－07 | 行政复议办理 | 办理行政复议事项。 | 日常型 | 季度 | 40%，接到复议申请后，5日内作出是否受理的决定；60日内作出复议决定。按照时间节点完成得满分，每延误1项扣时间分值的20%。 | 60%，复议申请书及有关证明材料、复议不受理决定书（受理无书面决定）、复议决定书原始记录内容等资料齐全，得满分。每少1项扣质量分值的10%。 | | 5个工作日；60个工作日。 | 按照《行政复议法》规定时限内完成。 | 依法办理行政复议相关事宜。 | 省政府法制办理行政复议事项。 | 近三年来，行政复议办理符合法定要求。 | 《行政复议法》《行政诉讼法》《国家赔偿法》《国家赔偿费用管理办法》。ZY125－003－2016行政复议作业指导书。 | 审核评价。被考评单位按照序时进度和时间节点要求，通过月小结上传受理决定、复议决定等证明材料，考评小组审核，形成指标执行数据。 |
| BM－125－08 | 被复议案件办理 | 行政被复议。 | 日常型 | 季度 | 40%，接到行政复议通知后，10日完成复议答辨书的材料准备和审定工作；提供当初作出具体行政行为的证据、依据和其他有关材料。按照时间节点完成得满分，每延误1项扣时间分值的20%。 | 60%，复议答辨书及有关证明材料、复议决定书、诉讼文书、诉讼材料、诉讼决定书、申请书核查资料、原始记录内容等资料齐全，得满分。每少1项扣质量分值的10%。 | | 10个工作日。 | 按照《行政诉讼法》规定时限内完成。 | 依法办理行政被复议相关事宜。 | 省法制办或其他厅局办理相关事项。 | 近三年来，行政被复议办理合法合规。 | 《行政复议法》《行政诉讼法》、ZY125－003－2016行政复议作业指导书。 | 审核评价。被考评单位按照序时进度和时间节点要求，通过月小结上传被复议通知、答辩书等证明材料，考评小组审核，形成指标执行数据。 |

续表

| | | | | | | | | | | | | | | |
|---|---|---|---|---|---|---|---|---|---|---|---|---|---|---|
| BM－125－09 | 应诉 | 应诉。 | 日常型 | 季度 | 40%，接到法院应诉通知后，作出应诉决定，并10个工作日内完成答辩状。按照时间节点完成得满分，每延误1项扣时间分值的20%。 | 60%，应诉答辩状和应诉材料及有关证明原始材料、提供作出具体行政行为的全部证据和依据的规范性文件等资料齐全。得满分，缺一项扣质量分值的25%。 | | 10个工作日。 | 10个工作日内完成相关材料。 | 依法办理行政应诉相关事宜。 | 省法制办或其他厅局办理相关事项。 | 往年办理应诉事件合法合规。 | 《行政复议法》《行政诉讼法》、ZY125－006－2016行政应诉作业指导书。 | 审核评价。被考评单位按照序时进度和时间节点要求，通过月小结上传应诉决定等证明材料，考评小组审核，形成指标执行数据。 |
| BM－125－10 | 行政赔偿 | 办理行政赔偿。 | 日常型 | 季度 | 40%，接到国家赔偿申请后，5个工作日内作出是否受理的决定，60日内作出最终决定。按照时间节点完成得满分，每延误1项扣时间分值的20%。 | 60%，赔偿申请书、申请书核查材料，相关材料的搜集和整理等资料齐全，得满分。缺一项扣质量分值的25%。 | | 5个工作日；60个工作日。 | 受理决定后，60个工作日完成 | 依法办理行政赔偿事宜。 | 省法制办或其他厅局办理相关事项。 | 近三年来办理行政赔偿无违规。 | 《国家赔偿法》《国家赔偿费管理办法》。ZY125－004－2016行政赔偿支付作业指导书。 | 审核评价。被考评单位按照序时进度和时间节点要求，通过月小结上传赔偿申请、受理决定等证明材料，考评小组审核，形成指标执行数据。 |
| BM－125－11 | 行政审批事项监督管理 | 牵头组织梳理行政审批事项，监督各行政审批事项办理，组织“零障碍”全程协办机制运行。 | 年度型 | 年度 | 40%，按照上级通知要求，3个工作日内下发梳理通知，按规定时间完成行政审批事项梳理汇总上报；每年至少一次完成对行政审批事项的监督检查，完成工作汇报材料；每周公开本周“零障碍”全程协办员和带班领导信息，按时间节点完成得满分，每延误1项扣时间分分值的35%。 | 60%，梳理通知、监督检查记录、“零障碍”协办日志等资料齐全，得满分。每少1项扣质量分值的35%；因工作失误造成不良影响被检查部门通报的，经查确属组织责任的，每出现1次扣质量分值的50%。 | | | 按规定时间完成行政审批事项梳理汇总上报；每年至少一次完成对行政审批事项的监督检查；每周公开本周“零障碍”全程协办员和带班领导信息。 | 依照法律、法规、规章及上级行政机关规定，办理各项行政审批事项的梳理和各项行政审批事项办理的监管工作。 | 行政审批事项依法公开办理、“零障碍”协办机制顺利实施。 | 近三年行政审批工作组织管理工作未出现纰漏。 | 《关于着力改善发展环境的实施意见》（冀发［2012］19号）、《河北省执法监管部门和窗口单位为民服务提质提效专项行动工作方案》（冀办发［2013］30号）、省政府相关部门下发的关于行政审批事项梳理、办理、监督检查等的相关文件。ZY125－005－2016行政审批事项监督检查作业指导书。 | 审核评价。被考评单位按照序时进度和时间节点要求，通过月小结上传通知、“零度障碍”信息等证明材料，考评小组审核，形成指标执行数据。 |

续表

| | | | | | | | | | | | | | | |
|---|---|---|---|---|---|---|---|---|---|---|---|---|---|---|
| BM－125－12 | 依法行政考核 | 牵头组织各处室完成考核资料的准备工作和汇报材料，配合省政府法制办做好依法行政考核工作。 | 年度型 | 年度 | 40%，接到省政府法制办通知后，5个工作日内向各处室下发通知；按照省政府法制办要求时间报送依法行政考核材料。按照时间节点完成得满分，每延误1项扣时间分值的50%。 | 60%，考核通知、汇报材料等资料齐全，资料每少1项扣质量分值的50%。 | 1 | 5个工作日。 | 接到通知次日起，5个工作日完成依法考核准备工作。 | 按时按要求做好依法行政考核准备和配合工作。 | 其他厅局依法行政考核。 | 依法行政考核工作顺利实施。 | 《河北省依法行政考核办法》（省政府令［2010］第12号）。 | 审核评价。被考评单位按照序时进度和时间节点要求，通过月小结上传考核通知、报送材料等证明材料，考评小组审核，形成指标执行数据。 |
| BM－125－13 | 财政行政处罚审核 | 对相关处室提出的处罚建议提出会签意见。 | 日常型 | 季度 | 40%，在相关处室提出处罚建议后，15个工作日内提出会签意见。按时间节点完成得满分，每延误1次扣时间分值的20%。 | 60%，审核台账、审核材料或组织听证相关材料、审核意见等资料齐全，得满分。资料每少1项扣质量分值的35%；当事人对作出的行政处罚决定不服提起行政诉讼，诉讼败诉的，扣质量分值的100%。 | | 15个工作日。 | 15个工作日内完成会签意见。 | 严格财政行政处罚监管，确保合法合规。 | 其他厅局办理处罚建议的事项。 | 以往年度财政行政处罚监管符合领导要求。 | 《行政处罚法》、《财政违法行为处罚处分条例》《政府采购法》《政府采购供应商投诉处理办法》《政府采购货物和服务招标投标管理办法》《注册会计师法》等法律法规。ZY125－002－2016行政处罚决定审核作业指导书。 | 审核评价。被考评单位按照序时进度和时间节点要求，通过月小结上传会签意见等证明材料，考评小组审核，形成指标执行数据。 |
| BM－125－14 | 涉法事件合法性审核 | 对领导交办的合同、协议、投诉决定、政府信息公开、法院协助执行等涉法事件合法性进行审核。 | 日常型 | 季度 | 40%，收到投诉处理决定审核申请后，7个工作日反馈会签意见；收到除投诉外的涉法事件审核申请后，20个工作日内反馈审核意见。按时间节点完成得满分，每项每延误1次扣时间分值的20%。 | 60%，审核台账、会签意见、审核材料等资料齐全，得满分。资料每少1项扣质量分值的35%；经审核出台的有关文件、作出的有关决定不合法被复议及诉讼败诉的，扣质量分值的100%。 | | 7个工作日；20个工作日。 | 7个工作日完成会签意见；20个工作日反馈意见。 | 各项行政行为合法。 | 其他部门法制机构涉法事件审核。 | 涉法事件合法性审核基本符合领导要求。 | 有关法律规定。ZY125－007－2016涉法事件合法性审核作业指导书。 | 审核评价。被考评单位按照序时进度和时间节点要求，通过月小结上传涉法事件会签意见、有关等证明材料，考评小组审核，形成指标执行数据。 |

续表

| | | | | | | | | | | | | | | |
|---|---|---|---|---|---|---|---|---|---|---|---|---|---|---|
| BM－125－15 | 文件合法性审查 | 厅内各处室、有关事业单位拟出台的规范性文件合法性审核。 | 日常型 | 季度 | 40%，自收到规范性文件会签申请次日起，5个工作日内提出意见；按规定时间完成得满分，每延误一项扣时间分值的20%。 | 60%，文件审核台账档案一致，经会签出台的规范性文件合法、合规。考评采取抽查的方式，抽查5项规范性文件审核档案，与台账一致，得满分。每有1项不符合要求扣质量分值的10%；经会签出台的规范性文件被上级通报违法或被群众举报违法核实的，每出现1次扣质量分值的35%；导致复议诉讼败诉的，扣质量分值的15%。 | | 5个工作日（除重大、疑难的）。 | 5个工作日完成（除重大、疑难的规范性文件除外）完成。 | 规范性文件由部门法制机构进行合法性审核，出台的规范性文件合法合规。 | 省委办公厅法规处、省政府办公厅秘书二处规范性文件审核工作。 | 近三年规范性文件审核工作符合规范要求，未出现违法文件。 | 《河北省财政厅规范性文件制定管理办法》（冀财办［2011］16号）、《河北省财政厅关于规范省级专项资金管理办法的通知》，《预算法》《预算管理条例》、河北省财政厅2015年工作要点。ZY125－009－2016条法处规范文件管理作业指导书。 | 1. 审核评价。被考评单位按照序时进度和时间节点要求，通过月小结上传文件办理的相关材料，考评小组审核，形成指标执行数据。2. 系统获取。由办公自动化系统获取文件会签等数据，考评小组审核，形成指标执行数据。 |

## 审计监督类（4项）

外部审计配合、内部审计、处级领导干部离任经济责任审计、内控制度建设。具体指标见表附－5。

**表附－5 内部管理审计监督类指标案例表（4项）**

| 指标编码 | 指标名称 | 指标释义 | 指标类型 | 考评周期 | 考评标准及评价方法 | | 计划节点 | | | 标准依据 | | | | 数据来源 |
|---|---|---|---|---|---|---|---|---|---|---|---|---|---|---|
| | | | | | 时间方面 | 质量方面 | 数量方面 | 节点 | 完成时间 | 上级要求 | 同行先进 | 历史水平 | 文件依据 | |
| BM－109－14 | 内部审计 | 按照厅党组要求，组织开展厅机关及所属事业单位内部审计，并组织整改验收“回头看”。 | 年度型 | 年度 | 40%，1月31日前，完成内审工作，完成工作汇报材料；3月15日前，完成整改验收组织工作，完成工作汇报材料。按时完成得满分，每耽误1项扣时间分值的50%。 | 60%，包含内审通知、检查报告、领导签批，整改验收工作通知、验收报告、领导签批。资料齐全得满分，每缺少1项，扣质量分值的20%。 | | 完成内审工作完成内审整改验收工作。 | 1月31日；3月15日。 | 组织厅属事业单位内部审计，并组织开展内部审计问题整改验收“回头看”。 | 外省均开展内部审计。 | 往年均能按厅党组要求完成内审工作。 | 《会计法》《预算法》《财政部门内部监督检查办法》（财政部令［2010］58号），内部监督检查作业指导书ZY109－006－2016。 | 审核评价。被考评单位按照序时进度或时间节点要求，通过月小结上传检查通知、检查报告及签报，考评小组审核，形成考评指标执行数据。 |

续表

| | | | | | | | | | | | | | |
|---|---|---|---|---|---|---|---|---|---|---|---|---|---|
| BM－109－15 | 处级领导干部离任经济责任审计。 | 按照厅党组要求，组织厅内处级领导干部离任经济责任审计。 | 年度型 | 年度 | 40%，接到人教处处级领导干部离任审计通知后，7个工作日内制定工作方案，1个月内完成内审工作，完成工作汇报材料。按时完成得满分，每耽误1项扣时间分值的50%。 | 60%，包含工作方案、工作底稿、检查报告、领导签批。资料齐全得满分，每缺少1项，扣质量分值的25%。 | | 接到人教处通知后，制定检查工作方案；制定方案后，完成检查工作。 | 7个工作日内；30个工作日内。 | 组织处级领导干部离任经济责任审计。 | 外省均开展离任经济责任审计。 | 往年均能按厅要求党组完成处级领导干部离任经济责任审计工作。 | 《会计法》、《预算法》、《河北省财政厅关于印发〈处级领导干部离任经济责任审计办法〉的通知》（冀财办［2009］62号），内部监督检查作业指导书ZY109－006－2016。 | 审核评价。被考评单位按照序时进度或时间节点要求，通过月小结上传工作方案、工作底稿、检查报告及签报，考评小组审核，形成考评指标执行数据。 |
| BM－109－16 | 内控制度建设 | 完善“1＋10”内控制度体系，谋划内控信息系统建设，推动全系统建立内控制度体系。 | 阶段型 | 年度 | 40%，7月31日前，完成对2015年制定的“1＋10”内部控制制度体系落实情况监督检查，形成检查汇报材料；8月31日前，完成对市县内控开展情况督导检查，形成检查汇报材料；9月30日前，形成内控信息系统开发需求报告；11月30日前，完成对“1＋10”内部控制制度体系修改完善工作，形成修改完善汇报材料。按时完成得满分，每耽误1项扣时间分值的25%。 | 60%，包含内控检查通知、检查报告、完善后的制度、领导签批；市县督导通知、督导报告、领导签批；内控信息系统需求报告、领导签批。资料齐全得满分，每缺少1项，扣质量分值的15%。 | | 完成内控制度执行情况检查；完成市县内控制度体系建设情况督导检查；形成内控信息系统开发需求报告；完成内控制度体系完善工作。 | 7月31日；8月31日；9月30日；11月30日。 | 完善“1＋10”内控制度体系，推动全系统建立内控制度体系。 | 财政部制定并执行内本控基本和制度专八项风险防控管理办法，已使用内控信息系统；我省属于市县内控工作开展较早省份。 | 2015年制定“1＋10”内部控制制度，未开展制度落实情况检查，未建立内控信息系统；市县首次开展内控机制建设工作。 | 《河北省财政厅关于印发〈河北省财政厅内部控制基本制度〉的通知》（冀财办［2015］24号）、《河北省财政厅关于印发〈河北省财政厅法律风险内部控制办法（试行）〉等专项内部控制办法的通知》（冀财办［2015］38号）、《河北省财政厅关于在市县财政部门推进内控机制建设的意见》（冀财监［2015］83号），内部监督检查作业指导书ZY109－006－2016。 | 审核评价。被考评单位按照序时进度或时间节点要求，通过月小结上传检查通知、检查报告、制度体系、系统开发需求报告及签报，考评小组审核，形成考评指标执行数据。 |

续表

| 指标编码 | 指标名称 | 指标释义 | 指标类型 | 考评周期 | 考评标准及评价方法：时间方面 | 考评标准及评价方法：质量方面 | 计划节点：数量方面 | 计划节点：节点 | 标准依据：完成时间 | 标准依据：上级要求 | 标准依据：同行先进 | 标准依据：历史水平 | 标准依据：文件依据 | 数据来源 |
|---|---|---|---|---|---|---|---|---|---|---|---|---|---|---|
| BM－101－60 | 外部审计配合 | 配合审计部门做好外部审计工作。 | 年度型 | 年度 | 40%，①收到提供审计资料通知后，按照时限要求，将相关资料送监督处；②收到提供反馈征求意见稿意见和整改情况等资料后，按照时限要求，将相关资料送监督处；③按时限要求完成其他相关配合工作。按时完成得满分，每有1项（次）未按时完成，扣时间分值的5%。 | 60%，审计资料经主管厅领导审签通过，得满分；每有1项（次）未达到要求的，扣质量分值的5%。 | | | | 审计组相关各项要求。 | 外省均能完成外部审计配合工作。 | 往年均能较好完成外审协调配合工作。 | 《关于进一步规范厅外来文分办工作的通知》，《河北省财政厅接待外部审计职责分工及工作程序》，组织协调接受外部审计工作作业指导书ZY109－007－2016。 | 审核评价。监督处提供各单位提供资料通知、各单位反馈记录及厅领导审签意见等资料，考评小组审核，形成考评指标执行数据。 |

# 调查研究类（10项）

河北省财政发展“十三五”规划编制、重大财经事项研究、调研组织、单位调查研究、处级干部调查研究、科研管理、《河北财政》和《经济研究参考》编辑、《公共支出与采购》编辑出版、《河北财政年鉴》编纂、财政志编纂。

具体指标见表附－6。

**表附－6　内部管理调查研究类指标案例表（10项）**

| 指标编码 | 指标名称 | 指标释义 | 指标类型 | 考评周期 | 考评标准及评价方法 | | 计划节点 | | 标准依据 | | | | | 数据来源 |
|---|---|---|---|---|---|---|---|---|---|---|---|---|---|---|
| | | | | | 时间方面 | 质量方面 | 数量方面 | 节点 | 完成时间 | 上级要求 | 同行先进 | 历史水平 | 文件依据 | |
| BM－140－02 | 河北省财政发展“十三五”规划编制 | 组织编制河北省“十三五”财政发展规划。 | 阶段型 | 年度 | 40%，7月31日前，将规划文本、编制说明等材料报厅领导审定。按时完成的，得满分；未按时完成的，扣时间分值的100%。 | 60%，厅领导审批件或同意上报的文件复印件等资料齐全，得满分。未报厅领导审签的，扣质量分值的100%。 | | 将规划文本、编制说明等材料报厅领导审定。 | 7月31日前。 | 省政府办公厅要求制定财政发展“十三五”规划。 | 辽宁、广东等省份编制五年规划，完成效果较好。 | 2011年完成河北省财政发展“十二五”规划编制。 | 1. 省政府办公厅《关于做好“十三五”省级专项规划编制工作的通知》（冀政办字［2015］21号）。<br>2. 《河北省财政厅关于印发2015年工作要点及编制2015年绩效计划的通知》（冀财办［2015］15号）。 | 审核考评。被考评单位提供厅领导签批件或上报文件的复印件，考评小组审核，形成考评指标执行数据。 |

续表

| | | | | | | | | | | | | |
|---|---|---|---|---|---|---|---|---|---|---|---|---|
| BM－140－01 | 重大财经事项研究 | 承担完成省厅领导交办课题研究任务，提出有助于领导科学决策的实用性建议。 | 阶段型 | 年度 | 40%，3月31日前，完成我省房地产税收贡献度课题研究；3月31日前，完成土地使用税税源征收和税负情况研究；6月30日前，完成我省在外建筑安装企业纳税情况研究；10月31日前，完成财政收入占GDP比重提高路径研究；10月31日前，完成从财政角度探讨如何提高全省经济运行质量研究。按时完成的，得满分；每有一项未按时完成的，扣时间分值的10%。 | 60%，厅领导审批件或同意上报的文件复印件等资料齐全，得满分。每有一项未报厅领导审签或同意上报的，扣质量分值的10%。 | | 完成我省房地产税收贡献度课题研究。完成土地使用税税源征收和税负情况研究。完成我省在外建筑安装企业纳税情况研究。完成财政收入占GDP比重提高路径研究。 | 3月31日前；3月31日前；6月30日前；10月31日前。 | 承担完成省厅领导交办课题研究任务，提出有助于领导科学决策的实用性建议。 | 江苏、浙江相关研究工作完成较好，处于全国领先水平。 | 2015年度完成厅领导交办课题3项。 | 1. 河北省财政厅2016年工作要点。2. 厅内交办事项办理情况清单。3. 科研管理控制程序CX07－2016。4. 科研课题管理作业指导书ZY140－001－2016。 | 审核考评。被考评单位提供厅领导签批件或上报文件的复印件，考评小组审核，形成考评指标执行数据。 |
| BM－101－23 | 调研组织 | 重点围绕省委省政府和厅党组决策部署，制定年度调研规划，精准确定课题，加强应用型研究，提高课题研究的针对性和实用性。 | 阶段型 | 年度 | 40%，4月30日之前发布年度调研课题规划；7月31日之前完成年度调研课题中期检查；厅领导审定后，2个工作日内发布课题评价结果。按时完成得满分，每延误1项扣减时间分值的30%。 | 60%，调研课题规划、中期检查结果和课题评价结果正式发布，得满分。每有一项未完成，扣质量分值的50%。 | | 1. 发布年度调研课题规划；2. 发布财政调研课题中期评价结果；3. 发布调研课题评价结果。 | 1. 4月30日；2. 7月31日；3. 2个工作日内。 | 按照厅党组要求，从调研课题规划和中期检查两方面提高调研精准度。 | 参照省社科院和省社科规划办课题规划要求编制。 | 以前调研精准度较差，初步促成调研选题精准、定位精准、措施精准。 | | 审核考评。被考评单位按照序时进度和时间节点要求，通过月小结上传调研办法（上会稿）、文件，调研规划课题初审意见报厅领导情况报告、调研规划课题评审结果等资料，考评小组审核，形成考评指标执行数据。 |

续表

| | | | | | | | | | | | | | | |
|---|---|---|---|---|---|---|---|---|---|---|---|---|---|---|
| BM－101－47 | 单位调查研究 | 加强国家宏观政策、省委省政府重大决策部署和对口部门政策研究。单位承担的调研项目，办公室、科研所不少于2项，其他单位不少于1项。处级以上干部围绕改革至少独立开展一次专项调研，内容不得与单位承担调研课题雷同。 | 年度型 | 年度 | 40%，单位调研课题列入全厅年度调研规划，10月31日前通过主管厅领导审签；处级以上干部专题调研不列入全厅年度调研规划，12月1日前通过主管厅领导审签。按时完成得满分，未按时完成扣时间分值的100%。 | 60%，单位研究报告在调研规划课题评审工作中评审等次为优秀、良的得满分；评审等次为一般的，扣质量分值的5%；未提交评审的扣质量分值的100%；处级个人承担的调研自愿参评，不扣质量分。 | | 单位调研课题列入全厅年度调研规划，通过主管厅领导审签。 | 10月31日前。 | 围绕省委省政府重点部署、财政改革深化、全厅重点工作深入开展调查研究。 | 省委研究室、省政府研究室重大事项调研工作。 | 以往年度调研报告符合领导要求。 | 《河北省财政厅关于印发2016年工作要点及编制2016年绩效计划的通知》（冀财办［2016］12号）、政务信息管理作业指导书ZY101－009－2014。 | 审核考评。办公室提供调研报告提交评审工作记录、调研规划课题评审结果，考评小组审核，形成考评指标执行数据。 |
| BM－101－48 | 处级干部调查研究 | 加强国家宏观政策、省委省政府重大决策部署和对口部门政策研究。单位承担的调研项目，办公室、科研所不少于2项，其他单位不少于1项。处级以上干部围绕改革至少独立开展一次专项调研，内容不得与单位承担调研课题雷同。 | 年度型 | 年度 | 40%，单位调研课题列入全厅年度调研规划，10月31日前通过主管厅领导审签；处级以上干部专题调研不列入全厅年度调研规划，12月1日前通过主管厅领导审签。按时完成得满分，未按时完成扣时间分值的100%。 | 60%，单位研究报告在调研规划课题评审工作中评审等次为优秀、良的得满分；评审等次为一般的，扣质量分值的5%；未提交评审的扣质量分值的100%；处级个人承担的调研自愿参评，不扣质量分。 | | 处级以上干部专题调研不列入全厅年度调研规划，通过主管厅领导审签。 | 12月1日前。 | 围绕省委省政府重点部署、财政改革深化、全厅重点工作深入开展调查研究。 | 省委研究室、省政府研究室重大事项调研工作。 | 以往年度调研报告符合领导要求。 | 《河北省财政厅关于印发2016年工作要点及编制2016年绩效计划的通知》（冀财办［2016］12号）、政务信息管理作业指导书ZY101－009－2014。 | 审核考评。办公室提供调研报告提交评审工作记录、调研规划课题评审结果，考评小组审核，形成考评指标执行数据。 |

续表

| | | | | | | | | | | | | | | |
|---|---|---|---|---|---|---|---|---|---|---|---|---|---|---|
| BM-140-03 | 科研管理 | 组织做好全省财政科研课题管理，并组织开展学会活动；配合办公室做好财政调研规划机制建设与优化工作。 | 阶段型 | 年度 | 40%，7月31日前，完成本年度全省财政科研课题立项工作；12月20日前，完成本年度全省财政科研课题评审工作；12月20日前，举办至少2次学会活动；配合办公室做好财政调研规划机制建设与优化工作。按照时间节点完成的，得满分；每有1项未按时完成，扣时间分值的35%。 | 60%，财政科研课题申报通知、课题计划通知、评审情况通报、学会活动通知、方案等资料齐全，举办至少2次学会活动，得满分。每缺少1项，扣质量分值的35%。 | | 完成本年度全省财政科研课题立项工作；完成本年度全省财政科研课题评审工作；举办至少2次学会活动。 | 1. 7月31日前，完成本年度全省财政科研课题立项工作；2. 12月20日前，完成本年度全省财政科研课题评审工作；3. 12月20日前，举办至少2次学会活动。 | 组织做好全省财政科研课题管理，并组织开展学会活动；配合办公室做好提高调研精准度，规范调研流程工作。 | 省人社厅课题管理处于全省领先水平；黑龙江、湖南、广东等地学会活动组织较为出色。 | 2015年圆满完成课题管理工作；往年均顺利开展学会活动。 | 1.《河北省财政科研课题管理办法》（冀财办［2011］30号）。2.《河北省财政学会章程》。3. 科研管理控制程序CX07-2016。4. 财政科研课题研究作业指导书ZY140-002-2016。5. 学会管理作业指导书ZY140-003-2016。 | 审核评价。被考评单位提供课题申报通知、课题计划通知、评审情况通报、学会活动通知、方案等资料。考评小组审核，形成考评指标执行数据。 |

续表

| | | | | | | | | | | | | | | |
|---|---|---|---|---|---|---|---|---|---|---|---|---|---|---|
| BM-140-04 | 《河北财政》和《经济研究参考》编辑 | 做好《河北财政》和《经济研究参考》编辑工作。 | 阶段型 | 年度 | 30%,每月10日前,完成《河北财政》组稿并送印;12月20日前,完成《经济研究参考》编辑组稿工作。按时间节点完成的,得满分,每延误1次扣时间分值的10%。 | 40%,《河北财政》正常出版印刷,对宣传财政工作起到积极作用,得满分。刊物被相关文件、领导批示指出不足,每出现1次扣质量分值的10%;将编辑好的《经济研究参考》电子文稿交付经济杂志社,杂志社同意出版、印刷,得满分。刊物被相关文件或领导批示指出不足的,每出现1次扣质量分值的10%。 | 30%,《河北财政》每年出版12期。每少发行1期,扣数量分值的10%;《经济研究参考》每年出版2期。每少发行1期,扣数量分值的35%。 | 编辑出版12期《河北财政》杂志;编辑出版2期《经济研究参考》。 | 1. 每月10日前,完成《河北财政》组稿并送印;2. 12月20日前完成《经济研究参考》编辑组稿工作。 | 做好《河北财政》和《经济研究参考》编辑工作。 | 辽宁省财政厅科研所杂志编辑在全国处于较高水平;由财政部主管、经济科学出版社主办的《经济研究参考》编辑在全国处于较高水平。 | 《河北财政》2015年共出刊12期,办刊质量得到领导和基层认可,在省直内刊和全国财政系统内刊中处于较高水平;《经济研究参考》办刊水平在大型经济类期刊中处于较高水平。 | 1. 河北省新闻出版局准印证号JL01-0207。<br>2. 由财政部主管、经济科学出版社主办的《经济研究参考》的办刊文件。<br>3. 科研管理控制程序CX07-2016。<br>4. 《河北财政》编辑作业指导书ZY140-005-2016。 | 审核评价。被考评单位提供12期《河北财政》杂志、2期经济研究参考电子版、杂志(或杂志社同意出版证明),厅办公室提供文件或领导批示,考评小组审核,形成考评指标执行数据。 |
| BM-139-06 | 《公共支出与采购》编辑出版 | 编辑出版《公共支出与采购》。 | 日常型 | 季度 | 30%,每月10日前(遇节假日顺延)出版。按照时间节点完成得满分,每延误1期扣时间分值的10%。 | 40%,刊发稿件内容准确、观点正确,无政策误读、数字错误情况发生。如出现观点错误、政策误读、数字错误问题,每条扣质量分值的10%。 | 30%,全年出版杂志12期,得满分。杂志每少1期扣质量分值的10%。 | 出版杂志。 | 每月10日。 | 全面、准确、及时宣传财政财务政策和管理工作。 | 《中国财政》内容丰富、稿件质量高、发行量大。 | 杂志按期出版并受读者好评。 | 《河北省财政厅新闻中心工作规则》。期刊编纂作业指导书ZY139-004-2016。 | 审核评价。被考评单位按通过月小结上传《公共支出与采购》1-12期等证明材料,考评小组审核,形成指标考评数据。 |

续表

| | | | | | | | | | | | | | | |
|---|---|---|---|---|---|---|---|---|---|---|---|---|---|---|
| BM－139－07 | 《河北财政年鉴》编纂 | 收集、整理年鉴资料，组稿、审稿、校对、编纂《河北财政年鉴》。 | 年度型 | 年度 | 40%，6月30日前，完成2015年年鉴出版；10月30日前，完成2016年《河北财政年鉴》宣传图片的筛选、排版。11月30日前完成2016年年鉴初稿，按照时间节点完成得满分，每延误1项扣时间分值的35%。 | 30%，无政策或数据性错误，得满分。发生政策或数据性错误，每条扣质量分值的10%。 | 30%2015年年鉴、2016年年鉴（初稿）齐全，得满分。资料每少1项，扣数量分值的50%。 | 出版2015年年鉴；完成2016年《河北财政年鉴》宣传图片的筛选、排版；完成2016年年鉴初稿。 | 6月30日；10月31日；11月30日。 | 全面、系统、准确地记录全省财政工作，使《河北财政年鉴》成为宣传河北、展示河北的窗口，成为各级领导科学决策的依据和财政系统工作人员必不可少的工具书。 | 《中国财政年鉴》内容丰富、数据翔实。 | 2010年在省方志办、省年鉴学会组织的河北省年鉴编纂出版质量评比中，荣获专业年鉴二等奖。 | 《河北省财政厅新闻中心工作规则》。年鉴编纂作业指导书ZY139－005－2016。 | 审核评价。被考评单位按照序时进度和时间节点要求，通过月小结上传2015年年鉴、2016年年鉴初稿等证明材料，考评小组审核，形成指标考评数据。 |
| BM－139－08 | 财政志编纂 | 编纂《河北省志财政志》。 | 年度型 | 年度 | 40%，5月31日前，完成终审稿修改工作并报厅领导审定；11月30日前，根据厅领导意见修改后报省方志办出版。按时间节点完成得满分，每延误1项，扣时间分值的50%。 | 60%，财政志经厅领导审定后报省方志办出版，得满分。因自身原因未能报送，扣质量分值的100%。 | | 完成终审稿修改工作并报厅领导审定报省方志办出版。 | 5月31日；11月30日。 | 按要求时限和质量完成《河北省志财政志》编纂工作。 | 顺利通过终审，交付出版。 | 2015年按时间和质量要求通过复审和终审。 | 《河北省财政厅新闻中心工作规则》。财政志编纂作业指导书ZY139－006－2016。 | 审核评价。被考评单位按照序时进度和时间节点要求，通过月小结上传终审稿修改稿、厅长审定稿，考评小组审核，形成指标执行数据。 |

## 宣传解读类（6项）

对外宣传、政策宣传解读、宣传沟通与舆情处置、“河北财政微信公众平台”建设、好新闻评选、音像资料采编。

具体指标见表附－7。

**表附－7 内部管理宣传解读类指标案例表（6项）**

| 指标编码 | 指标名称 | 指标释义 | 指标类型 | 考评周期 | 考评标准及评价方法 | | 计划节点 | | | 标准依据 | | | | 数据来源 |
|---|---|---|---|---|---|---|---|---|---|---|---|---|---|---|
| | | | | | 时间方面 | 质量方面 | 数量方面 | 节点 | 完成时间 | 上级要求 | 同行先进 | 历史水平 | 文件依据 | |
| BM－139－01 | 对外宣传 | 加大对外新闻宣传力度，提升财政外部形象。 | 日常型 | 季度 | 30%，每月前2个工作日内，制定本月宣传计划。按时间节点完成得满分，每延误1天扣时间分值的5%。 | 30%，围绕标准化绩效管理、绩效预算、政府采购、医保基金管理方式改革、生态环境治理、水资源税改革、PPP模式推广、股权投资基金、财政支持教育事业发展和财政系统先进典型事迹等，开展专题宣传10个以上。每少1个专题，扣除质量分值的10%。 | 40%，全年在国家级新闻媒体刊发稿件不少于12篇(条)，每少1篇(条)扣数量分值的5%；全年在省部级媒体刊发稿件不少于194篇(条)，每少1篇扣数量分值的1%。 | | | 紧紧围绕和服务财政中心工作，及时、准确、稳妥、积极地运用媒体宣传报道财政政策及财政改革发展情况。 | 省教育厅、省住建厅、山东省财政厅等单位宣新闻传工作策划主题多、发稿多、影响力大。 | 2015年每月制定宣传计划，完成10个专题宣传，连续荣获中国财经报社先进记者站。 | 《河北省财政厅新闻宣传工作管理规定》、外部沟通控制程序CX16－2016、新闻宣传作业指导书ZY139－001－2016。 | 审核评价。被考评单位按照序时进度和时间节点要求，通过月小结上传月宣传计划、新闻稿件刊发台账等证明材料，考评小组审核，形成指标执行数据。 |
| BM－139－02 | 政策宣传解读 | 围绕财政政策出台情况，向社会公众做好相关宣传解读工作。 | 日常型 | 季度 | 40%，按照上级要求、厅领导指示或处室需求，及时准确地做好财政政策宣传解读工作。有具体时限要求的要按要求时间完成。按时完成得满分，每延误1项扣减时间分值的5%。 | 60%，对财政政策、文件等的宣传解读内容进行严格审核把关，确保内容准确，不发生政策误读、数字错误问题。如出现政策误读、数字错误问题，每出现1处扣质量分值的10%。 | | | | 省委办公厅、省人民政府办公厅印发的《河北省建立健全信息发布和政策解读机制实施方案》要求，进一步完善信息发布制度，并主动做好政策宣传解读工作。 | 中国财经报社对财政部出台的政策宣传解读准确、及时、可读性强。 | 新闻中心每年都围绕重要的财政政策出台组织相关宣传解读工作。 | 《河北省建立健全信息发布和政策解读机制实施方案》新闻发布作业指导书ZY139－003－2016、新闻宣传作业指导书ZY139－001－2016。 | 审核评价。被考评单位依具体情况通过月小结上传政策解读的宣传台帐等，考评小组审核，形成考评指标执行数据。 |

续表

| | | | | | | | | | | | | | | |
|---|---|---|---|---|---|---|---|---|---|---|---|---|---|---|
| BM－139－03 | 宣传沟通与舆情处置 | 做好与上级相关部门的沟通协调，及时做好舆情处置相关工作。 | 日常型 | 季度 | 40%，每月10日前向省委宣传部报送全省财政系统上月中央媒体发稿情况；及时有效地做好舆情处置工作，保证发现舆情24小时之内向省网信办做好汇报沟通，并协助厅办公室做好中心职责范围内的舆情处置工作。按照时间节点完成得满分，每延误1项扣时间分值的5%。 | 60%，在舆情处置工作中，无因应对不得当、不及时，导致事态进一步恶化的情况出现。如出现舆情处置不当事故，每次扣质量分值10%。 | | | | 厅长办公会要求在宣传沟通方面下功夫，进一步完善沟通工作，做好网络舆情引导、应急处置等工作。 | 省委宣传部及时有效地做好舆情处置工作。 | 无舆情处置不当事故发生。 | 《河北省财政厅公共关系风险内部控制办法（试行）》、《河北省财政厅新闻宣传工作管理规定》。新闻宣传作业指导书 ZY139－001－2016、新闻发布作业指导书 ZY139－003－2016。 | 审核评价。被考评单位按照序时进度和时间节点要求，通过月小结上传向省委宣传部报送资料、舆情处置情况等证明材料，考评小组审核，形成指标考评数据。 |
| BM－139－04 | “河北财政微信公众平台”建设 | 开通“河北财政微信公众平台”，通过微信推送财政工作亮点、改革成果及政策宣传解读等内容。 | 年度型 | 年度 | 30%，6月30日前完成微信公众平台开通工作。按照时间节点完成得满分，未按时完成扣时间分值的100%。 | 40%，微信公众平台运行期间无发布内容不当、政策或数据性错误等情况发生。如出现内容不当、数据或政策性错误，每出现一次扣质量分值的10%。 | 30%，每月更新推送信息不少于20条，每少1条扣数量分值的1%。 | | | 两办印发《河北省建立健全信息发布和政策解读机制实施方案》，要求针对公众关切，利用官方网站、热线电话、党务政务公开栏、新闻媒体和手机等移动终端，及时、全面、准确地发布权威信息。 | 财政部于2014年1月份开通政务微信，信息权威、栏目丰富、语言生动，订阅量突破10万。浙江、四川、贵州、河南、山西、湖南等省财政厅已创建微信订阅号。 | 我厅尚未开设官方微信平台。 | 《河北省建立健全信息发布和政策解读机制实施方案》、《河北省财政厅新闻宣传工作管理规定》。信息化管理控制程序 CX13－2016。 | 审核评价。被考评单位按照序时进度和时间节点要求，通过月小结上传开通微信公众平台的请示报告、信息推送台账等证明材料，考评小组审核，形成指标考评数据。 |
| BM－139－05 | 好新闻评选 | 组织开展2015年度“河北财政好新闻”评选活动。 | 阶段型 | 年度 | 70%，5月31日前发布评选通知，7月31日前公布评选结果，9月30日前编印“2015年度好新闻集锦”。按照时间节点完成得满分，每延误1项扣时间分值的35%。 | 30%，编印“2015年度河北财政好新闻集锦”得满分。因自身原因未完成，扣质量分值的100%。 | | 发布活动通知公布评选结果；编印“2015年度河北财政好新闻集锦”。 | 5月31日；7月31日；9月30日。 | 根据《河北省财政厅新闻宣传工作管理规定》，厅新闻中心负责指导市县财政新闻宣传工作。 | 省委宣传部每年开展“河北好新闻评奖”活动。 | 自2008年以来，每年组织开展一次“河北财政好新闻”评选活动。 | 参照《河北省委宣传部关于组织开展“河北好新闻”评奖活动的通知》。 | 审核评价。被考评单位按照序时进度和时间节点要求，通过月小结上传活动通知、获奖通报和“2015年度河北财政好新闻集锦”等证明材料，考评小组审核，形成指标考评数据。 |

续表

| | | | | | | | | | | | | | |
|---|---|---|---|---|---|---|---|---|---|---|---|---|---|
| BM－139－09 | 音像资料采编 | 拍摄照片，录制视频资料。 | 年度型 | 年度 | 40%，影像资料拍摄效果清晰，得满分；每出现1次不符合要求的，扣质量分值的10%。 | 60%，全年录制视频资料10部以上，得满分。每少1部扣数量分值的10%；全年向厅内网、杂志、年鉴、展板及有关媒体提供照片数量100张以上，得满分。每少1张扣数量分值的1%。 | | 厅内活动。 | 及时完成。 | 及时提供摄影摄像服务。 | 省公安厅设备先进、人员多，有专门的音像中心。 | 及时提供摄影摄像服务。 | 《河北省财政厅新闻中心工作规则》。影像资料管理作业指导书ZY139－007－2016。 | 审核评价。被考评对象按照序时进度和时间节点要求，通过月小结上传工作台账，考评小组审核，形成指标考评数据。 |

## 离退休干部服务类（2项）

落实离退休干部政治待遇、落实离退休干部生活待遇。

具体指标见表附－8。

**表附-8 内部管理离退休干部服务类指标案例表（2项）**

| 指标编码 | 指标名称 | 指标释义 | 指标类型 | 考评周期 | 考评标准及评价方法 |  | 计划节点 |  |  | 标准依据 |  |  |  | 数据来源 |
|---|---|---|---|---|---|---|---|---|---|---|---|---|---|---|
|  |  |  |  |  | 时间方面 | 质量方面 | 数量方面 | 节点 | 完成时间 | 上级要求 | 同行先进 | 历史水平 | 文件依据 |  |
| BM-134-01 | 落实离退休干部政治待遇 | 严格落实离退休干部政治待遇。 | 年度型 | 年度 | 40%，根据年度工作计划，每月15日组织离退休干部学习；2017年1月26（春节）前慰问老干部；12月31日前为离退休干部订阅报刊；为离退休干部办理优待证；慢性病申报；协助办理离退休干部丧葬事宜。按照时间节点完成得满分，每延误1项扣时间分值的20%。 | 40%，学习内容和学习记录资料齐全，慰问活动方案和活动记录资料齐全，订阅报刊资料齐全，办理优待证登记齐全，慢性病申报，在离退休干部去世后及时协助办理相关事宜，得满分。每次每少1项扣质量分值的25%。 | 20%，组织离退休干部学习活动每年不少于8次，春节前慰问老干部，订阅报刊，办理老年优待证不漏人得满分，每漏订一人，扣数量分值的10%。 | 月初准备学习资料，12月份准备订阅报刊2017年1月初准备慰问老干部方案。 | 15日组织学习，12月31日完成订阅报刊工作，2017年1月26（春节）前慰问老干部。 | 严格落实离退休干部“两项待遇”政策规定。 | 落实离退休干部政治待遇到位。 | 根据年度工作计划，按规定办理相关事项，圆满完成指标任务。 | 离退休干部服务与管理作业指导书ZY134-001-2014，《离退休干部处现行制度》。 | 审核评价。被考评对象提供组织学习时间、内容、地点情况；慰问老干部请示、活动方案、人员名单；订阅报刊、办理优待证、慢性病申报人员名单记录；去世老干部生平、讣告等资料。通过月小结上传相关工作记录登记资料，考评小组审核，形成指标执行数据。 |
| BM-134-02 | 落实离退休干部生活待遇 | 严格落实离退休干部生活待遇。 | 年度型 | 年度 | 60%，各次活动方案和活动记录资料齐全，各项补贴发放记录资料齐全，车辆使用记录资料齐全，得满分。每次每少1项扣质量分值的25%。 | 40%，每年度集中组织离退休干部开展春季、秋季棋类比赛各一次，集中组织开展离退休干部春季、秋季趣味性运动会各一次；每月月底发放各类补贴；及时保障离退休干部用车。按照时间节点完成得满分，每延误1次扣时间分值的20%。 |  | 每季度准备活动方案，并按方案开展活动。每月按时发放各类补贴。及时保障老干部用车。 | 每季度并按方案开展活动。按时发放各类补贴。 | 严格落实离退休干部“两项待遇”政策规定。 | 落实离退休干部生活待遇到位。 | 根据年度工作计划，按规定开展相关工作，圆满完成指标任务。 | 离退休干部服务与管理作业指导书ZY134-001-2014，《离退休干部处现行制度》。 | 审核评价。被考评对象提供春季、秋季棋类比赛活动方案、参赛人员名单；春季、秋季趣味运动会比赛活动方案、参赛人员名单；领取各类补贴人员名单；用车派车单等资料。通过月小结上传记录等资料，考评小组审核，形成指标执行数据。 |

## 财务管理类（6 项）

预算细化和执行、会计核算与财务报告、资产管理、现金银行管理、人员工资补贴管理、会计基础规范和内控管理。

具体指标见表附 -9。

**表附－9 内部管理财务管理类指标案例表（6项）**

| 指标编码 | 指标名称 | 指标释义 | 指标类型 | 考评周期 | 考评标准及评价方法 | | 计划节点 | | | 标准依据 | | | | 数据来源 |
|---|---|---|---|---|---|---|---|---|---|---|---|---|---|---|
| | | | | | 时间方面 | 质量方面 | 数量方面 | 节点 | 完成时间 | 上级要求 | 同行先进 | 历史水平 | 文件依据 | |
| BM－101－35 | 预算细化和执行 | 细化办公室统筹专项公用经费预算，汇总机关各处室单位使用的专项公用经费细化预算，对各单位上报的预算调整申请提出意见；编报厅机关和厅属事业单位、农发办机关和所属事业单位"三公"两费月报，汇总上报全厅"三公"两费月报。 | 年度型 | 年度 | 40%，按照预算编制要求，汇总厅机关各处室、厅属各单位预算细化情况；部门预算批复后15个工作日内，报送厅机关及系统专项项目资金支付方式划分意见和全年分月用款计划；各单位上报预算调整申请5个工作日内，提出具体办理意见。编制各单位"三公"经费月报；汇总上报"三公"经费月报。按照时间节点完成得满分。每延误1项扣时间分值的10%。 | 60%，不出现超年初预算执行或超年初预算部分已经厅领导批准；专项公用经费预算累计调整额不超过专项公用经费预算资金总额5%，得满分。每有1项未达到要求，扣质量分值的5%。 | | 1.汇总厅机关各处室、事业单位预算细化情况；2.报送厅机关及系统专项资金支付方式划分意见和全年分月用款计划；3.提出预算调整具体办理意见；4.编制三公经费月报；5.汇总上报三公经费月报。 | 1.按预算编制时间要求；2.部门预算批复后15个工作日内；3.各单位上报预算调整申请5个工作日内；4,每月12日前；5.每月15日前。 | 严格预算执行。 | 省直先进单位。 | 近年来预算执行均符合规定要求。 | 《河北省省级预算管理规定》（河北省人民政府令［2005］第3号）、《省级部门预算全年分月用款计划管理办法》（冀财库［2013］41号）、《河北省财政厅财务管理办法》（冀财办［2015］64号）。 | 审核评价。被考评对象提供预算调整申请、厅机关及代管事业单位全年分月用款计划、专项资金执行情况等资料，单位负责人审核，考评小组复核，形成考评指标执行数据。 |

续表

| | | | | | | | | | | | | | | |
|---|---|---|---|---|---|---|---|---|---|---|---|---|---|---|
| BM－101－37 | 会计核算与财务报告 | 严格审核厅系统、机关和农发办系统、机关以及厅属事业单位和农发办属事业单位、工会、学协会、冀财基金公司等各项支出，按照规定的流程进行会计核算和账务处理，包括报销单据制单、记账、编制报表；与出纳对账，核对银行存款余额调节表。 | 日常型 | 季度 | 40%，及时记账，每月终了后7个工作日内编制月度财务报表，年度终了后20个工作日内，编制年度财务报表。按照时间节点完成得满分。报表编制工作每延误1次，扣时间分值的10%。 | 60%，报表科目设置符合会计制度规定，按时编报会计报表。科目设置正确并按时编制报表得满分。每有1次不符合要求，扣质量分值的10%。 | | 1. 编制月度财务报表；2. 编制年度财务报表。 | 1. 每月终了后7个工作日内；2. 年度终了后20个工作日内。 | 日常财务管理水平在省直部门名列前茅。 | 省直先进单位。 | 历年财务管理符合规定。 | 《河北省财政厅财务管理办法》（冀财办［2015］64号）、《河北省财政厅财务报销管理规程》（冀财办［2015］47号）。 | 审核评价。被考评对象按照序时进度或时间节点要求，通过月小结上传财务报表完成情况台账，单位负责人审核，考评小组复核，形成考评指标执行数据。 |
| BM－101－39 | 资产管理 | 组织行政及事业单位资产清查工作；厅机关固定资产价值核算，厅机关固定资产收入上缴及申请使用提出具体意见，对固定资产出租、出借事项提出具体意见。 | 年度型 | 年度 | 40%，4月30日前下发全厅资产清查通知，9月30日前上报全厅资产清查数据。每月终了10个工作日内，完成厅机关固定资产登记；接到申请后5个工作日内，提出厅机关固定资产收入上缴及申请使用具体意见；接到处置申请后5个工作日内，提出具体意见。考评采取抽查方式，每项抽查不少于5次，按照时间节点完成得满分，每项每延误1次扣时间分值的10%。 | 60%，固定资产账目登记内容包括购买日期、产品型号、购买价格、使用单位，资产清查内容完整，手续齐整，审核或审批档案完整，得满分。每少1项扣质量分值的5%。 | | 1. 下发资产清查通知；2. 上报资产清查数据；3. 固定资产登记；4. 提出收入上缴及申请使用具体意见；5. 提出处置具体意见。 | 1. 4月30日前；2. 9月30日前；3. 每月终了10个工作日内；4. 接到收入上缴及申请后5个工作日内；5. 接到处置申请后5个工作日内。 | 固定资产日常管理手续齐全，账目登记清晰，账账、账实相符。 | 省政府办公厅固定资产管理。 | 未出现固定资产管理问题。 | 《河北省财政厅关于开展2016年行政事业单位国有资产清查工作的通知》（冀财资［2016］32号）、地方行政单位国有资产处置管理暂行办法（财行【2014】228号）、河北省省级事业单位国有资产出租出借管理办法（冀财资［2012］145号）、《河北省财政厅固定资产管理办法》（冀财办【2015】60号）。 | 审核评价。被考评对象按照序时进度或时间节点要求，通过月小结上传固定资产清查通知及相关资料，固定资产管理账目、审核审批档案等资料，单位负责人审核，考评小组复核，形成考评指标执行数据。 |

续表

| | | | | | | | | | | | | | | |
|---|---|---|---|---|---|---|---|---|---|---|---|---|---|---|
| BM - 101 - 41 | 现金银行管理 | 厅机关及所属事业单位、农发办机关及所属事业单位、工会、基金公司、学会、协会等单位核对报销单据、办理借款、支票领用及核销、收取对账单据、与银行对账并编制银行存款余额调节表、登记现金和银行存款日记账，以及现金管理，保证日清月结。 | 日常型 | 季度 | 40%，每月终了后5个工作日内，收取上月对账单，编制银行存款余额调节表。按照时间节点完成得满分。每延误1项，扣时间分值的10%。 | 60%，银行对账单和银行存款余额调节表余额相等，得满分。每有1次银行存款余额调节表与银行存款日记账出现不符的，扣质量分值的10%。 | | 收取银行对账单，编制银行存款余额调节表，填制现金盘点表。 | 每月终了后5个工作日内。 | 按要求管理现金银行。 | 省直先进单位。 | 近三年银行现金管理符合规定。 | 《河北省财政厅财务管理办法》（冀财办［2015］64号）、《河北省财政厅财务报销管理规程》（冀财办［2015］47号）。 | 审核评价。被考评单位按照序时进度或时间节点要求，通过月小结上传银行对账与现金盘点台账，考评小组审核，形成指标考评数据。 |

续表

| | | | | | | | | | | | | | | | |
|---|---|---|---|---|---|---|---|---|---|---|---|---|---|---|---|
| BM－101－42 | 人员工资补贴管理 | 机关及代管事业单位人员工资、补贴核算发放，个税代扣代缴；制定《支付劳务报酬代扣代缴所得税业务管理规程》，规范厅内各单位劳务报酬缴纳个税管理；机关和代管单位医保缴纳、医保参保人员药费报销和代扣个人医保；机关和代管单位住房公积金缴纳、支取和代扣。 | 年度型 | 年度 | 40%，①每月26日前，上报工资及与工资有关的发放项目等数据；及时扣缴医疗保险、公积金、个人所得税等代扣费用。每月15日前解缴个税。②3月底完成《支付劳务报酬代扣代缴所得税业务管理规程》起草和论证；5月15日前完成管理规程征求意见；6月底前经厅长批准后印发执行。③医保参保人员药费单据每月25日至次月5日送医保中心审核，10－15日报销；3月份工资中扣除机关和代管单位人员医疗保险费用。④零余额额度足额下达后5日内缴纳机关及代管单位住房公积金；每月10－30日可提取。每月26日前工资中扣除机关和代管单位人员住房公积金费用。按照时间节点完成得满分，每延误1项扣时间分值的10%。 | 60%，①管理规程通过厅领导批准印发。②工资数据内容完整，数据准确，审核通过，及时扣除，按时发放。③医保、住房公积金、个税按时解缴。④报销药费和公积金支取数据无误。按要求完成得满分。每缺少1项，扣质量分值的5%。 | | 1.上报工资发放数据和代扣个人医保公积金个税等；2.代扣代缴个税；3.起草劳务报酬代扣代缴所得税业务管理规程并论证；4.征求意见；5.印发执行；6.医保参保人员药费送医保中心审核；7.医药费报销；8.代扣个人医保；9.缴纳住房公积金；10.提取住房公积金；11.代扣住房公积金。 | 1.每月26日前；2.每月15日前；3.3月底；4.5月15日前；5.6月底；6.每月25日至次月5日；7.每月10－15日；8.每月26日前；9.额度足额下达后5个工作日内；10.每月10－30日；11.每月26日前。 | 管理规范，按时上报，准确扣缴。 | | | 工资报表、人员调整通知资料，工资发放有关依据，《个人所得税法》、《个人所得税管理条例》，省直医疗保险管理办法，省直住房公积金通知。 | | 审核评价。被考评对象按照时序或时间节点要求，通过月小结上传人员工资单和个税代扣代缴等资料，按照时间节点要求上传管理规程征求意见和印发执行资料，按照序时进度或时间节点要求，通过月小结上传工资单、缴纳医保单据、药费票据、公积金缴纳明细表、支取公积金表等资料，单位负责人审核，考评小组复核，形成考评指标执行数据。 |

续表

| | | | | | | | | | | | | | | |
|---|---|---|---|---|---|---|---|---|---|---|---|---|---|---|
| BM-101-40 | 会计基础规范和内控管理 | 会计人员持证上岗，记账凭证、账簿、报表装订、归档和财务交接管理规范，每日对财务业务日清情况进行督导，记录每月财务报表完成情况台账。落实《内控规范》和厅《内控办法（试行）》和《内控规程》，防范财务风险。 | 年度型 | 年度 | 40%，记账凭证、会计账簿、会计报表每年2月底前装订。每月末完成财务业务日清督查表；每月终了后7个工作日内完成财务报告完成情况台账。每季度终了后5个工作日内收集上传上季度内控管理落实台账。按照时间节点完成得满分，每延误一项扣时间分值的10%。 | 60%，记账凭证、会计账簿、会计报表装订整齐；财务业务工作完成情况台账记录完整；移交工作有移交清单。内控管理台账填写完整，项目齐全. 符合要求得满分，发现一项不符合要求扣质量分值的10%。 | | 1. 会计凭证、账簿、报表完成装订；2. 完成财务业务日清督查表；3. 完成财务报告完成情况台账；4. 收取上传内控管理台账。 | 1. 2月29日前；2. 每月终了后；3. 每月终了后7个工作日内；4. 每季度终了后5个工作日内。 | 会计基础工作规范，防范财务风险。 | | 省直部门领先。 | 《河北省财政厅会计基础规范实施细则》（冀财办【2015】51号）、财政部《内控规范》、厅《部门财务风险内部控制办法（试行）》。 | 审核评价。被考评对象按照序时进度或时间节点要求，通过月小结上传装订后记账凭证、会计账簿、会计报表照片，财务业务日清情况督查表和财务业务完成情况台账等资料，通过季度小结上传内控台账，单位负责人审核，考评小组复核，形成考评指标执行数据。 |

## 机关服务类（8项）

机关后勤保障综合管理机制建设、机关食堂餐饮服务、机关运转服务、消防保卫、物业服务保障、厅机关车辆管理、公务接待厅机关、值班管理。

具体指标见表附-10。

**表附－10 内部管理机关服务类指标案例表（8项）**

| 指标编码 | 指标名称 | 指标释义 | 指标类型 | 考评周期 | 考评标准及评价方法 | | 计划节点 | | | 标准依据 | | | | 数据来源 |
|---|---|---|---|---|---|---|---|---|---|---|---|---|---|---|
| | | | | | 时间方面 | 质量方面 | 数量方面 | 节点 | 完成时间 | 上级要求 | 同行先进 | 历史水平 | 文件依据 | |
| BM－145－01 | 机关后勤保障综合管理机制建设 | 构建覆盖新旧两个办公区效率高、质量好、服务优的综合服务保障体系。 | 阶段型 | 年度 | 40%，1月31日前，起草制定《泰华街办公区物业监督管理办法》；2月15日前，与物业公司签订泰华街办公区物业消耗品采购协议；6月30日前，建立完整的后勤基础数据分类台账；12月15日前，完成泰华街办公区物业服务合同续签工作。按时间节点完成得满分，每延误1项扣时间分值的25%。 | 60%，《泰华街办公区物业监督管理办法》经厅领导审定并正式印发；泰华街办公区物业消耗品采购协议正式签订；后勤数据台账包括消耗品采购出入库、维修维护、办公区基础资料台账等；物业服务合同正式签订。以上资料完整得满分，每缺少一项扣质量分值的25%。 | | 制定《泰华街办公区物业监督管理办法》签订泰华街办公区物业消耗品采购协议建立后勤数据分类台账签订泰华街办公区物业服务合同。 | 1月31日前；2月15日前；6月30日前；12月15日前。 | 建立泰华街办公区、中华大街办公区协调联动保障机制。 | 省地税局机关后勤综合保障机制。 | 基本满足两个办公区日常保障要求。 | 《河北省财政厅机关服务中心工作规则》。 | 审核评价。被考评单位按照序时进度和时间节点要求，通过月小结上传《泰华街办公区物业监督管理办法》、消耗品采购协议、后勤基础数据台账目录、物业服务合同等资料，考评小组审核，形成考评指标执行数据。 |
| BM－145－02 | 机关食堂餐饮服务 | 餐饮服务监督管理、食品安全、食堂餐厅安全管理等事务。 | 日常型 | 季度 | 40%，每天早7点30分—8点20分，中午11点30分—12点20分，准时提供自助餐；餐具当日清洁消毒；质检员每日对采购物品进行检查；每周填报物品采购计划表；每天对餐厅进行巡查。按时间节点完成的满分，每延误一次扣时间分值的5%。 | 60%，餐具清洁消毒记录、采购物品验收入库单、物品采购计划表、食堂巡查登记记录等资料齐全。资料完整得满分，每缺少一项扣质量分值的25%。 | | | | 食堂管理规范安全。 | 省地税食堂管理工作。 | 食堂管理未出现重大差错。 | 《机关食堂员工自律守则》、ZY145－005－2016机关食堂管理作业指导书。 | 审核评价。被考评单位通过月小结上传餐具清洁消毒记录、采购物品验收入库单、物品采购计划表、食堂巡查登记记录等，考评小组审核，形成考评指标执行数据。 |

续表

| | | | | | | | | | | | | | | |
|---|---|---|---|---|---|---|---|---|---|---|---|---|---|---|
| BM－145－03 | 机关运转服务 | 办公用品购置、发放工作，办公通讯系统的运行维护；医疗、理发、办公环境等事务管理；厅机关会议室的运行保障工作。 | 日常型 | 季度 | 40%，接到各单位办公用品领用表后，当天完成领用；每月25日前，进行1次卫生检查；接到电话报修后，小故障当天修复，大故障7天内修复；会议召开前1天做好会议室准备及清扫工作。按时间节点完成得满分，每延误一次扣时间分值的5%。 | 60%，办公用品申购单、购货清单、办公用品领用表、卫生检查记录、电话维修记录表、会议室使用登记表、理发记录、医疗服务记录等资料齐全。资料完整得满分，每缺少一项扣质量分值的15%。 | | | | 确保全厅办公正常运行。 | 省委办公厅后勤保障工作、太行国宾馆生活服务工作、中国大酒店会议服务保障工作。 | 各项保障工作基本符合要求。 | 《河北省财政厅机关服务中心办公用品管理办法（试行）》、《河北省财政厅机关服务中心理发工作管理办法》、《河北省财政厅会议室和文体活动中心管理办法（试行）》、ZY145－003－2014机关办公用品作业指导书。 | 审核评价。被考评单位按照序时进度和时间节点要求，通过月小结上传提供办公用品申购单、购货清单、办公用品领用表、卫生检查记录、电话维修记录表、会议室使用登记表、理发记录、医疗服务记录等资料，考评小组审核，形成考评指标执行数据。 |
| BM－145－04 | 消防保卫 | 巡查辖区消防设施设备并做好记录；对保安执勤、在岗率、仪容仪表、礼貌执勤等进行监督检查。 | 日常型 | 季度 | 40%，2月28日、7月31日前聘请专业的消防检测机构对机关消防设施进行检测；12月31日前进行一次消防安全培训；每月15日前对消防设施进行巡查。按时间节点完成得满分，每延误一次扣时间分值的5%。 | 60%，消防设施检测记录、培训记录、安全检查记录齐全得满分。资料每缺少1次扣数量分35%；发生消防、安全事故扣质量分值的100%。 | | | | 遵守消防法律、法规，确保辖区安全保障工作。 | 省政府、省人事厅建立起“技防＋人防”相统一的立体安保体系。 | 未发生消防事故。 | 《消防法管理相关条例》《河北省财政厅机关安全保卫制度》《河北省财政厅机关服务中心岗位巡查制度的通知》《河北省财政厅机关门卫工作制度》、ZY145－008－2016消防管理作业指导书。 | 审核评价。被考评单位通过月小结上传消防设施检测记录、培训记录、安全检查记录等资料，办公室提供消防、安全事故统计，考评小组审核，形成考评指标执行数据。 |
| BM－145－05 | 物业服务保障 | 建筑物及配套的水、电、暖、制冷、电梯等设施设备和相关场地日常管理、保养和维修工作。 | 日常型 | 季度 | 40%，每周对设施设备巡查1次，发现问题在1个工作日内解决；接到办公区及宿舍区报修后，小故障1个工作日内解决，大故障7个工作日内解决。按时间节点完成得满分，每延误一次扣时间分值的5%。 | 60%，设施设备巡查记录、泰华街办公区维修记录、中华大街办公区及各宿舍区维修记录等齐全得满分。资料每缺少1次扣质量分35%。 | | | | 保安全、保运转、强服务、降成本。 | 省地税局、省教育厅、省工商局房产物业管理工作。 | 房产物业管理基本符合规范。 | 《河北省机关事务管理局关于2015年全省公共机构节约能源资源工作安排的通知》（冀事管［2015］15号）、ZY145－006－2016房产物业维修维护作业指导书。 | 审核评价。被考评单位按照序时进度和时间节点要求，通过月小结上传设施设备巡查记录、泰华街办公区维修记录、中华大街办公区及各宿舍区维修记录等资料，考评小组审核，形成考评指标执行数据。 |

续表

| | | | | | | | | | | | | | | |
|---|---|---|---|---|---|---|---|---|---|---|---|---|---|---|
| BM-145-06 | 厅机关车辆管理 | 车辆运行管理工作。 | 日常型 | 季度 | 60%，按规定计划对车辆进行保养、年检。按照时间节点完成得满分，每延误1次扣时间分值的10%。 | 40%，车辆保养、年检记录等资料齐全得满分。资料每缺少1次扣质量分50%。 | | | | 规范公务用车管理。 | 交管部门车辆安全管理工作。 | 车辆管理基本符合规定。 | 河北省财政厅公务用车管理办法、ZY145-001-2016车辆管理作业指导书。 | 审核评价。被考评单位按照序时进度和时间节点要求，通过月小结上传车辆保养、年检记录等资料，考评小组审核，形成考评指标执行数据。 |
| BM-145-07 | 公务接待 | 妥善做好接待住宿、就餐和行程安排。 | 日常型 | 季度 | 60%，按照接待方案要求即时办理好来宾的吃、住、行。考评采取抽查的方式，抽查不少于5，按照时间节点完成得满分，每出现1次延误扣时间分值的20%。 | 40%，接待工作记录、接待事项审批表齐全。考评采取抽查的方式，抽查不少于5次，达到要求得满分。每少1项扣质量分值的10%。 | | | | 严格落实国家、省内以及厅内公务接待管理办法，按相关标准做好接待工作。 | 省委接待办接待工作。 | 接待管理符合规定。 | 《河北省党政机关国内公务接待管理办法》《财政厅公务接待办理办法实施细则》、ZY145-002-2016公务接待作业指导书。 | 审核评价。被考评单位按照序时进度和时间节点要求，通过月小结上传接待工作记录、接待事项审批表等资料，考评小组审核，形成考评指标执行数据。 |
| BM-101-43 | 厅机关值班管理 | 制定完善厅机关值班工作相关管理规定和办法，组织安排厅机关具体值班工作。 | 日常型 | 季度 | 50%，根据人教处提供的人员名单以及全年工作日、节假日安排情况，提前10天安排下一月的值班工作。按时间节点完成得满分，每延误一天扣时间分值的10%。 | 50%，按照相关规定对厅机关值班工作做出安排，得满分。未厅机关值班工作做出安排，扣质量分值的100%。 | | | | 《河北省政府系统值班工作规定》《关于做好2016年节假日期间值班工作的通知》相关要求。 | 省委值班室、省政府应急办。 | | 《河北省政府系统值班工作规定》、《关于做好2016年节假日期间值班工作的通知》。 | 审核评价。被考评对象按照序时进度或时间节点要求，通过月小结上传《厅干部值班表》等资料，考评小组审核，形成考评指标执行数据。 |

## 业务管理类（25项）

对财政部门来讲，预算编制、执行、监督等属于业务管理，我们从河北省财政厅绩效目标指标体系中，选取了具有财政典型特征的一些绩效指标，作为业务管理指标案例。具体包括：中央资金争取、预算执行进度、部门预决算公开、部门预算编审（职能处室）、部门预算编审（部门预算主管处）、部门预算编审（预算绩效管理处）、部门年初预算到位率、提前下达转移支付资金到位率、年终结余结转率、专项资金日常管理、绩效预算编制、重点支出项目绩效评价、绩效评价指标体系建设、政府购买服务实施、市县财政运行监控、县级“三保”支出预算审核、政府新增债务限额管理、政府置换债券规模管理、地方政府定向发行承销组织管理、全省财政预算执行分析、PPP示范项目建设、税收专项清查、会计法规执法检查、会计从业资格考试、财政一体化信息系统建设。

具体指标见表附－11。

**表附－11　财政业务管理指标指标案例表（25项）**

| 指标编码 | 指标名称 | 指标释义 | 指标类型 | 考评周期 | 考评标准及评价方法 | | 计划节点 | | | 标准依据 | | | | 数据来源 |
|---|---|---|---|---|---|---|---|---|---|---|---|---|---|---|
| | | | | | 时间方面 | 质量方面 | 数量方面 | 节点 | 完成时间 | 上级要求 | 同行先进 | 历史水平 | 文件依据 | |
| 涉及多单位（处室）指标 | 中央资金争取 | 强化资金筹措，争取中央支持。 | 年度型 | 年度 | 100%，完成年度既定争取资金目标增幅任务的，得满分；财政部门主管资金增幅每低于目标增幅1个百分点，扣减分值5%；其他部门主管、财政部门配合的资金增幅每低于目标增幅1个百分点，扣减分值2%。（涉外处三项指标每低于目标任务10%的，扣减分值5%）<br>其中，考评范围不含以下项目资金：<br>①中央以因素法分配转移支付资金中，按特定因素分配，与主观努力程度没有直接关联的；<br>②固定补助基数的转移支付资金；<br>③中央按照自然灾害发生情况分配的救灾资金；<br>④厅长办公会确定的剔除因素。 | | | | | 积极争取中央资金，完成增幅超过中央转移支付资金平均增幅1个百分点以上。 | （被考评单位自填）。 | （被考评单位自填）。 | 《河北省财政厅关于印发2016年工作要点及编制2016年绩效计划的通知》（冀财办［2016］12号）。 | 审核评价。预算处（编审中心）提供各处室剔除特殊因素后的争取资金目标数、完成数，考评小组审核，形成考评指标执行数据。 |

续表

| | | | | | | | | | | |
|---|---|---|---|---|---|---|---|---|---|---|
| 涉及多单位（处室）指标 | 预算执行进度 | 加快政府部门公共预算执行进度，提高财政资金使用效率。 | 年度型 | 年度 | 100%，得分=财政支出3月末进度得分+6月末进度得分+10月末进度得分+11月末进度得分。<br>计算方法：<br>第一步：计算上述各时点财政支出进度（包括一般公共预算、政府性基金预算和国有资本经营预算，下同）：<br>某时点财政支出进度=某时点一般公共预算支出进度×权重+政府性基金预算支出进度×权重+国有资本经营预算×权重。<br>其中：1. 某时点一般公共预算、政府性基金预算、国有资本经营预算支出进度=某时点一般公共预算、政府性基金预算、国有资本经营预算支出执行数÷同期调整预算数。<br>2. 权重=一般公共预算、政府性基金、国有资本经营预算调整预算数÷（一般公共预算调整预算数+政府性基金调整预算数+国有资本经营预算调整预算数）。<br>3. 某时点调整预算数和执行数含除以收定支项目因短收调减预算之外的其他交回总预算的资金。<br>4. 某时点调整预算数和执行数不含以下资金：<br>①省级对下转移支付。②中央专项转移支付下达市县部分。③当月下达的中央专项转移支付省级留用部分。④防汛度汛、抗旱救灾、一般预留汛期灾毁公路抢修支出等国家有明确规定拨付时间及条件项目资金。⑤对以收定支（包括政府性基金、国有资本经营预算）的项目，按单项计算调整预算数：某节点单项以收定支项目考核数=单项收入实际入库数-已下达对下转移支付数，如大于零，则按此数计入考核；如小于或等于零，则不考核此项目；如大于调整预算数的，按调整预算数考核。此外，对有文件明确规定收入征收缴纳时间的，从规定的收入入库时间开始考核，其中，对国有资本经营预算考核，参照往年执行情况在考评中酌情掌握。⑥未确定的实施方案的股权投资基金项目不予考核。⑦使用地方债券收入安排的项目在3月末、6月末不予以考核。⑧1000万元以上的中央和省级预算内基建项目在3月末、6月末、10月末不予考核；对经过努力，因客观因素确实无法支出的，在11月末考核时经审核后予以剔除。⑨对有关政策或合同约定有明确支付时间的据实清算项目，在规定时间前的考核节点时不再考核。<br>第二步，分别计算上述各时点得分，达到或快于要求进度（3月末、6月末、10月末、11月末支出进度分别为8%、60%、90%、92%）的，得满分。未达到要求进度的，得分=某时点财政支出进度÷该时点要求进度×分值。分值=100÷考核节点数。 | 3月末、6月末、10月末、11月末支出进度分别为8%、60%、90%、92%。 | （被考评单位自填）。 | （被考评单位自填）。 | 《财政部关于印发〈地方财政管理绩效综合评价方案的通知〉》（财预［2014］45号）、《财政部地方预算支出进度考核办法》（财预［2015］145号）、省直部门预算执行审核作业指导书ZY103-002-2016、省直部门预算执行监控作业指导书ZY103-003-2016、预算执行统计分析作业指导书ZY108-015-2016、预算管理业务流程与职责划分规范CX36-2016。 | 审核评价。国库处提供财政支出执行数、调整预算数等基本数据，预算处（编审中心）提供需剔除的调整预算资金数，考评小组审核，形成考评指标执行数据。 |

续表

| | | | | | | | | | | | | | | |
|---|---|---|---|---|---|---|---|---|---|---|---|---|---|---|
| 涉及多单位（处室）指标 | 部门预决算公开 | 考核2016年省级部门预算、2015年省级部门决算公开督促及落实情况（涉密单位除外）。 | 年度型 | 年度 | 40%，批复部门预决算后20日内，对分管部门预决算公开工作进行督导。分管部门按时完成的，得满分；每有1个部门未按时完成，扣时间分值的5%。 | 60%，质量方面得分率＝公开部门预决算的部门个数÷编制部门预决算的部门总数×100%。 | | | | 财政部要求“各级财政部门和各部门一定要高度重视，充分认识地方预决算公开工作的必要性和重要性，认真做好预决算公开工作”。 | （被考评单位自填）。 | （被考评单位自填）。 | 《预算法》，《财政部关于印发〈地方财政管理绩效综合评价方案的通知〉》（财预［2014］45号），预算公开作业指导书ZY103－001－2016，省级财政总决算和部门决算作业指导书ZY108－007－2016，预算管理业务流程与职责划分规范CX36－2016。 | 审核评价。预算处（编审中心）提供分管部门在部门门户网站或省政府门户网站公开部门预算证明及公开部门预算的部门个数、编制部门预算的部门总数；国库处提供分管部门在部门门户网站或省政府门户网站公开部门决算证明及公开部门决算的部门个数，考评小组审核，形成指标执行数据。 |
| 涉及多单位（处室）指标 | 部门预算编审（职能处室） | 考核2017年省级项目库审核。 | 年度型 | 年度 | 60%，9月20日审核完成的项目数要达到应审核项目数的95%。<br>计算方法：第一步：计算上述各时点审核进度。第二步，分别计算上述各时点得分，达到或快于序时进度（9月10日、9月15日、9月20日序时进度分别为50%、80%、95%）的，得满分。未达到序时进度的，得分＝某时点审核进度÷该时点序时进度×100。<br>某时点项目审核进度＝某时点项目已审核数÷处室应审核项目数×100%。 | 40%，审核的项目符合项目库申报要求；项目信息填报完整，附件信息符合要求；职能处室专业审核意见完整、清晰。达到要求的，得满分；每有1个项目未达到要求，扣质量分值的1%。 | | | | 以预算编制规范性、公共财政预算到位率、部门预算管理水平、提前下达转移支付到位率等为对象，评价地方预算编制水平，引导和督促地方提高预算编制的科学性和规范性。 | （被考评单位自填）。 | （被考评单位自填）。 | 《预算法》、《财政部关于印发〈地方财政管理绩效综合评价方案的通知〉》（财预［2014］45号）、预算管理业务流程与职责划分规范CX36－2016、总预算指标管理作业指导书ZY103－006－2016、预算管理业务流程与职责划分规范CX36－2016。 | 系统获取。预算处（编审中心）通过预算编审项目库系统，按照时间节点获取被考评单位预算编审记录数据和审核信息记录，考评小组审核，形成指标执行数据。 |

续表

| | | | | | | | | | | | | | | |
|---|---|---|---|---|---|---|---|---|---|---|---|---|---|---|
| 涉及多单位（处室）指标 | 部门预算编审（部门预算主管处） | 考核2017年省级项目库审核。 | 年度型 | 年度 | 60%，10月31日前，完成分管部门所有单位其他来源收入、其他支出、“三公”经费预算建议计划审核，即审核单位数达到100%。 | 40%，项目审核质量主要从以下五个方面考核：a. 规范性和绩效性。b. 重要性和必要性。c. 政策性和技术性。d. 资金安排情况。达到要求的，得满分；每有1个项目未达到要求，扣质量分值的1%。 | | | | 以预算编制规范性、公共财政预算到位率、部门预算管理水平、提前下达转移支付到位率等为对象，评价地方预算编制水平，引导和督促地方提高预算编制的科学性和规范性。 | （被考评单位自填）。 | （被考评单位自填）。 | 《预算法》，《财政部关于印发〈地方财政管理绩效综合评价方案的通知〉》（财预［2014］45号），ZY107－003－2016，省直部门“三公”经费预算编审管理作业指导书ZY107－004－2016，预算管理业务流程与职责划分规范CX36－2016。 | 系统获取。预算处（编审中心）通过预算编审项目库系统，按照时间节点获取被考评单位预算编审记录数据和审核信息记录，考评小组审核，形成指标执行数据。 |
| 涉及多单位（处室）指标 | 部门预算编审（预算绩效管理处） | 考核2017年省级项目库审核。 | 年度型 | 年度 | 60%，9月25日应完成从部门主管处审核通过的项目中选取不低于30%的项目进行绩效目标指标复核。审核进度得分＝9月25日进度得分×100%。计算方法：第一步：计算9月25日时点进度。第二步，计算9月25日得分，达到或快于序时进度（9月25日项目审核序时进度为100%），得满分。 | 40%，审核的项目符合项目库申报要求；项目信息填报完整，附件信息符合要求；项目复核的数量不少于部门主管处审核通过项目的30%；项目要素应齐全，项目编制要符合“部门职责－工作活动－预算项目”规范体系要求，必须有明确的绩效目标，要有可衡量的定性与定量指标，预算资金与项目绩效目标指标应相互匹配。达到要求的，得满分；每有1个项目未达到要求，扣质量分值的1%。 | | | | 以预算编制规范性、公共财政预算到位率、部门预算管理水平、提前下达转移支付到位率等为对象，评价地方预算编制水平，引导和督促地方提高预算编制的科学性和规范性。 | （被考评单位自填）。 | （被考评单位自填）。 | 《预算法》，《财政部关于印发〈地方财政管理绩效综合评价方案的通知〉》（财预［2014］45号），预算管理业务流程与职责划分规范CX36－2016，综合绩效评价控制程序CX31－2016，专项项目绩效预算编审作业指导书ZY105－001－2016，组织省级预算部门开展绩效自评工作作业指导书ZY105－002－2016，财政重点绩效评价工作作业指导书ZY105－003－2016。 | 系统获取。预算处（编审中心）通过预算编审项目库系统，按照时间节点获取被考评单位预算编审记录数据和审核信息记录，考评小组审核，形成指标执行数据。 |

续表

| | | | | | | | | | | | | |
|---|---|---|---|---|---|---|---|---|---|---|---|---|
| 涉及多单位（处室）指标 | 部门年初预算到位率 | 考核2017年部门预算管理处省级年初预算待细化资金数占管理资金总量的比重。 | 年度型 | 年度 | 数量方面100%，计算方法：第一步，计算处室省级年初预算待细化资金数占比，处室省级年初预算待细化资金数占比=处室省级年初预算待细化资金数÷处室管理资金总量。第二步，计算处室省级年初预算到位率，处室省级年初预算到位率=1－处室省级年初预算待细化资金数占比。第三步，处室省级年初预算到位率高于90%的，得满分；低于90%的，得分率=处室省级年初预算到位率÷90%×100%。<br>其中：处室省级年初预算待细化资金数、处室管理资金总量不含按规定应由财政部门直接执行的项目资金和以财政部门为主分配的对下补助资金。 | | | 预算编制规范性、公共财政预算到位率、部门预算管理水平、提前下达转移支付到位率等为对象，评价地方预算编制水平，引导和督促地方提高预算编制的科学性和规范性。 | （被考评单位自填）。 | （被考评单位自填）。 | 《预算法》，《财政部关于印发〈地方财政管理绩效综合评价方案的通知〉》（财预［2014］45号），预算管理业务流程与职责划分规范CX36－2016。 | 审核评价。预算处（编审中心）提供各处室剔除特殊因素后的省级年初预算待细化资金数、处室管理资金总量等资料，考评小组审核，形成指标执行数据。 |
| 涉及多单位（处室）指标 | 提前下达转移支付资金到位率 | 考核2017年中央提前下达转移支付资金和省级预算安排的对下转移支付资金提前下达情况。 | 年度型 | 年度 | 数量方面100%，提前下达转移支付到位率为70%及以上的，得满分。比重低于70%的，得分率=提前下达转移支付资金到位率÷70%×100%。计算方法：提前下达转移支付资金到位率=（提前下达2017年中央提前下达转移支付资金数+提前下达2017年省级预算安排的对下转移支付资金数）÷（2017年中央提前下达转移支付资金数+2017年省级预算安排的对下转移支付资金数）×100%。<br>其中，对没有对下转移支付支出事项的单位（岗位）以及以收定支专项不再考评。 | | | 预算编制规范性、公共财政预算到位率、部门预算管理水平、提前下达转移支付到位率等为对象，评价地方预算编制水平，引导和督促地方提高预算编制的科学性和规范性。 | （被考评单位自填）。 | （被考评单位自填）。 | 《预算法》，《财政部关于印发〈地方财政管理绩效综合评价方案的通知〉》（财预［2014］45号），一般性转移支付管理控制程序CX20－2016，预算管理业务流程与职责划分规范CX36－2016。 | 审核评价。预算处（编审中心）提供各处室2017年中央提前下达转移支付资金数、2017年省级预算安排的对下转移支付资金数；被考评单位提供提前下达资金文件。考评小组审核，形成指标执行数据。 |
| 涉及多单位（处室）指标 | 年终结余结转率 | 考核2016年一般公共预算、政府性基金预算和国有资本经营预算的年终结余结转情况。 | 年度型 | 年度 | 数量方面100%，一般公共预算年终结余结转率不高于5%的，得满分；高于5%的，每超过1个百分点扣分值的5%。政府性基金预算、国有资本经营预算年终结余结转率不高于8%的，得满分；高于8%的，每超过1个百分点扣分值的2%。<br>计算方法：一般公共预算、政府性基金预算和国有资本经营预算年终结余结转率=一般公共预算、政府性基金预算和国有资本经营预算年终结余结转资金数÷对应的调整预算数×100%。<br>绩效考评小组可根据预算部门管理处提供的资料，剔除以下因素：<br>①12月10日后调整追加且因客观原因无法形成支出的项目资金；<br>②12月1日后中央下达未明确项目的专项转移支付资金或12月20日后中央下达的全部专项转移支付资金（以我厅收文时间为准）；<br>③以收定支项目，未完成对应的收入预算，相应调减支出预算数额；<br>④国家或省委、省政府明确要求必须结转下年度使用的项目资金。 | | | 预算编制规范性、公共财政预算到位率、部门预算管理水平、提前下达转移支付到位率等为对象，评价地方预算编制水平，引导和督促地方提高预算编制的科学性和规范性。 | （被考评单位自填）。 | （被考评单位自填）。 | 《预算法》，《财政部关于印发〈地方财政管理绩效综合评价方案的通知〉》（财预［2014］45号），《地方预算支出进度考核办法》（财预［2015］145号），省级结余结转资金管理作业指导书ZY103－005－2016。 | 审核评价。预算处（编审中心）提供各处室剔除特殊因素后的一般公共预算、政府性基金预算和国有资本经营预算年终结余结转资金数、调整预算数，考评小组审核，形成指标执行数据。 |

续表

| | | | | | | | | | | | | | | |
|---|---|---|---|---|---|---|---|---|---|---|---|---|---|---|
| 涉及多单位（处室）指标 | 专项资金日常管理 | 专项资金（不包括据实结算等特殊项目）的审核、分配和下达。 | 年度型 | 年度 | 60%，省本级预算安排的对下专项资金（不含据实结算类资金），人大会批准后60日内下达；接到中央下达转移支付后，30日内下达。按照时间节点完成得满分，每延误1项，扣时间分值的（1/项数）＊100%。 | 40%，采用抽查法，进行考评。要求采用项目申报法分配的专项资金项目申报指南、项目申报材料、专家评审记录、预算下达资金指标文件等资料齐全；采用因素法分配的专项资金，测算分配额与实际分配数额相同得满分，每有1项未达到要求扣质量分值的（1/项数）＊100%。（每类资金随机抽取5项资金，不足5项的全部审核，不含据实结算类资金）。 | | | | 按省级预算管理规定及相关资金管理办法申报、审核和拨付专项资金。 | （被考评单位自填）。 | （被考评单位自填）。 | 《河北省省级预算管理规定》，预算管理业务流程与职责划分规范CX36－2016。 | 审核评价。监督处、办公室提供各单位专项资金未按时下达情况，预算处（编审中心）提供各单位中央、省级专项资金总项数，被考评对象提供专项资金项目清单，考评小组审核，上传采用抽查法的考评记录，形成指标执行数据。 |
| 涉及多单位（处室）指标 | 绩效预算编制 | 组织归口预算部门规范完善“部门职责——工作活动”目录和相应的绩效目标、绩效指标、评价标准，审核归口部门2017年度预算项目绩效目标、绩效指标和评价标准。 | 阶段型 | 年度 | 40%，7月31日完成规范完善“部门职责——工作活动”及其绩效目标指标体系任务；按照预算编制时间节点完成预算项目绩效目标、绩效指标、绩效标准的审核。按时间节点完成得满分，每有1项未按时完成扣时间分值的50%。 | 60%，审核归口部门“部门职责——工作活动”及其绩效目标指标体系，报主管厅领导审批，完成得满分，未报主管厅领导审批的扣质量分值100%。 | | | | 省政府《关于深化绩效预算管理改革的意见》。 | 海南省建立健全绩效预算管理制度，形成较为完善的绩效预算管理体系。 | 2015、2016年部门预算已按绩效预算模式编制。 | 省政府《关于深化绩效预算管理改革的意见》，厅《深化省级绩效预算管理改革实施方案》，综合绩效评价控制程序CX30－2016，县级财政综合绩效评价作业指导书ZY105－004－2016，财政重点绩效评价工作作业指导书ZY105－003－2016，专项项目绩效预算编审作业指导书ZY105－001－2016。 | 审核评价。预算绩效管理处提供梳理职责活动的通知、抽查合格率和职责活动厅领导审签记录等资料，考评小组审核，形成考评指标执行数据。 |

续表

| | | | | | | | | | | | | | | |
|---|---|---|---|---|---|---|---|---|---|---|---|---|---|---|
| 涉及多单位（处室）指标 | 重点支出项目绩效评价 | 按照2016年财政绩效评价重点工作计划要求，组织开展重点绩效评价，提交绩效评价报告。 | 年度型 | 年度 | 40%，8月31日前重点绩效评价报告提交绩效预算管理协调机制联席会；9月30日前向被评价部门出具绩效评价报告。按时完成得满分；每有1项未按时完成的，扣时间分值的50%。 | 60%，分2种情况：1. 部门预算管理处负责的绩效评价项目，由预算绩效管理处组织对评价报告进行评定；2. 监督处、投资评审中心负责的绩效评价项目，由监督处组织对评价报告进行评定。分别采用基准加减分方案：1. 以90分为基准分。2. 加分规则。评为良的，加5分；评为优的，加8分；评为优秀等级前3名的加10分。3. 扣分规则。评为中的，扣10分；评为差的，扣20分。 | | | | 省政府《关于深化绩效预算管理改革的意见》。 | 广东，江苏，浙江，北京等省市。 | 部门自评工作和财政重点评价工作已开展多年。 | 省政府《关于深化绩效预算管理改革的意见》，厅《深化省级绩效预算管理改革实施方案》，综合绩效评价控制程序 CX30－2016，财政重点绩效评价工作作业指导书 ZY105－003－2016，财政支出绩效评价作业指导书 ZY109－002－2016，财政专项资金绩效监督作业指导书 ZY110－002－2016。 | 审核评价：1. 对部门预算主管处，由预算绩效管理处提供各处工作完成时间的证明资料和厅领导小组会议对财政重点评价报告评定结果，考评小组审核，形成指标执行数据。2. 对监督处和各财政监察处，由监督处提供各处工作完成时间的证明资料和财政重点评价报告评定结果，考评小组审核，形成考评指标执行数据。 |
| 涉及多单位（处室）指标 | 绩效评价指标制定 | 研究制定绩效评价指标，将评价指标纳入评价指标库。 | 年度型 | 年度 | 40%，5月30日前，完成绩效评价指标制定工作；10月30日前，将评价指标进行完善后纳入评价指标库。按时间节点完成得满分，每有1项未按时完成扣时间分值的50%。 | 60%，绩效评价指标体系经主管厅领导审批通过纳入绩效监督模块下绩效评价子系统指标库的，得满分；未达要求的，扣质量分值的100%。 | | | | 研究制定专项资金绩效评价指标体系。 | 外省未制定该专项资金绩效评价指标体系。 | 对已开展绩效评价专项资金建立了绩效评价指标体系。 | 《关于印发内设机构和职责调整实施方案的通知》，综合绩效评价控制程序 CX30－2016。 | 审核评价。被考评对象按照序时进度或时间节点要求，通过月小结上传绩效评价指标、厅领导批示资料，考评小组审核，形成考评指标执行数据。 |
| 涉及多单位（处室）指标 | 政府购买服务实施 | 考核公共服务项目中政府购买服务占比及政府购买服务的执行情况。限定省本级列支情况，转移支付情况不列入对处室考核，可列为对市县考核内容。 | 年度型 | 年度 | 40%，在规定时限内，组织对口部门完成购买服务试点工作，按时报送政府购买服务项目、数据、信息。按时完成得满分，每延误1项扣时间分值的20%。 | 60%，对口部门和领域公共服务项目中政府购买服务占比达到30%。完成得满分，未达到30%的，数量方面得分率＝实际占比/30%×100%。 | | | | （被考评单位自填）。 | （被考评单位自填）。 | （被考评单位自填）。 | 《河北省财政厅关于印发2016年工作要点及编制2016年绩效计划的通知》（冀财办［2016］12号）、预算管理业务流程与职责划分规范 CX36－2016。 | 审核评价。综合处提供各单位数据信息报送记录、公共服务项目和政府购买服务事项的清单情况及各承担单位政府购买服务项目实际执行情况等资料，考评小组审核，形成指标执行数据。 |

续表

| | | | | | | | | | | | | | |
|---|---|---|---|---|---|---|---|---|---|---|---|---|---|
| BM-104-13 | 市县财政运行监控 | 完善市县财政运行监控平台，开展运行风险监控。 | 日常型 | 季度 | 40%，第一季度、第三季度结束后20个工作日内，起草运行风险监控简报，报厅领导；1月31日、7月31日前分别起草运行风险分析报告，报厅领导；8月31日前，完成市县财政运行监控平台完善需求，经厅领导同意后提交信息中心。按照时间节点完成得满分，每有1项未按时完成扣时间分值的20%。 | 60%，运行监控简报、运行风险分析报告、平台完善需求通过厅领导审签同意得满分，每有1项未达到要求，扣质量分值的20%。 | | 完成运行风险监控简报，报厅领导。完成运行风险分析报告，报厅领导。完成市县财政运行监控平台完善需求，报厅领导。 | 每季度结束后20个工作日内。1月31日、7月31日前。8月31日前。 | 厅领导指示，加强县级财政临管，用好运行监控平台，提升全省基层财政管理水平。 | 目前，财政部及其他省份还没有开展此类工作。 | 我省首创。 | 河北省财政厅关于印发《市县财政运行监控体系建设规划》的通知（冀财预［2015］273号）。 | 审核评价。被考评对象按照序时进度或时间节点要求，通过月小结上传运行监控简报、运行风险分析报告、平台完善需求及厅领导审签记录，考评小组审核，形成指标考评数据。 |
| BM-104-14 | 县级“三”保支出预算审核 | 对县级财政保工资、保运转、保民生支出预算安排进行审核。 | 阶段型 | 年度 | 40%，3月31日前，完成“三保”支出预算汇审工作，起草汇审报告报厅领导。按照时间节点完成得满分；未按时完成扣时间分值的100%。 | 40%，汇审报告通过厅领导审签得满分；未达到要求扣质量分值的100%。 | 20%，对纳入县级基本财力保障范围的144个县（市、区）“三”保支出预算进行汇审，达到汇审要求得满分；每少1个县扣数量分值的1%。 | 完成县级“三”保支出汇审工作，提交汇审报告。 | 3月31日前。 | 厅领导指示，加强基层财政基础工作管理，摸清县级“三保”支出预算安排底数。 | 贵州省2014年审核了县级支出预算。 | 我厅首次开展此项工作。 | 河北省财政厅关于印发《市县财政运行监控体系建设规划》的通知（冀财预［2015］273号）。 | 审核评价。被考评对象按照时间节点要求，通过月小结上传汇审报告、市县名单及厅领导审签记录，考评小组审核，形成指标考评数据。 |

续表

| | | | | | | | | | | | | | | |
|---|---|---|---|---|---|---|---|---|---|---|---|---|---|---|
| BM－106－03 | 政府新增债务限额管理 | 科学分配政府新增债务限额，筛选新增债券项目。 | 阶段型 | 年度 | 40%，收到财政部通知后，30个工作日内，将限额分配意见报省政府、通知市县申报2016年新增债券项目；省政府批准后15个工作日内将限额下达市县。按时完成得满分，每有1项未完成的，扣时间分值的35%。 | 60%，报省政府限额分配意见；制发申报2016年地方政府新增债券项目的通知；下发市县通知报厅领导同意得满分。每有1项未完成的，扣质量分值的35%。 | | 报省政府新增限额分配意见通知市县申报2016年新增债券项目限额下达市县。 | 收到财政部通知后，30个工作日内；收到财政部通知后，30个工作日内；省政府批准后15个工作日内。 | 合理分配新增债务限额额度，做好债券项目申报工作。 | 各省均能按要求做好项目申报工作，各省均按照有关测算方法分配限额。 | 2015年完成债券分配、项目申报工作。 | 《财政部关于下达2016年分地区地方政府债务限额的通知》（财预［2016］29号）、ZY106－001－2016化解政府性债务政策作业指导书、ZY106－002－2016地方政府债务预算编制作业指导书、ZY106－005－2016债务项目审核备案作业指导书、ZY106－006－2016债券管理作业指导书。 | 审核评价。被考评单位按照序时进度和时间节点要求，通过月小结上传报送财政部通知、省政府报告、申报项目通知、下达市县通知等资料。考评小组审核，形成考评指标执行数据。 |
| BM－106－04 | 政府置换债券规模管理 | 根据存量债务到期情况，科学分配置换债券额度。 | 年度型 | 年度 | 40%，3月30日前将置换债券额度分配请示报送省政府；省政府批准后15个工作日内下达市县。按时完成得满分；每有1项未完成扣时间分值的50%。 | 60%，报省政府请示；制发额度分配通知，报厅领导同意得满分；每有1项未完成扣质量分值的50%。 | | 置换债券额度分配请示上报省政府制发通知。 | 3月30日前；省政府批准后，15个工作日内。 | 财政部要求。 | 全国各省按照财政部要求报省政府，批复下达市县。 | 2015年，报省政府同意后，下达市县。 | 《财政部关于下达2016年地方政府置换债券发行规模上限的通知》（财预［2015］224号）、ZY106－001－2016化解政府性债务政策作业指导书、ZY106－002－2016地方政府债务预算编制作业指导书。 | 审核评价，被考评单位按照序时进度或时间节点要求，通过月小结上报省政府请示；下达市县通知等资料，考评小组审核，形成指标考评数据。 |
| BM－106－10 | 地方政府定向发行承销组织管理 | 选择在中国境内依法成立的金融机构，协调定向置换债务对应的债权人组建承销团。 | 年度型 | 年度 | 40%，定向发行债券1个工作日前，完成债券承销团组建工作得满分，未达标准扣时间分值的100%。 | 60%，协调组建定向发行债券承销团、签署承销协议，报厅领导同意得满分，未达要求扣质量分的50%。 | | 确定定向承销团成员名单。 | 定向发行债券1个工作日前。 | 在定向发行承销团成员中择优选择适量的主承销商，同时，选择1家主承销商作为簿记管理人员。 | 2015年，34个省市均组建了定向发行承销团。 | 2015年我省组建18家银行为定向发行承销团成员。 | 《预算法》、《国务院关于加强地方政府债务管理的意见》（国发〔2014〕43号）、财政部中国人民银行银监会关于2015年采用定向承销方式发行地方政府债券有关事宜的通知（财库〔2015〕102号）。 | 审核评价。被考评单通过月小结上传定向承销债券承销团组团公告、承销协议及厅领导批示等证明材料，考评小组审核，形成指标执行数据。 |

续表

| | | | | | | | | | | | | | |
|---|---|---|---|---|---|---|---|---|---|---|---|---|---|
| BM-108-08 | 全省财政预算执行分析 | 全省财政预算执行分析含月分析、季度分析、半年度分析。 | 年度型 | 年度 | 30%，每月15日前起草完成《预算执行收支分析》，按时间节点完成得满分，每延误1次扣时间分值的15%。 | 30%，《预算执行收支分析》经厅领导审签通过后报财政部得满分，每有1次未完成扣质量分值的10%。 | 40%，预算执行分析全年完成12次得满分；每有1次未完成扣数量分值的20%。 | 起草完成《预算执行收支分析》。 | 每月15日前，12月31日前完成全部工作。 | 按时报送财政部，数据准确，分析深入。 | 各省份按照财政部统一要求开展工作。 | 均按时按点保质保量完成。 | 《编报2016年地方预算收支旬报编报工作通知》，《编报2016年地方收支月报的通知》，《关于印发全省支出预算管理长效机制的通知》，预算执行统计分析作业指导书ZY108-015-2016。 | 审核评价，被考评单位按照序时进度或时间节点要求，通过月小结上传2015年财政运行报告文件及领导批示件，考评小组审核，形成指标考评数据。 |
| BM-161-03 | PPP示范项目建设 | 省级财政抓好以示范项目为重点的PPP项目20个以上，力争带动投资额500亿以上。 | 阶段型 | 年度 | 40%，3月31日前，完成省级PPP项目奖补资金拨付工作。12月23日前，省级财政抓好以示范项目为重点的PPP项目20个以上，力争带动投资额500亿以上。按照时间节点完成得满分，每延误1项扣时间分值的50%。 | | 60%省级财政抓好以示范项目为重点的PPP项目20个以上，带动投资额500亿。每少5亿扣数量分值的1%。 | 3月31日前，完成省级PPP项目奖补资金拨付工作。省级财政抓好以示范项目为重点的PPP项目20个以上，带动投资额500亿。 | 3月31日；12月23日。 | 充分发挥财政资金使用效益，发挥试点项目带动作用，形成可复制、可推广的实施范例，为推广运用规范PPP模式提供重要抓手。 | 财政部国家级示范项目管理水平。 | 2015年公布了20个省级试点项目。 | 《河北省人民政府关于推广政府和社会资本合作（PPP）模式的实施意见》冀政［2014］125号。 | 审核评价。被考评对象按照序时进度或时间节点要求，通过月小结上传资金下拨文件、项目投资数额名单，考评小组审核，形成指标考评数据。 |

续表

| | | | | | | | | | | | | |
|---|---|---|---|---|---|---|---|---|---|---|---|---|
| BM-161-03 | PPP示范项目建设 | 省级财政抓好以示范项目为重点的PPP项目20个以上，力争带动投资额500亿以上。 | 阶段型 | 年度 | 40%，3月31日前，完成省级PPP项目奖补资金拨付工作。12月23日前，省级财政抓好以示范项目为重点的PPP项目20个以上，力争带动投资额500亿以上。按照时间节点完成得满分，每延误1项扣时间分值的50%。 | | 60%省级财政抓好以示范项目为重点的PPP项目20个以上，带动投资额500亿。每少5亿扣数量分值的1%。 | 3月31日前，完成省级PPP项目奖补资金拨付工作。省级财政抓好以示范项目为重点的PPP项目20个以上，带动投资额500亿。 | 3月31日；12月23日。 | 充分发挥财政资金使用效益，发挥试点项目带动作用，形成可复制、可推广的实施范例，为推广运用规范PPP模式提供重要抓手。 | 财政部国家级示范项目管理水平。 | 2015年公布了20个省级试点项目。 | 《河北省人民政府关于推广政府和社会资本合作（PPP）模式的实施意见》冀政［2014］125号。 | 审核评价。被考评对象按照序时进度或时间节点要求，通过月小结上传资金下拨文件、项目投资数额名单，考评小组审核，形成指标考评数据。 |
| BM-130-03 | 税收专项清查 | 深化开展省部署专项清查工作，挖掘税收潜力，增加财政收入。 | 阶段型 | 年度 | 30%，4月30日前制定省部属专项税收清查工作深化落实的通知或意见，报厅领导审批，按照时间节点完成得满分，7月31日前选取市县区进行实地督导，完成督导汇报材料，按照时间节点完成得满分，每有一项未按时完成扣时间分值的50%。 | 40%，通知或意见正式印发得满分；未印发扣质量分值的100%。 | 30%，选取不少于4个设区市或省直管县进行实地督导。每少1个扣数量分值的20%。 | 制定实施意见或通知，报厅领导审批。对市县进行税收清查督导，完成督导汇报材料。 | 4月30日；7月31日。 | 做好重点领域税收清查。 | 其他省份未开展。 | 2015年在全省开展。 | 《河北省人民政府关于建立综合治税大格局的实施意见》（冀政［2011］70号）、《河北省税收征管保障办法》河北省政府令［2015］6号相关要求、《专项清查、源头控税和税源管理作业指导书》ZY130-002-2016。 | 审核评价。被考评单位按照序时进度和时间节点要求，通过月小结上传专项税收清查工作深化落实的通知或意见、市县督导汇报材料，考评小组审核，形成指标执行数据。 |

续表

| | | | | | | | | | | | | | | |
|---|---|---|---|---|---|---|---|---|---|---|---|---|---|---|
| BM-124-06 | 会计法规执法检查 | 对国家会计法律、规章、制度执行情况进行监督检查。 | 年度型 | 年度 | 30%，6月30日前下发检查通知；10月15日前确定重点检查单位并入点检查；11月30日前形成检查报告并下发整改通知。按照时间节点完成得满分，每延误1项扣时间分值的35%。 | 40%，检查通知、检查底稿、检查报告、整改通知资料齐全，得满分；每单位每少1项扣质量分值的10%。 | 30%，检查省直单位（包括子公司和下属单位）不少于15个，得满分；每少1个扣数量分值的10%。 | 下发通知开展检查交换意见，下发整改通知。 | 6月30日前；10月15日前；11月30日前。 | 增强会计人员法制意识，整顿财税秩序，严肃财经纪律，提高会计信息质量。 | 浙江省专门成立以厅长为组长，主管厅长为副组长的领导小组负责做好会计法规执法检查工作。 | 2013年共检查省直、中直单位（包括子公司和下属单位）6家，检查报告和整改通知覆盖了全部有问题单位（6家）。 | 《会计法》。 | 审核评价。被考评对象通过月小结上传检查通知、检查底稿、检查报告、整改通知，考评小组审核，形成指标考评数据。 |
| BM-124-07 | 会计从业资格考试 | 完成会计从业资格考试。 | 年度型 | 年度 | 40%，每季度最后1个工作日前组织好会计从业资格考试；当次考试结束20个工作日内公布成绩；公布成绩后20个工作日内发布考生领取合格证书的通知。按照时间节点完成得满分，每项每延误1次扣时间分值的25%。 | 60%，考试考区巡视工作记录单、巡视人员规则、巡视人员评价表等资料齐全。按要求完成得满分，每少1项扣质量分值的35%；考试期间出现大面积舞弊、因主观原因导致考试无法顺利进行等重大责任事故，扣质量分值的100%。 | | 会计从业资格考试安排部署进行会计从业资格考试公布成绩发布领取证书通知。 | 1月31日前；每次考试均需要在每季度最后1个工作日前开始；当次考试结束20个工作日内；公布成绩后20个工作日内。 | 会计从业资格考试平稳有序进行，不能发生重大责任事故。 | 2012年我省会计管理工作获得全国综合管理一等奖。 | 2015年度4次会计从业资格考试均按时平稳有序进行，没有发生重大责任事故。 | 《会计法》、《会计从业资格管理办法》（财政部令第73号）和《会计从业资格考试管理规定》（财会［2013］19号）、ZY124-001-2016会计从业资格管理作业指导书。 | 审核评价。被考评对象通过月小结上传考试考区巡视工作记录单、巡视人员规则、巡视人员评价表、2015年度考试工作安排、公布正式文件，考评小组审核，形成指标考评数据。 |

续表

| | | | | | | | | | | | | | |
|---|---|---|---|---|---|---|---|---|---|---|---|---|---|
| BM－141－02 | 财政一体化信息系统整合 | 以财政信息系统一体化建设为主线，继续强化业务系统研发、整合和应用。 | 年度型 | 年度 | 40%，按有关需求确定业务方案后，信息中心进行系统设计开发，在规定时间内完成系统部署上线，按时完成得满分，未按时完成扣时间分值的100%。 | 质量方面60%，由软件需求单位对该项工作完成质量进行审核评价，评定等级为优的，得满分；评定等级为良的，扣质量分值的25%；评定等级为不合格的，扣质量分值的100%。<br>优：系统完全涵盖开发需求规定的功能性需求及非功能需求；按照规定的时间上线运行；交付使用后，功能良好，运行正常。<br>良：系统完全涵盖开发需求规定的功能性需求及非功能需求；项目基本按照规定的时间上线运行；交付使用后，功能良好，运行正常。<br>合格：系统不能涵盖开发需求规定的功能性需求及非功能需求；不能按照合同规定的时间上线运行；项目交付使用后，发现重大缺陷，导致功能无法实现且运行不稳定。 | 一体化业务系统整合升级完善。 | 按照项目建设要求时间完成系统部署上线。 | 研发和完善财政一体化业务系统。 | 省地税局开发了绩效管理系统开展行政绩效改革，海南省开发了财政管理信息系统（GF-MIS）开展绩效预算管理改革，财政部建立了部门决算报表软件，山东省财政厅开发了资产管理系统，江西省开展了“阳光发改”电子政务暨电子监察项目。 | 以往系统研发按需求时限完成，需求单位评价为优。 | 河北省财政厅2016年工作要点（冀财办［2016］12号）、应用软件开发与管理作业指导书ZY141－015－2016。 | 审核评价。被考评单位按照序时进度和时间节点要求，通过月小结上传需求分析文档、业务系统部署上线表、评价结果等资料，考评小组审核，形成指标考评数据。 |

# 改进案例

## 关于2014年度绩效考评中部分财政部绩效评价指标有关情况的汇报

（2015年1月22日）

### 一、起草背景

自2015年1月12日起，省财政厅绩效办按照《2014年度绩效考评工作实施方案》，组织8个考评小组对厅内各单位开展绩效考评现场审核。考评中部分处室（单位）也提出了一些意见建议，集中在6个部门预算主管处（行政政法处、教科文处、社保处、经建处、农业处、企业处）承担的部分财政部绩效综合评价指标及争取中央资金指标，特别是对指标数据口径意见建议较多。绩效办会同考评小组对意见建议进行了逐条梳理汇总（分绩效指标），并提出了解决建议，提交厅长办公会议研究，及时改进了考评标准和方法，解决了相关问题。

### 二、报告案例

按照《2014年度绩效考评工作实施方案》，自2015年1月12日起，我们组织8个考评小组对厅内各单位开展绩效考评现场审核，目前各考评小组正在陆续反馈审核结果。总体看，考评工作进展顺利，各考评小组均按照绩效管理有关制度和《方案》要求，对各单位及其工作人员指标完成情况进行了审核，我们正在紧张地开展复核工作。同时，考评中部分处室（单位）也提出了一些意见建议，集中在6个部门预算主管处（行政政法处、教科文处、社保处、经建处、农业处、企业处）承担的部分财政部绩效综合评价指标及争取中央资金指标，特别是对指标数据口径意见建议较多。我们会同考评小组对意见建议进行了逐条梳理汇总（分绩效指标），并提出了解决建议，现将有关情况汇报如下：

### （一）加快支出进度

1．考评标准及依据

该指标依据财政部对各省绩效考评标准设定，指标标准和数据来源设定时由预算处提出初步意见，反复征求了厅内各单位及其工作人员意见建议，并经厅务会审定。下同。

考评节点分别是3月份、6月份、9月份和11月末，考评标准分别为30%、60%、75%、92%。其中，财政部使用决算数考评，鉴于我厅绩效考评时间较早，采用支出快报数进行考评。指标数据来源为国库处提供的预算执行数据及快报数。

2．处室反映问题

（1）考评节点设置。部分处室提出考评节点应考虑到财政支出的特殊情况，按照我厅预算编制和批复程序，3月份预算执行达到序时进度确有困难。

（2）执行中上级临时交办事项和中央下达专项等非主观因素有时会降低支出进度。如行政政法处提出应考虑预算执行中省委省政府临时交办的特殊事项，造成考评节点支出预算数变大，支出进度较低。

（3）个别处室的考评对数据有特殊需求，需自行提供数据口径送国库处。指标设定时按照公平、公正、公开的原则统一设定指标标准和数据来源，但各处室管理模式不同，有的未按部门设岗，有的一人负责多个部门，有的多人负责一个部门，对指标考评时需具体问题具体分析。如社保处对部门的管理中按照资金性质分类，未按照部门进行分类管理，存在一个部门的资金由2个以上人员管理的情况，国库处按照统一标准以部门为分类提供执行数据，考评中难以按照每人分管资金性质支出完成情况进行分类考评，出现个人分管资金支出进度较快，但受部门总体支出进度慢而得分低的情况，需要进一步细化执行数据。

（4）以收定支项目。处室反映此类项目支出进度非主观能够控制，需要核定收入完成数后才能形成支出，收入完成的快慢直接影响处室及个人支出进度得分，例如经建处负责的排污费支出等项目。

3．解决建议

（1）关于考评节点设置，因各处室考评标准设置相同，且指标原始得分将进行调整，不会影响其公平性，建议可不做修改。

（2）关于执行中上级临时交办事项和中央下达专项等非主观因素。建议由部门预算主管处提出具体项目、资金数额送预算处审核确认后，交考评小组作为考评参考。

（3）关于个别处室的考评对数据的特殊需求。建议由被考评单位将执行数据分解落实到个人或者向国库处提出特殊数据需求由国库处提供数据，交考评小组。

其中，多人分管一个部门的，由被考评单位按照此部门的实际执行结果统一计算到分管人员指标得分；一人负责多部门的，按照每个部门的执行结果求和后平均计算指标得分（下同）。

（4）关于以收定支项目。对部门或类口支出大部分是以收定支的（如80%以上），建议可考虑其收入各季度入库的序时进度来考评相应各季度支出进度。

### （二）年初预算到位率

1. 考评标准及依据

计算方法：第一步，计算公共财政支出年初支出预算数占快报完成数比重。第二步，对所占比重进行标准化校正处理，使其位于0到100%之间。第三步，计算得分，校正后比重为95%及以上的，得满分。比重低于95%的，得分=校正后比重÷95%×分值。其中：校正后比重=［1－绝对值（年初支出预算数占快报完成数比重－1）］×100%。

2. 处室反映问题

（1）年初预算数与执行数统计口径问题。年初预算数既包含省级支出项目，也包含对下转移支付，支出快报数中仅包含省级支出数，不包含对下转移支付，支出数偏离年初预算数较大，得分相对较低。

（2）临时追加资金的特殊事项。如教科文处提出省委省政府7月份追加奥体中心建设资金4亿元，企业处提出厅内其他处室追加安排13142万元，包括职工津补贴及文明奖等，部门预算主管处无法控制，客观降低年初预算到位率。

（3）与支出进度考评类似，存在一人分管多个部门和多人分管一个部门现象。

3. 解决建议

（1）关于统计口径问题。统一年初预算数与执行数统计口径，将执行数修改为省级支出与对下转移支付合计数，由预算处会同国库处重新提供。

（2）关于临时追加资金。建议由部门预算主管处提出具体项目、资金数额送预算处审核确认后，交考评小组作为考评参考。

（3）关于个别处室的考评对数据的特殊需求。建议由被考评单位将执行数据分解落实到个人或者向预算处、国库处提出特殊数据需求由国库处提供数据，交考评小组。

## （三）部门年终结余结转率

1．考评标准及依据

考评标准分静态评价和动态评价：（1）静态评价（75%）。教育对口管理部门公共财政年终结余结转率不高于5%的，得满分；每超过1个百分点，扣静态评价分值的50%。其中：公共财政年终结余结转率＝公共财政年终结余结转数÷公共财政支出快报数×100%；（2）动态评价（25%）。教育对口管理部门公共财政年终结余结转降幅为30%及以上的，得满分；降幅不足30%的，得分＝实际降幅/30%×动态分值。其中：公共财政年终结余结转变动率＝（1－本年度公共财政结余结转数÷上年度公共财政结余结转数〗×100%。

其中，因结转数需待结转完成后统计形成，暂按结余数据进行静态评价。

2．处室反映问题

（1）结余结转数与支出快报数同为调整预算的一部分，两者相除缺乏实际意义。

（2）多人分管一个部门和一人分管多个部门，该项指标的三级指标个人得分难以评定。

3．解决建议

（1）关于指标考评方法及标准。鉴于财政部对各省结余结转数均按此方法进行评价，建议不做修改。

（2）关于个别处室的考评对数据的特殊需求。建议由被考评单位将执行数据分解落实到个人或者向预算处、国库处提出特殊数据需求由国库处提供数据，交考评小组。

## （四）部门提前下达转移支付资金到位率

1．考评标准及依据

计算方法：主要核查提前下达转移支付资金。提前下达转移支付到位率为70%及以上的，得满分；比重低于70%的，得分＝提前下达转移支付到位率÷70%×分值。

其中：提前下达转移支付指标到位率＝提前下达市县转移支付指标数÷当年下达市县转移支付指标数。

2. 处室反映问题

（1）考评年度问题。部分处室建议将该项指标考评内容由2014年资金提前下达情况调整为2015年资金提前下达情况。

（2）数据口径问题。部分处室建议将中央提前转移支付资金和使用省级均衡性转移支付资金安排的资金，一并纳入该项指标考评范围。第三方数据中未提供归口项目提前下达和下达转移支付总额，实际考评中难以准确计算。

（3）绩效指标设定问题。某些部门仅有本级支出，没有对下转移支付支出事项，即提前下达为零，全年下达专项也是零。某些部门支出是由非税收入安排的（如经建处分管的环保、国土部门预算中的排污费、矿补费、两权价款等专项收入安排的支出），即专项支出以收定支，在专项收入未实际入库之前难以准确确定提前下达资金数额。

3. 解决建议

（1）关于考评年度问题。为准确反映各处室及其工作人员2014年工作努力程度，建议将该项指标考评内容由2014年资金提前下达情况调整为2015年资金提前下达情况。

（2）关于数据口径问题。建议将中央提前转移支付资金和使用省级均衡性转移支付资金安排的资金，一并纳入该项指标考评范围，考评方法及标准调整为：（提前下达2015年中央转移支付资金＋提前下达2015年省级转移支付资金）/（中央财政提前下达2015年转移支付资金和2015年省级预算安排的对下转移支付资金）。

其中，被考评单位分类对口提供提前下达转移支付指标文件，并提出分类对口数据需求交预算处；预算处按需求提供中央财政提前下达2015年转移支付资金和2015年省级预算安排的对下转移支付资金指标总数，交考评小组。

（3）关于绩效指标设定问题。绩效计划环节各处室应根据分管部门及资金合理设定绩效指标，没有对下转移支付支出事项的岗位、以收定支专项不应设定该指标，建议对此两种情况不再扣分。

### （五）财政资金违规率

1．考评标准及依据

财政部按照各省资金违规率相对差异动态评价财政资金违规率，为扣分项目。鉴于我厅考评期间难以获得各省数据，考评标准设定为：财政资金违规率不高于1%，每高1个百分点扣分值的10%。其中，财政资金违规率=该年度归口管理财政资金违规金额（以当年外部审计报告、财政部及专员办检查报告和内部监督报告为准）÷该年度归口公共财政支出快报数×100%。

2．处室反映问题

部分处室提出，公共支出快报数不含对下转移支付数，但违规资金大部分发生在市县，为对下转移支付资金。建议将公共财政支出快报数改为归口管理资金总额。

3．解决建议

建议修改考评标准，将财政资金违规率计算公式修改为：该年度归口管理财政资金违规金额（以当年外部审计报告、财政部及专员办检查报告和内部监督报告为准）÷该年度归口管理资金总额×100%。

其中，归口管理资金总额由监督局会同预算处确定。

### （六）争取中央资金

1．考评标准及依据

争取金额完成指标（计划）数，得满分；未完成的，扣基础分值的100%。其中，争取资金指标（计划）数按照《2014年度争取中央资金工作实施方案》确定，在与处室沟通中明确按照年终调整数据考评。此外，在绩效计划阶段，大部分处室提出难以按照分管副职及岗位分配争取资金指标（计划），因此按照全处数据考评。

2．处室反映问题

（1）任务目标。部分处室（如经建处）反映中央财政2014年部分支出政策发生调整调整，上年部分项目资金不再安排，有的上年属一次性补助，单纯以各类对口上年中央补助资金为基数确定增长目标和幅度有失公允。如经建处反映受政策到期或政策调整因素影响，上年中央财政补助的家电下乡13亿元、成品油价格补贴16．6亿元、可再生能源电价附加12亿元、1．6升及以下节能汽车推广补助资金8．2亿元、金太阳示范工程2．2亿元、三河三湖专项资金3．8亿元等不再安排；教科文处反映2013

年中央补助正定国家重点文物保护专项经费 1.25 亿元为一次性项目，2013 年高校化债清算中央补助资金 7.8 亿元，2014 年化债清算工作已完成，不再安排。

（2）执行数据中争取中央资金完成数的核定问题。第三方数据提供的争取中央资金完成数存在争议，如企业处提出 2014 年县市级安全监管部门监管执法专业装备建设项目中央基建投资预算 5600 万元，此项指标在第三方数据中未计入企业处，而是计入了经建处。再如第三方数据中缺少企业处争取的国有工矿棚户区改造工程配套基础设施建设中央基建投资 1428 万元。

（3）指标考评标准。按照指标考评标准，二级指标和三级指标的考评标准均为全处争取中央资金完成计划数即得满分，未完成的扣 100%。在三级指标考评中，由于考评指标针对个人，存在每人争取中央资金的任务数和实际完成额不相同，个人完成争取中央资金任务较好，却因全处未完成任务数，此项指标得分为 0 的问题。此外，此项指标规定完成任务额为满分，未完成为 0 分，社保处提出建议按照增长率计分，避免影响工作积极性。

3. 解决建议

（1）关于任务目标和完成数的核定问题。建议预算处局统一研究考虑各处反映的争取资金考评目标及完成情况等数据标准，经厅长办公会审定后交考评小组。

（2）关于指标考评标准。鉴于绩效计划阶段大部分处室未分解，无法按照分管副职和岗位确定争取资金指标（计划）数，建议被考评单位按照工作实际将全处目标任务分解到岗，目标（计划）数及完成数经预算处确认后，送考评小组。

# 关于2014年度绩效考评申辩申诉情况的汇报

（2015年2月4日）

## 一、起草背景

按照《2014年度绩效考评工作实施方案》（以下简称《方案》），2月2日，绩效办发布了厅内各单位及其工作人员2014年度绩效考评初步原始得分率，并组织开展申辩申诉工作。共收集申辩申诉50项，绩效办组织人事教育处、预算处、监察专员办公室等职能单位，对申辩申诉事项进行了检查核实，提出了处理意见，提交厅党组会审议。

## 二、报告案例

按照《2014年度绩效考评工作实施方案》安排，2月2日，我们发布了2014年度绩效考评初步原始得分率，并组织开展申辩申诉工作。截至目前，共收集申辩申诉50项，其中，涉及年终结余结转率、加快支出进度、提前下达转移支付指标的申辩申诉26项，已送预算处，由其提出处理意见，专题汇报；涉及绩效评价指标4项，由预算绩效管理处提出处理意见，专题汇报。现将其他申辩申诉情况汇报如下：

### （一）关于县乡财政体制和乡镇财政建设指标

该指标属三级指标，因质量方面未全面完成，对应二级指标扣减质量分值的三分之一，此指标按相同标准扣减得分。申请人认为该指标未完成有特殊原因，提出按照工作目标完成处理。

处理建议：因二级指标实际扣分在5分左右，占全处得分的5‰，以此计算，三级指标扣除质量分值的10%。

### （二）非税收入年初预算到位率

非税局认为财政部考评全部财政收入，不应以此指标考评非税收入，且非税收入超收34.5亿元，为财政收入完成作出重要贡献，不应扣减得分。

处理建议：考评标准为财政部绩效评价标准，且该指标得分率达 99%，不做调整。

### （三）关于共性指标

对共性指标共有 18 项申辩申诉，其中，“政治理论及业务学习”指标（“三会一课”情况反馈）8 项，“绩效管理及标准化管理”指标（月计划、月小结）8 项，都提出因外出开会、集中加班等导致不能按时报送或编制，提出不扣分申请。“综合文稿”指标（新闻稿件报送）2 项，主要涉及第三方数据问题。

处理建议：对“政治理论及业务学习”和“绩效管理及标准化管理”指标，因业务指标扣分较少，此两项指标扣分面较广，特别是“政治理论及业务学习”扣分达 29 个单位，若严格按照标准扣分有可能导致共性指标得分成为影响个人排名的决定因素，且共性指标扣分易影响指标调整得分，同时考虑绩效系统去年十一月份正式运行，建议今年此两项指标仅对单位扣分，不对个人扣分，待 2015 年进一步完善绩效管理体系后，严格按照指标标准执行。在扣分方法上，为避免影响整体调整得分，在指标调整得分前不做扣分处理，待调整得分结束后，按照完成情况相应扣减单位得分，标准为每有 1 项未按时完成，扣单位分值 1 分。

对“综合文稿”指标，由新闻中心核实相关数据后，按考评标准处理。

# 2014 年标准化绩效管理体系改进报告

（2015 年 3 月 23 日）

## 一、起草背景

2014 年，省财政厅标准化绩效管理改革取得了实质进展，绩效管理制度基本健全，绩效目标指标体系初步建立，绩效管理信息系统运行良好，整体实现了“搭建体系、初步运行”的预期目标。但在绩效管理一个完整的运行周期中，出现了一些新情况、新问题。年度考评结束后，各单位也提出了一些改进的意见建议。绩效管理体系是一个不断自我完善的有机系统，需要在实践中持续检验校正、优化完善。为扎实做好绩效改进工作，确保绩效管理迈上一个新台阶，按照绩效管理办法和实施细则有关要求，绩效办对 2014 年度绩效管理实施情况进行了深入分析和研究，及时印发了《关于征求绩效管理改进意见建议的通知》，向厅内各单位、广大干部职工和市县财政部门广泛征求意见建议。共征集意见建议 97 条，涉及指标设置、月计划月小结、工作负荷系数、责任系数、特别加扣分等多个方面。经逐条梳理各单位的意见建议，提出了绩效管理体系改进的思路和措施，形成了《报告》。《报告》经厅领导审签后，又呈送各位厅领导，并印发厅内各单位，进一步征求意见建议。同时，在绩效计划编制过程中，与厅内各单位和广大干部职工进行了深入沟通，进一步修改完善了《报告》。

《报告》通过厅党组会审议后，绩效办根据《报告》修改完善了绩效管理办法及实施细则、特别加扣分规定等标准化绩效管理制度，形成了标准化绩效管理制度 2015 版，并于 4 月底正式印发执行，标准化绩效管理水平得到了进一步提升。

## 二、报告案例

为做好绩效管理体系改进工作，2014 年度绩效考评结束后，我们及时印发了《关于征求绩效管理改进意见建议的通知》，向厅内各单位、广大干部职工和市县财政部门广泛征求意见建议。截至目前，共征集意见建议 97 条。我们对 2014 年度绩效管理实施情况进行了深入分析和研究，并逐条梳理了意见建议，提出了绩效管理体系改进的思路和措施。现将有关情况报告如下：

### （一）绩效管理运行情况及需要完善的方面

从2014年度绩效管理运行情况看，基本实现了“搭建体系、初步运行”的预期目标。绩效管理制度已基本健全，涵盖了厅局内部绩效管理和省对市县财政工作绩效管理的全过程，大框架符合财政工作实际；绩效目标指标体系初步建立，涵盖了上级部署工作、年度重点工作和基础工作全部内容，做到了厅局内部绩效指标与省对市县财政工作绩效管理指标的有机衔接，初步实现了财政工作指标化管理；绩效管理信息系统运行良好，有效保障了绩效管理顺利实施。

绩效管理体系是一个不断自我完善的有机系统，需要在实践中持续检验校正、优化完善。在绩效管理一个完整周期的运行中，出现了一些新情况、新问题，各单位也提出了一些改进的意见建议，集中在以下几个方面：

1．绩效计划方面

（1）关于共性指标的设置及分值分配。共性指标设置为300分，其中“其他任务完成率”100分。实际运行中，各单位情况差别较大，存在两方面问题：一是共性指标分值与个性指标分值不均衡。指标总数多的单位，单项共性指标相对单项个性指标分值偏高，导致承担共性指标的分管副职责任系数偏高。比如，有的单位二级指标70多项，个性指标平均不足10分，有的单位二级指标20多项，个性指标平均60多分，而共性指标平均分值都在30分左右。二是其他任务不均衡。有的单位全年交办事项多达几十项，有的单位仅有一两项，总分都为100分，导致衡量尺度不一。

（2）关于指标星级评定。共性指标星级由领导小组成员单位负责人共同评定，其他指标由各单位自主评定，导致涉及多个单位的非共性指标星级差别较大。如“中央资金争取”指标有的单位评定为4颗星，有的单位评定为1颗星。

（3）关于财政部综合评价指标的设定及数据口径。一是个别指标不宜纳入指标体系。财政部综合评价指标考评对象为全省财政工作，有些指标可以分解到相关单位，但有些指标不宜作为评价厅内单位工作的依据，如年初收入预算到位率、税收收入占比、严肃财经纪律、政府性债务风险管控（四率）、禁止新建政府性楼堂馆所等指标。二是指标执行数据口径需进一步研究。支出进度、结余结转率等指标按照按照财政部标准设置数据口径，一些特殊因素在考评环节剔除，加大了考评环节的工作量。

（4）关于绩效指标数据来源。2014年绩效考评指标中数据来源为“审核评价”的指标过多，系统获取类绩效指标较少，存在一定的主观性，容易导致不同考评小组考评尺度掌握不一。

2. 绩效监控方面

有的单位反映，受出差、调研、外出采访、参加会议等特殊因素影响，2个工作日内录入月计划月小结的时限要求比较紧，建议延长月计划月小结录入时限。

3. 绩效考评方面

（1）关于工作负荷系数。工作负荷系数用于评价个人工作量和工作难度，设为A、B、C三个档次（分别对应1、0.98、0.96），分别按照被考评人员总数的20%、70%、10%设定，2014年度考评中未强制评价C档次。从实践情况看，因各单位人员数量差别较大，难以真正实现工作负荷系数的“正态分布”，对整体公平产生了一定影响：一是单位之间工作负荷系数高低均值出现差异。比如，单位被考评人员数量为1-7人时，都设定1个“A”等次，1人的单位平均值为1，7人的单位平均值为（1+6×0.98）÷7=0.9829。二是难以准确反映各单位之间分管副职工作量的差异。主管厅领导分单位设置分管副职的负荷系数，因各单位分管副职都在7人以下，不管分管副职多少、工作量大小，每个单位都是一个A档次，难以在单位之间统筹考虑。此外，与处室合署办公事业单位的正职，目前尚未明确其参与系数评定的规则。

（2）关于责任系数。从2014年度工作情况看，责任系数较好地反映了工作实际，体现了“干多干少不一样”的导向。但从2015年绩效计划编制看，有的单位副职为提高个人责任系数，盲目拆分二级指标，对指标框架产生较大冲击；有的单位提前算小帐，人为限定副职指标个数或者副职指标总分值，在责任系数上“搞平衡”。

（3）关于特别加扣分。从2014年度考评情况看，特别加扣分是绩效管理中不可或缺的组成部分，较好地发挥了导向作用。但也存在以下一些问题：一是特别加分事项类别过多。特别加分事项分为5大类，其中，领导批示和评先创优类一些事项虽符合加分条件，但含金量不足。同时，还导致有的单位“一事多报”，增大了审核难度。二是特别加分事项衡量标准有待完善。领导批示、评先创优类加分事项评价标准过于统一，难以反映客观实际。比如，获得同一省部领导批示的事项工作难度、工作量并不相同，但加分相同。创新工作类申报标准相对较粗，导致报送项目良莠不齐。三是特别扣分没有发挥应有作用。仅对违纪违规、不作为等情形作出了特别扣分规定，对日常工作失误缺少明确的界定和扣分标准，导致几乎没有特别扣分事项，对日常工作约束性不强。此外，有的单位提出，厅内其他单位牵头组织的加分事项，抽调了本单位工作人员，但被抽调单位没有予以加分，建议在加分规定中考虑这一因素。

4．绩效管理范围方面

2014 年，对票据文印中心、国富投资集团、冀财基金公司等经营性单位进行统一的绩效管理。从工作实际看，存在两方面问题。一是上述单位与厅内其他单位运作方式不同，主要以经营管理为主，指标及考评标准难以统一设置。二是单位人员构成较为复杂，管理自成体系，难以统一纳入全厅绩效管理。比如，国富投资集团 2014 年只为在编的 24 人设置了绩效指标，没有完全反映公司全貌。

5．绩效管理系统方面

2014 年，绩效管理信息化建设工作重心是搭建系统，实现顺利运行。绩效管理系统与 OA、预算编审等系统没有实现对接，一些系统获取类指标数据，从其他系统提取后再录入绩效管理系统，没有实现动态控制和过程留痕。此外，有的单位反映，绩效管理系统存在指标录入较为繁琐等问题，在满足各种角色的使用需求上尚待改进。

### （二）绩效管理改进建议

总结去年运行情况，有些成功经验需要写入绩效管理制度，有些环节还需要进一步优化，有些单位的意见具有一定的合理性。综合上述情况，现就绩效管理体系提出以下改进建议：

1．完善共性指标。一是调整共性指标分值。共性指标不再固定为 300 分，与个性指标按照星级统一计算分值。二是改变“信访工作、督察督办、人大代表建议和政协提案承办”指标管理方式。对厅内各单位来说，这些指标对应的工作年初难以确定是否发生，将这些指标从年初预设改为年终按照“添指标法”统一结算。具体方法是：年初共性指标中不再设置这三项指标，仅组织绩效管理领导小组成员单位主要负责人按照工作量确定指标星级（比如，督查督办工作可确定为 20 件以上 5 颗星，15－20 件 4 颗星等等）；绩效考评环节，由办公室统计各单位实际发生量，按照既定星级纳入承办单位指标体系，并按照星级动态调整所有指标基础分值。三是改变“其他工作完成率”指标管理方式。由于该指标内容为临时交办事项，年初各单位数量难以确定，将该指标从年初预设改为年终按照“添项法”统一结算。具体方法是：年初共性指标中不再设置“其他工作完成率”指标；绩效考评环节，依据《厅内会议议定和厅领导交办事项办理通知单》统计各单位全年承担的交办事项，剔除年初已经设为绩效指标的事项后，剩余每项设定为一个绩效指标，召集领导小组成员单位主要负责人逐项评定星级，纳入承办单位指标体系，并按照星级动态调整所有指标基础分值。

2. 完善涉及多单位指标设置及评星方式。一是完善财政部综合评价指标。由预算处（编审中心）对2014年度财政部综合评价指标提出修订意见，剔除不宜对厅内单位考评的指标，并进一步明确纳入管理的指标数据口径、来源。二是完善设计多单位指标评星方式。由牵头单位统一各承办单位同一绩效指标的星级。

3. 修改月计划月小结录入时限。采纳有关单位意见，将月计划月小结录入时限由原来的2个工作日调整为3个工作日。

4. 优化工作负荷系数。一是修订工作负荷系数规则。为尽可能减少各单位人员数量差异影响，提高工作负荷系数的公平性，采用“人均法”设定工作负荷系数总量：①将工作负荷系数人均值设为0.99，根据被考评人数（N）计算工作负荷系数总值，总值＝0.99×N；②评价人可在总值范围内，按照A、B、C、D、E（分别对应1、0.99、0.98、0.97、0.96）五个等次评定被考评对象的工作负荷系数。③被考评对象为1人的，可任意评定等次；被考评对象总数2人以上（含2人）的，不得全部评为一个等次（注：第二次征集意见时个别单位建议，被考评对象总数为2人的，可评为同一等次），且对第一、五等次设定评价上限。其中，A等次不超过考评对象总人数的30%，E等次不超过被考评对象的10%（四舍五入，不足整数按整数计算），B、C、D等次不设限制。二是修改各单位分管副职工作负荷系数评定方式。为更准确地反映工作实际，扩大各单位分管副职负荷系数评定的参与范围。同时，为更好地体现单位之间分管副职承担工作量差异，主管厅领导工作负荷系数评定方式由分单位评定修改为对所有主管单位分管副职统筹评定。具体方法是：主管厅领导、本单位主要负责人、本单位一般工作人员按照5∶3∶2的比例为单位分管副职设定工作负荷系数。其中，主管厅领导打破单位界限，采用“人均法”，按照主管单位分管副职总人数计算工作负荷系数总量，对主管范围内所有分管副职分等次设定工作负荷系数。三是增加“与处室合署办公事业单位”正职设定权限。对单位分管副职，主管厅领导、本单位主要负责人、与处室合署办公事业单位正职、本单位一般工作人员按照5∶2∶2∶1的比例设定单位分管副职工作负荷系数；对单位其他工作人员，本单位主要负责人、与处室合署办公事业单位正职、本单位副职、除本人外的其他一般工作人员按照5∶2∶2∶1的比例设定工作负荷系数。

5. 完善责任系数规则。考虑2015年绩效计划编制中出现的新情况，在发挥责任系数导向作用的同时，减轻责任系数的调节力度，从制度层面引导大家更多关注指标对实际工作的支撑和指标完成质量，从而减少无序拆分指标、平衡指标分值等人为因素对指标体系的冲击。同时，在2014年绩效考评中，针对个别单位责任系数极差过大的情况，对责任系数采取了限定区间的措施，取得了较好效果，将这一做法也写入绩效制度。具体修订方法是：将责任系数中起调节作用的“0.0002”降为“0.00002”（即，单位副职责任系数=（个人承担绩效指标基础分-本单位所有副职承担绩效指标基础分平均值）×0.00002+1），并为责任系数设定1.005的上限，对单位副职责任系数超过1.005的，统一按照1.005计算，将因责任系数影响而导致的最大分差控制在1分。比如，单位两个副职承担绩效指标基础分分别为600分、400分时，按照原方法计算，责任系数分别为1.02、0.98，分差为4分；按照新方法计算，责任系数分别为1.002、0.998，分差为0.4。

6. 修改绩效指标调整得分公式。考虑2014年设区市绩效考评进度不一，我厅进行单位和岗位指标调整计算时，采分用了按照厅内指标分类进行调整的方法，取得了较好效果。因此，建议将绩效管理办法中绩效得分调整方法修改为上述方法，并在执行中根据市县跟进情况，动态修改调整方法。

7. 修改与处室合署办公单位正职计分方法。与处室合署办公单位正职不承担二级指标，采用与分管副职相同的计分方法，导致其绩效得分与各单位主要负责人、分管副职绩效得分都不具有可比性。因此，2014年考评中，没有按照分管工作单独计算，而是采用与本单位主要负责人相同的计分方法。建议按照此方法修订绩效管理制度，且在办法中明确个别等同于合署办公的正职人员，参照执行。

8. 修订特别加扣分规定。一是整合特别加分项目。简化为创新工作、突破性工作、其他加分（仅为“埋头苦干、甘于奉献、加分机会较少的一般工作人员”的其他加分）三种类型，并将创新工作和突破性工作划分为A、B、C三档，加分分值分别为最大分差的15%、10%、5%。创新工作年初立项、年终认定，突破性工作年终评定，其他加分按照现行规定由主管厅领导提名。现行规定中领导批示、工作经验交流、评先创优等可作为项目申报、推选及评定的基本条件或佐证材料。二是修订加分项目认定流程。对创新工作和突破性工作引入竞争模式，采取项目申报、公开推选、党组决定为主要环节的项目认定流程。主要思路是：明确创新工作和突破性工作申报的基本条件及拟评定数量，各单位自主申报，经初审后送绩效管理领导小组和全厅各单位推选，量化计分方法，计算推选结果（比如，每获得1位领导小组成员推选计1分，每获得1个单位推选计0.1分），按照一定比例选择得分最高的申报项目（比如，按照2：1的比例），报请厅党组会研究决定加分项目和加分档次。同时，增加主要厅领导推荐环节，获得主要厅领导推荐的项目可直接报请厅党组会研究。三是增加特别扣分项目。主要是对因工作失误被上级约谈或者造成不良影响的，给予适当扣分。四是明确单位间加分分配方法。对涉及多个单位人员的加分事项，由牵头单位商各参与单位提出分值分配建议，协商难以达成一致意见的，按照《行政绩效管理协调机制工作规则》（制定中，将于近期印发）有关规定执行。

9. 改变经营性单位绩效管理模式。国富投资集团、票证文印中心、冀财产业股权投资基金公司和培训基地等经营性单位实行绩效目标管理，不再纳入全厅统一的绩效管理范围。一是单位年初设定明确的绩效目标，总分设为100分，年终由考评小组对目标执行情况进行考评，单位得分既为主要负责人得分，各经营性单位及其主要负责人作为同一类别进行排名。二是各经营性单位参照农发办做法，内部自主实施绩效管理，制定内部绩效管理制度及指标体系，与厅内各单位同步组织，同步完成年度绩效考评。三是单位绩效目标顺利完成的，分管副职及工作人员得分平均值与厅内各单位同类人员得分平均值拉平后，分类纳入厅内排名；单位绩效目标不能顺利完成的，按照上述方法拉平，再统一乘以单位绩效目标得分率后，分类纳入厅内排名。比如，某经营性单位工作人员绩效得分平均值为96，A工作人员绩效得分99，厅内同类人员绩效得分平均值为98，当单位绩效目标完成率100%时，A工作人员调整得分=99×（98÷96）×100%=101.0625；当单位绩效目标完成率95%时，A工作人员调整得分=99×（98÷96）×95%=96.0094。

10. 升级绩效管理系统。全面分析2014年绩效管理系统运行状况，总结经验，查找不足，提出行政绩效管理系统软件改进需求，进一步完善系统软件，升级信息平台。重点是实现绩效管理系统与其他业务系统的互通互联，力争实现数据自动提取。

### （三）当前工作进展及下一步工作思路

目前，我们正在组织厅内各单位制订年度绩效计划、申报创新工作，并优化绩效管理系统绩效计划模块功能。上述建议如无不妥，我们将迅速组织修订绩效管理办法及实施细则、特别加扣分规定，并升级绩效管理系统。同时，组织好厅内绩效管理运行，加大培训宣传力度，做好市县推广应用工作。

1. 修订绩效管理制度体系。拟于4月底前，出台2015版绩效管理办法及实施细则，并着手修订特别加扣分规定。

2. 升级绩效管理系统。拟将系统升级划分为三个阶段：一是3月中旬完成绩效计划模块的升级优化，为3月下旬各单位录入绩效指标提供更便捷的信息化支撑；二是6月底前完成第二阶段升级，按照绩效管理制度修订内容，升级管理系统；三是11月底前完成第三阶段升级，力争与OA、预算编审、国库核算等系统互通互联，实现指标执行数据自动获取。

3．组织好厅内绩效管理运行。3月底前，组织厅内各单位录入年度绩效计划，完成指标星级评定。4月初，组织开展第一季度绩效考评，完成工作负荷系数季度评定。其后的绩效管理工作按照修订后的绩效管理制度执行。

4．加强厅内绩效管理培训。组织厅内各单位采取统一培训、各单位内部培训、个人自学等方式，强化绩效管理培训，进一步凝聚共识，提升各单位绩效管理水平。具体培训方案及要求另行制定。

5．做好市县绩效管理推广应用。拟于4月份同步修订市县绩效管理办法及实施细则，制定市县通用指标。5月份开始，分期分批组织设区市、直管县行政绩效管理培训班，将行政绩效管理推广至全部设区市和直管县。

# 关于2015年创新工作立项有关事项的汇报

（2015年7月21日）

## 一、起草背景

根据绩效管理相关制度规定和2015年工作安排，2015年5月绩效办组织厅内各单位对创新工作进行了民主推荐，推荐方法是：各单位从2015年度申报的创新项目中，选择本单位申报项目以外的创新工作30项作为备选项目。从实际操作情况看，仅依据各单位推荐情况确定创新项目，科学性、权威性不足。为提升创新项目推荐质量，6月9日厅长办公会议定，进一步研究创新项目立项方法。绩效办根据厅长办公会议要求，研究优化了创新项目立项程序和方法，并提出了2015年创新项目立项建议，提升了创新项目推荐和认定质量。

## 二、报告案例

按照厅长办公会关于创新工作立项有关要求，我们组织厅内各单位对申报的创新工作重新进行了梳理，补充填报了申报项目的工作内容及目标、创新点、先进性、创新类型、主导部门等内容，并就立项程序进行了深入研究。现就有关事项汇报如下：

### （一）关于申报创新工作项目梳理情况

厅内各单位对原申报的125项创新工作项目重新进行了梳理，按要求填报了《2015年厅内各单位申报创新工作项目一览表》（见附件），进一步确定了工作内容及目标，提出了申报项目的创新点及与同行业水平相比所具备的先进性。经整理汇总，有部分单位对申报项目进行了减并，其中：取消申报6项，包括农业处申报的涉农资金整合内部协调机制建设、产业引导基金运作，机关党委申报的文体活动组织方式创新，财政监察三处申报的盘活财政存量资金情况专项检查，科研所申报的河北省各设区市财政收入分析，信息中心申报的PPP信息系统研发；合并9项，信息中心将申报的6项系统研发项目合并为五位一体财政管理系统建设，将申报的推动信息化建设协调发展、数据中心建设、同城异地灾备中心建设3个项目合并为财政云建设。减并后，厅内各单位创新工作申报项目减至112项。

### （二）关于创新工作备选项目推荐数量问题

按照《绩效管理特别加扣分规定（2015 版）》有关规定，对厅内各单位申报的创新工作项目，按照一定比例由厅内各单位推荐备选项目。我们按照创新工作认定标准，对各单位申报项目进行了初步审核，这些项目均未达到重大创新认定基本条件。但为更充分地体现创新导向，并适当控制加分值，参照 2014 年度创新工作申报情况（各单位共计申报 134 项）、厅党组确定的创新工作特别加分情况（共确定重大创新 3 项、整合创新 1 项、一般创新 14 项，合计加最大分差的 140%），我们在组织厅内各单位对创新工作进行民主推荐时，按照不超过 30 项、加分总值不超过最大分差 150% 控制推荐备选项目。考虑到下一步综合计分需要，建议在第三方专业人员评审、厅领导评定时，仍按照每人 30 个项目进行投票推荐。

### （三）关于创新工作立项程序及认定问题

按照厅长办公会要求，为进一步提升创新工作立项的科学性，增加省外第三方专业人员评审和厅领导评定两个环节，并采用量化评价、加权计分的方式，确定备选项目，报厅长办公会研究确定创新工作及档次。具体程序及计分权重如下：

1. 厅内各单位民主推荐（占总分的 30%）

每个单位推荐本单位以外的申报项目 30 项，每个项目获得 1 个单位推荐记 1 分。此项工作已组织完成，考虑到有个别项目进行了合并，对于合并的创新项目按照合并前得分最高的单个项目计算，不累加。

2. 省外第三方专业人员评审（占总分的 30%）

拟邀请财政部、部分财政改革先进省份专业人员组建评审小组，约 8 人左右，采取匿名评审的方式，推荐创新工作。每名评委从申报项目中推荐创新工作项目 30 项，每个项目获得 1 人推荐记 1 分。

3. 厅领导评定（占总分的 40%）

每位分管厅领导从申报项目中推荐创新工作项目 30 项，每个项目获得 1 人推荐记 1 分。

4. 确定备选项目

将申报项目厅内各单位民主推荐原始得分、省外第三方专业人员评审原始得分和厅领导评定原始得分，换算成百分制后，按其所占权重计算确定每个项目的综合得分，从高到低确定30项备选项目。综合计分方法为：

申报项目综合得分=厅内各单位民主推荐换算得分×30%+省外第三方专业人员评审换算得分×30%+厅领导评定换算得分×40%。其中：

申报项目厅内各单位民主推荐换算得分=该项目民主推荐原始得分/全部项目民主推荐最高原始得分×100

申报项目省外第三方专业人员评审换算得分=该项目评审原始得分/全部项目评审最高原始得分×100

申报项目厅领导评定换算得分=该项目厅领导评定原始得分/全部项目厅领导评定原始最高得分×100

5. 提出创新等次建议

按照不超过备选项目50%的比例，根据综合得分从高到低提出拟列为一般创新的备选项目建议（视综合得分情况最多确定15项，比2014年度一般创新多1项），其他备选项目列为单位内部创新。此外，根据《绩效管理特别加扣分规定（2015版）》有关规定，获得主要厅领导直接推荐的申报项目，列为一般创新项目，且不受比例控制。

6. 厅长办公会审定

将备选项目及其创新等次建议提交厅长办公会审定。

# 2015年标准化绩效管理体系改进报告

（2016年3月25日）

## 一、起草背景

2015年，省财政厅标准化绩效管理体系进一步完善。在年度考评后，对管理体系改进征集了广大干部职工的意见建议。本年度征集的意见建议比上年大幅减少，有效意见仅47条，比2014年（97条）减少了50条，降低51.5%。这表明标准化绩效管理体系成熟度有了较大提升，广大干部职工对标准化绩效管理也越来越认同。在深入研究这些意见建议后，确定了“纠偏、补漏、微调、定型”等改进方式，逐项确定改进方法、步骤，努力做到制度规范的“篱笆”越扎越紧、操作拿捏的“力度”越调越准、系统运行的“节奏”越来越稳、标准化与绩效管理的“融合”越来越深。比如：指标“公文处理”，2015年考评标准为“按照时间节点完成得满分，每延误1项扣时间分值的5%。”这一设计有可能导致“多做多错”等不公平现象的发生。针对这一情况，采取“纠偏”的方式进行改进，为这一指标设置容错区间，采取“基准加减分法”管理，设定基准延误率为4%，延误率小于等于4%的，不扣分，高于4%的，每增加1%扣5%的分。有了容错区间，办文多少都需要更加谨慎，多的单位要把延误率控制在一定范围内，少的单位更要严格控制失误。

《报告》通过厅党组会审议后，绩效办根据《报告》修改完善了绩效管理办法及实施细则、特别加扣分规定等标准化绩效管理制度，形成了标准化绩效管理制度2016版，并于5月初正式印发执行，标准化绩效管理水平得到了进一步提升。

## 二、报告案例

按照河北省财政厅绩效管理办法和实施细则相关要求，根据我厅2015年度绩效管理的实践运行经验和从各单位收集整理的征求意见，就现行标准化绩效管理体系的完善和优化提出如下改进意见和建议：

### （一）现行体系有待改进的主要方面

我厅推行的标准化绩效管理体系是一个不断自我完善的有机系统，需要在实践中持续检验校正、优化完善。在2015年绩效管理一个完整周期的运行中，又出现了一些新情况、新问题，各单位也提出了一些较好的改进意见，集中在以下几个方面：

1. 绩效计划方面

（1）关于绩效计划的层级勾连。由于缺乏必要的理论指导和技术方法，单位在构建绩效指标框架体系中或多或少地存在着层级不够清、逻辑不明显、互相包含、交叉重复等问题，导致单位指标体系设置不能够系统、清晰、科学地体现单位职能、工作重点和业务之间的关联性。

（2）关于定量指标的标准确定。可量化绩效指标明确易考，但有的单位在制定过程中会有意识地降低标准，避免考核中被扣分。比如：某单位承担着向市县推广某项改革的任务，在2014年已经推广到了全省30%的市县，在2015年定绩效计划时按原定计划要推广到50%的市县，单位根据自我掌握情况通过努力可以完成60%，但正常情况下单位定计划时会“就低不就高”而定为50%，因为这样选择既满足了领导的要求，又可以保证不扣分，还不用费力去努力完成更高的目标，对单位是多赢的选择。但这样的指标标准并不能满足“跳一跳、摘得到”的原则，与绩效管理正向激励、考核努力程度、促进个人和组织不断进步的理念相违背。

（3）关于绩效指标的星值评定。一是涉及多单位绩效指标和临时交办事项指标的评星问题。按现行规则采取的是领导小组成员单位主要负责人集中评定方式，由最熟悉相关工作的人员提议，大家协商，无异议后逐个敲定。这种“面对面”的打星方式，难免出现拍脑袋、先入为主和人为导向等情况，过程不够严谨细致，评出的指标星值有时无法客观反映指标的重要性和难易程度。二是繁重复杂工作的评星问题。有单位反映，现行采用的“五星法”，由于每个指标的星值最多只有五星，一些工作人员承担了大量散碎的日常性工作，有效保障了单位正常运转，但此类工作的个人辛苦和努力程度很难完全通过指标星值有效体现。

（4）关于工作体量差异大的涉及多单位绩效指标标准设定。当前考评标准的设计，没有考虑到各执行单位工作体量大小的差异。工作量越大的，出错的可能性越大，如果按统一的标准衡量，可能会出现“多做多错”的不公平现象。如：指标“公文处理”，其考评标准为“按照冀财办［2012］40号规定时间完成公文流转。按照时间节点完成得满分，每延误1项扣时间分值的5%。”按照该考评标准，办文多的单位，其产生延误的可能性越大，被扣分就越多，显然可能会吃亏。

（5）关于创新工作确定时限。一些单位反映，创新工作在3月份制定绩效计划的时候就已经同步上报，但等到第四季度才最后确定下来。确定之前，不知道是否评上创新工作、需不需要加力，影响到了单位的整体谋划和集中精力办大事，建议早些确定下来，好找到主攻方向，集中攻关，确保创新成功。

2．绩效监控方面

（1）关于月计划、月小结录入。有单位提出有时工作繁忙，容易忘了及时录入月计划、月小结，出现扣分情况，建议在系统中增加自动提醒功能。

（2）关于绩效过程留痕信息量。在年终总结工作的时候，单位和个人可以通过查阅月小结、季度和年度考评结果，非常方便地梳理出所承担的各项工作开展和完成情况，但月小结功能的记录间隔时间过长，无法将日常的工作情况、所感所悟及时记录下来，因此在撰写的述职报告普遍缺少生动的案例分析、细节描述和心得体会，读起来很“骨感”“不生动”。这不利于绩效总结、沟通、交流和改进。

3．绩效考评方面

（1）关于工作负荷系数评定。一是工作负荷系数参评人员结构不合理的问题。根据部分单位意见和排查发现，有部分单位因工作实际和特殊原因，存在帮忙人员承担指标的情况，帮助工作人员虽不参加厅内考评和排名，但在负荷系数评价环节也可被评价。这就导致了这些单位在给一般工作人员评价负荷系数时，有意地给帮忙人员评低档次、给正式人员评高档次，导致结果不真实。二是工作负荷系数评定不及时问题。每季度和年度考评方案中会给出工作负荷系数评定的期限，但实际执行中有一部分人会因工作繁忙或操作疏忽出现忘打或漏打现象。第一季度考评结束后，绩效办安排专人逐单位逐人打电话、反复提醒好几遍，消耗了大量时间和精力，耗时近两个月才最终打完。第二季度考评时提出扣分要求后打得非常顺利，第三、四季度考评时盯得不紧后又出现了不同程度的忘打或漏打。绩效办出于督促工作的目的，并没有对延期者给予扣分。可见，靠自觉和催促不能达到预期效果，只有在软件功能设置上加以约束才能解决根本问题。

（2）关于第三方数据质量。第三方数据主要为涉及多单位指标提供考评依据，由于这类指标具有标准统一的显著优势，在绩效考评中发挥着重要作用，但实际执行中还存在两方面问题：一是剔除因素口径问题。由于部分单位对预算管理类第三方数据剔除因素存在不同意见，导致在考评过程中进行了多次修订调整。这种方式，一旦考虑不够周全，就容易出现遗漏，导致不公平。二是数据结果不可考问题。有的责任单位提供的第三方数据没有正式的文件依据，只有统计结果，不提供第一手证明材料和计算过程，全部给满分；有的责任单位将往年可以作出区分的工作评判等级全部评为优秀，以避免扣分单位“找麻烦”，这些做法难脱人为干预和人情照顾的嫌疑，导致评价结果不够客观公正，造成绩效导向缺失。

（3）关于特别加扣分规定。一是事项设置细化规范问题。对于特别加分事项，有单位建议再进一步细化、严格标准，真正达到奖励突出贡献的目的。二是分值确定问题。2015 年我厅共评定“重大创新”0 项，“一般创新”10 项，“单位内部创新”20 项。“一般创新”加最大分差 5%，“单位内部创新”不加分。评定突破性工作 41 项，全国会议经验交流 6 项，加最大分差 5%。从最终结果来看，创新工作、突破性工作和全国会议经验交流加分相同，没有拉开差距，绩效主导方向不明确。三是分值分配问题。有部分单位提出，涉及多单位配合的特别加分工作，牵头单位在报加分时没有将配合纳入进来，影响到了配合单位的积极性。四是加分人员确定问题。有单位反映，在突破性工作等加分项目的申报、认定过程中，应对突破性工作具体承担人予以真实性审核，防止出现加分工作承担人与年初指标不一致或与工作实际不符的情况。五是关于特别加分事项认定问题。在去年工作中，发现有单位为了推动工作，在未经绩效办会签的情况下，正式发文将优秀的评价结果“计入绩效成绩”，影响到绩效管理的严肃性和权威性。六是经营性单位加分问题。有经营性单位提出，现行对各经营性单位的绩效考评中没有加分的相关规定，不利于激发各经营性单位自我加压、增比进位的劲头。

4. 其他方面

（1）关于绩效管理运行体系。我厅绩效管理模式经过两年多的运行和动态调整，制度规范的“篱笆”越扎越紧，管理拿捏的“力度”越来越准，系统运行的“节奏”越来越和谐。但与“三年三大步”成熟定型的目标相比，还存在着管理流程尚不完善的问题，厅内各单位和个人对全年绩效管理工作安排部署的时间节点及运行程序还不够清楚明白，引发了一些“小梗阻”，如某些步骤程序不清导致一拖再拖、有的单位没有及时报送创新工作、突破性工作资料准备不足、加扣分流程结束才申诉等现象。

（2）关于绩效管理信息系统。软件系统经过不断升级完善，为标准化绩效管理工作顺利开展提供了有效支撑，但部分功能仍有待完善：一是为厅领导提供决策支持的力度不够。当前厅领导的操作界面功能相对简单，日常性模块多，全局性、分析性功能较少，为领导提供决策支持的力度不够。二是绩效计划录入权限不合理。2015 年绩效计划由各单位绩效联络员录入系统。有的单位出现指标维度类型录入失误，造成年底考评时无法录入指标得分；有的故意把可能出现扣分的涉及多单位指标漏录或把一些已定标准降低，靠其他关联单位相互监督举报和绩效办审核更正，浪费了大量时间和精力。在这种操作方式下，绩效办难以把控绩效指标和标准的录入质量，一不小心就容易引起单位间的不公平，对即成事实纠正起来比较困难。三是绩效计划每年重复录入工作量大。2015 年绩效计划由逐条录入改为批量导入加部分信息录入，大大节省了录入时间和人力投入，但仍有进一步减少工作冗余的空间。经过分析，每年各单位都会有一些日常性、基本无变化的指标，如果每年都重复录入一遍，对人力和物力都是一种浪费。

### （二）改进建议和措施

总结去年运行情况，有些 2015 年实行的创新工作和突破性工作认定流程及优秀调研课题特别加分等成熟做法需要写入绩效管理制度，有些环节还需要进一步优化，有些单位的意见具有一定合理性。综合上述情况，现就标准化绩效管理体系提出以下改进建议：

1. 在单位指标框架体系构建中引入“鱼骨图”分析法

各单位在编制绩效计划时，建议引入现代的绩效指标编制方法，绘制鱼骨图，又称因果图。其原理是：问题的特性总是受到一些因素的影响，按照这些因素与特性值的相互关联，整理成层次分明、条理清楚的图形，并标出重要因素，就找到了问题的根本原因，或者说找到了成功的关键因素。此方法多用于关键绩效指标体系的建立。各单位通过梳理各指标间的逻辑关系，形成层次分明、条理清晰、重点突出的图形表现样式。这种方式可以清晰直观地反映出单位绩效计划包含几方面的工作、工作之间有哪些逻辑关系、突出了哪些重点、有无重复指标或遗漏指标等，便于单位内部理顺工作思路、提高指标编制水平，也为领导判断分析工作提供了思维导图式的工具。

2. 在指标构成上建议引入“效果指标”

从思考一个单位、部门、岗位存在的意义、价值出发，设计出的指标是效果指标。理想状态下，几条效果指标，就可以对一个单位的工作效果做出评价。效果指标的数量不用太多，而且稳定性很高，通常数年不变。在当前过程指标和成果指标的基础上引入效果指标，就可以做到指标数量控制的收放自如。需要减少指标数量，就砍掉过程指标和成果指标；需要对个别重点工作做好监控，就单独为它加上成果指标和过程指标。每年设计指标的工作量也会大幅降低。

3. 在考核定量型指标时建议引入“联合基数法”

此法的主要思想是上下级联合确定目标基数，期末根据指标完成情况，按照超额奖励系数、不足惩罚系数、少报惩罚系数对下级进行奖励或惩罚，使下级主动申报一个和实际相符的指标标准，只有“说真话”，才能得到最高分。联合基数法将指标的上级要求和下级实际能力结合起来，可以确定一个合理的指标标准，实现“跳一跳、摘得到”的目的。建议在数量型维度指标和经营性单位指标中逐步分类引入此方法。

4. 对涉及多单位绩效指标建议引入“基准加减分法”

基准加减分法，就是首先给出一个基准分值，其次制定出加减分规则。对于做得好的或差的，根据程度不同，给予相应加分或扣分。这种做法改变了大家普遍将100分作为自己的心理预期，使绩效指标完成质量的差异得到体现。如：对于“重点支出项目绩效评价”指标，采用了基准加减分方案。“1. 以90分为基准分。2. 加分规则。评为良的，加5分；评为优的，加8分；评为优秀等级前3名的加10分。3. 减分规则。评为中的，减10分；评为差的，减20分。”再如：对于“公文处理”指标，设置一个容错区间，通过测算确定了上年度各单位的平均文件退回率为0.32%，将此平均退回率作为评价单位公文处理水平的基准数值，不高于基准退回率的单位，得满分。每高0.1个百分点，扣质量分值的3%。

5. 在绩效指标星值评定中引入“分项评星法”和“惩罚评星法”

一是建议采用分项评星法，由原来对指标从单维度五星评价调整为从重要程度、难易程度和工作量大小三个维度，分别采用五星法进行综合评价，这样可以更加准确、全面地反映指标所对应工作的真实情况，依此计算得出的指标权重差异更加科学、合理、可信服。二是建议采用“惩罚评星法”，将各个评价对象的评定星级按照一定权重进行加权平均，从而得出该指标的最终星值。通过本方法，可以实现评价星值离平均值越近，对最终星值影响的权重越大；反之则对最终星值影响的权重越小。

6. 进一步规范创新工作流程

一是建议明确创新工作确定时限，要求在绩效计划确定后60日内认定创新工作。二是建议调整完善创新工作评定比重。为了使创新工作评定既符合厅内的战略目标和工作重点方向，又能做到客观、公正地将优质项目评选出来，建议在创新工作评定权重上加入主要厅领导推荐因素，同时保持客观第三方专业人员的评定权重不变，将原来执行的厅领导、第三方专业人员、民主推荐的评定权重占比为4：3：3，调整为第三方专业人员、主要厅领导、主管厅领导、民主推荐评定权重占比3：3：2：2。同时，建议将以上变动情况及上一年度创新工作评定流程（厅内各单位推荐→第三方专业人士评审→厅领导评定→确定备选项目→提出创新等次建议→厅长办公会审定）规范下来，编入特别加扣分管理办法。

7. 进一步规范工作负荷系数评定

一是考虑到绩效指标要与实际工作承担人相符，建议在我厅长期工作的不在编人员可以承担指标（涉及多单位绩效指标除外），但不参与工作负荷系数评定工作。二是建议调整工作负荷系数档差。为了发挥负荷系数的应有作用，经过采用2014、2015年两年考评数据反复测算，建议以“合理评价、适度区分”为原则，对工作负荷系数的档差进行微调，档差由0.01调为0.005，即A、B、C、D、E五档，对应分值分别为1、0.995、0.99、0.985、0.98。

8. 进一步提高第三方数据可信度和实用性

一是建议在绩效计划制定阶段，根据两年来考评实际经验，制定更加全面和细致的剔除原则，此原则经过征询各单位意见后，年度内不再做修改。被考评单位如有不同意见，提出原则以外的剔除事项，需另外征求承担同一指标的其他被考评单位意见，方可剔除。二是建议责任单位对所提供的第三方数据负责。考评时，经监督小组或绩效办审核，若出现证明材料不足、质量不高、计算过程存在人为干预等不规范行为，将通过标准化绩效管理指标给予相应扣分。

9. 规范和完善绩效考评流程

一是建议在季度和年度考评中对扣分事项进行公示，同时在季度考评中增加申辩申诉环节，这样可以减少误扣的可能性，增强考评的公信度。二是将创新工作提交证明材料和突破性工作申报时间提前到年度终了后3个工作日，逾期的需报绩效办汇总由主要厅领导审签通过后方可添加，以保证年度考评工作任务的顺利完成。

10. 规范和完善特别加扣分规定

进一步体现加扣分导向作用，突出省委省政府和财政部新的考核要求，用加分项引导工作力量向大事、要事集中。一是对突破性工作分档。建议将突破工作分为重大突破和一般性突破两档，重大突破加最大分差的5%，一般性突破加最大分差的3%，以区分不同努力程度。二是省委省政府和财政部要求列入加扣分考评范围。三是增加特别加扣分所用最大分差的下限。现行制度对加分选用的最大分差下限没有限制，当出现分差过小时，加分规则将无法发挥作用，因此需要对最大分差的下限加以限制。根据2014、2015年两年运行经验与数据测算，建议将单位和个人最大分差的下限分别设定为20分和4分，当最大分差低于此数值时，按此下限计算，以保证加分项的有效性。四是增强加扣分程序严肃性。建议特别加扣分事项原则上必须有对应的一个或多个指标。如果出现所申请事项没有对应指标或承担人员发生变化，需报绩效办汇总后由主要厅领导审签通过方可生效，以减少特别加分的随意性。各单位申报加分后，由绩效办进行结果公示，通过采纳反馈意见来保证加分单位和人员与工作实际相符。五是将2015年已经执行的突破性工作认定流程（单位申报→考评小组初审→绩效办审核→民主推荐→厅领导评定→厅长办公会审定）、优秀调研课题加分等做法写入特别加扣分制度，进行规范。六是经营性单位也可参与特别加扣分申报，如出现加扣分情况，比照厅内单位进行得分调整。

11. 调整优化软件功能

一是添加周记录功能。为方便个人及时记录工作中好的想法和所感所悟，建议在绩效管理系统中增加周记录功能，以便于及时记录每周工作的阶段性总结，同时可以提高绩效监控的时效性。考虑到出差、休假等特殊情况，周记录的录入时限建议设定为完成本周工作的2周之内。二是添加提醒功能。建议在周记、月结前增加弹窗提醒功能；在每季度末月计划录入前添加工作负荷系数评定提醒功能，如不评定负荷系数，则无法录入月计划。对于周记、月结、工作负荷系数评定，加入分阶段提醒功能，在规定完成时限前3天进行绿色提醒，在规定完成时限前1天进行黄色提醒，未规定完成时限完成的给出红色警告，完成后提示自动取消。三是建议绩效计划确定后由绩效办统一组织录入，保证录入系统的计划数据与计划文本的一致性。四是建议增加领导决策支持界面，便于领导适时掌握重点工作的进展情况及承担单位和人员的相关信息，做到心中有数，便于跟踪调度。

### （三）当前工作进展及下一步工作安排

目前，我们正在组织厅内各单位制订年度绩效计划、申报创新工作。上述建议如无不妥，我们将迅速组织修订绩效管理办法及实施细则、特别加扣分规定，并升级绩效管理系统，完成标准化绩效管理体系“优化提升、成熟定型”工作。同时，组织好厅内绩效管理日常运行，做好绩效管理的标准化和通用模式宣传推广工作。

1. 修订绩效管理制度体系

改进报告经厅长办公会研究通过后，将修订完成的绩效管理办法及实施细则和特别加扣分规定等制度文件，提交厅党组会研究审定。

2．升级完善绩效管理系统

拟将系统升级划分为三个阶段：一是4月底前完成绩效考评模块的升级优化，为季度考评提供更便捷的软件支撑。二是6月底前完成第二阶段升级，对市县财政局内部绩效管理模块进行授权改造并完成厅局领导决策支持模块建设。三是到7月底前实现绩效管理系统优化完善，完成整体框架模块定型任务。

3．组织厅内绩效管理运行

对新调整的绩效联络员进行培训，4月底前，组织开展月计划、周记录、月小结录入和第一季度绩效考评工作，完成工作负荷系数季度评定。其后的绩效管理工作按照修订后的绩效管理制度执行。

4．做好绩效管理的标准化工作

一是从程序上、标准上、技术上对绩效管理体系进完善，实现标准化与绩效管理的无缝衔接。组织各单位对职责任务清单逐项梳理，对业务管理流程标准化程序文件和作业指导书进行重新修订；在绩效管理系统中开发添加标准化模块，实现标准化文件的分类归档；实现系统内指标的文件依据和标准化作业指导书的检索查询功能。二是推进绩效管理流程的标准化。今年将按照标准化要求，梳理绩效管理全年各时点的工作任务，按时间顺序确定形成一套成熟、完善、合理、规范的管理流程，实现绩效管理工作标准化。

5．建立厅内临时交办事项及重大事项动态纳入管理机制。

对领导交办、督查督办、涉及整改等年中事项，实施动态管理，及时纳入绩效计划。一是实时跟踪。绩效办安排专人负责从办公室督查科、机关党委等渠道实时获取相关事项，及时收集整理相关内容。二是月度统计。对日常收集整理的相关数据进行甄别分析，将能够转化为绩效指标的事项报主管厅领导审定。三是季度公示。将季度内统计的可转化为指标的事项进行公示，无异议的统一纳入绩效指标体系进行管理。四是年度考核。对全年纳入绩效指标体系的事项在年终一并进行考评。

附件1：

## 联合基数法简介

1．主要内容

联合基数法的主要内容可以用口诀来概况。对于正指标（即指标值越大越好），联合基数法的口诀为："各报基数，加权平均；超额奖励，不足惩罚；少报惩罚，多报不奖。"对于负指标（即指标值越小越好），联合基数法的口诀为："各报基数，加权平均；节约奖励，浪费惩罚；多报惩罚，少报不奖。"

2. 参数设定

设定参数如下：

| 参数符号 | 参数名称 |
| --- | --- |
| S | 下级上报基数 |
| D | 上级要求基数 |
| W | 下级自报基数占合同基数的权数 |
| C | 考核基数 |
| A | 期末指标实际值 |
| P | 超额奖励系数和不足惩罚系数（正指标）；<br>节约奖励系数和浪费惩罚系数（负指标） |
| Q | 少报惩罚系数（正指标）；多报惩罚系数（负指标） |
| R | 多报奖励系数（正指标）；少报奖励系数（负指标） |

a）上级要求基数可以由上级领导制定，也可以根据下级上报基数乘以一个倍数。（对于正指标，该倍数为小于1的数，如0.8；对于负指标，该倍数为大于1的数，如1.2）

b）下级自报基数占合同基数的权数W根据信息不对称的程度选择。信息不对称程度越大，应该给予下级的权数越大。同时，下级被给予了较大的权数，使下级感到上级对他的尊重，激励了下级的主动性。

c）考核基数 $C = WS + (1 - W) D$

d）为了体现奖惩一致的原则，超额奖励系数和不足惩罚系数设置为相同的数值P，节约奖励系数和浪费惩罚系数设置为相同的数值P。

e）只要联合基数法的参数之间的关系满足下面的不等式：$1 \geq P \gg Q \gg WP > R \geq 0$，"》"表示远大于，就可以保证只有在下级上报基数S = 指标实际值A时，下级得到的奖励总数X才会达到最大，即下级自报出一个符合实际的能够完成的最大数。证明见附件1。

f）多报奖励系数和 $R \geq 0$，$R = 0$ 表示多报不奖（正指标）或少报不奖（负指标）。

3. 奖励总额的计算

对于正指标，奖励总额X的计算步骤如下：

a）各报基数，加权平均

考核基数 C = WS +（1 - W）D

b）超额奖励，不足惩罚；

若指标实际值 A > 考核基数 C，则超额奖励（A - C）P

若指标实际值 A < 考核基数 C，则不足惩罚（A - C）P

c）少报惩罚，多报奖励。

若指标实际值 A > 下级上报基数 S，则少报惩罚（S - A）Q

若指标实际值 A < 下级上报基数 S，则多报奖励（S - A）R

这样，当下级上报基数 S 变化时，下级得到的奖励总额 X 也发生相应的变化，表达式如下：

| 当 S≤A，X =（A - C）P +（S - A）Q<br>当 S > A，X =（A - C）P +（S - A）R |
|---|

对于负指标，奖励总额 X 的计算步骤如下：

a）各报基数，加权平均

考核基数 C = WS +（1 - W）D

b）节约奖励，浪费惩罚；

若指标实际值 A < 考核基数 C，则节约奖励（C - A）P

若指标实际值 A > 考核基数 C，则浪费惩罚（C - A）P

c）多报惩罚，少报奖励。

若指标实际值 A < 下级上报基数 S，则多报惩罚（A - S）Q

若指标实际值 A > 下级上报基数 S，则少报奖励（A - S）R

这样，当下级上报基数 S 变化时，下级得到的奖励总额 X 也发生相应的变化，表达式如下：

| 当 S≤A，X =（C - A）P +（A - S）R<br>当 S > A，X =（C - A）P +（A - S）Q |
|---|

以改革类指标 BM - 108 - 35 国库集中支付电子化改革（市县推广）为例，该指标为正指标。参数设定如下：

| 参数名称 | 参数数值 |
|---|---|
| 上级要求基数 D | 60% |
| 下级自报基数占合同基数的权数 W | 70% |
| 预期指标实际值 A | 80% |
| 超额奖励系数和不足惩罚系数 P | 0.9 |
| 少报惩罚系数 Q | 0.7 |
| 多报奖励系数 R | 0.4 |

下级五种自报方案的比较单位:%

| 项目 | 方案 1 | 方案 2 | 方案 3 | 方案 4 | 方案 5 |
|---|---|---|---|---|---|
| 下级自报基数 S | 70 | 75 | 80 | 85 | 90 |
| 上级要求基数 D | 60 | 60 | 60 | 60 | 60 |
| 考核基数 C | 67 | 70.5 | 74 | 77.5 | 81 |
| 预期指标实际值 A | 80 | 80 | 80 | 80 | 80 |
| 超额奖励（A－C）P | 11.7 | 8.55 | 5.4 | 2.25 | －0.9 |
| 少报惩罚（S－A）Q<br>多报奖励（S－A）R | －7 | －3.5 | 0 | 2 | 4 |
| 奖励总额 X | 4.7 | 5.05 | 5.4 | 4.25 | 3.1 |

由上表可知，只有在下级自报基数 S 与其预期指标实际值 A 相等时，下级得到的奖励总额 X 才是最大的。因此，理性的部门主管会报出其部门实际能完成的最大自报数。联合基数法能有效解决信息不对称问题，迫使下级在自报基数时，能显示其“真实实力”，充分反应其工作水平和能力，充分调动下级的工作积极性。

附件 2：

## 惩罚评星法

惩罚评星法，就是将各个评价对象的评定星级按照一定权重进行加权平均，从而得出该指标的最终星值。其原理是评价星值离平均值越近，对最终星值影响的权重越大；反之则对最终星值影响的权重越小。此方法可用于涉及多单位绩效指标和临时交办事项指标的评星评定。按本方法规则采取的是领导小组成员单位主要负责人分别评定。这种“背对背”的打星方式，使每位评价者的真实想法得到充分体现，可以有效避免先入为主和个人主导等不利影响，计算评出的指标星值能够客观地反映指标的重要性和难易程度。其步骤如下：

1. 提供个体评星数

由各个决策者（主管厅领导、单位正职、单位副职、工作人员）对各二级指标采用上述分项评星法进行评星，第r个决策者 $DM_r$（$r=1\cdots m$）对第 $i$ 个指标 $x_i$（$i=1\cdots n$）的评分数为 $a_r(x_i)$

2. 构造惩罚因子

本项目采用正态惩罚因子，即惩罚因子是评星数的正态分布，

第 $i$ 个指标评星数平均值 $\bar{a}(x_i)=\frac{1}{m}\sum_{r=1}^{m}a_r(x_i)$

第 $i$ 个指标评星数最小数 $a'(x_i)=\min[a_r(x_i)]$

第 $i$ 个指标评星数最大数 $a''(xi)=\max[a_r(x_i)]$

令 $\sigma(x_i)=\frac{1}{2}\max[a''(x_i)-\bar{a}(x_i),\ \bar{a}(x_i)-a'(x_i)]$

则第 $r$ 个决策者第 $i$ 个指标评星数的惩罚因子为

$$\Omega(a_r(x_i)=\frac{1}{\sigma(x_i)\sqrt{2\pi}}e^{\frac{1}{2}[\frac{a_r(x_i)-\bar{a}(x_i)}{\sigma(x_i)}]^2}$$

该惩罚因子表明，对于某指标而言，当一决策者所提供的评星数偏离各决策者的平均评星数时，要按正态分布规律予以惩罚，个体评星数离平均评星数越远，这时惩罚评分因子越小，因而相应的惩罚评星数也越小，即对其惩罚越大。反之个体评星数离平均评星数越近，这时惩罚评分因子越大，因而相应的惩罚评星数也越大，即对其惩罚越小。

3. 计算个体惩罚评星数

第 $r$ 个决策者对第 $i$ 个指标的个体惩罚评星数为

$A_r(x_i)=\Omega(a_r(x_i))\times a_r(x_i)$

4. 计算群体惩罚评星数

$A(x_i)=\frac{1}{m}\sum_{r=1}^{m}[A_r(x_i)]$

采用惩罚评星法，最大的好处是“评价团队中不存在领袖和主导者”，即不存在这样的评价人员，只要他认为某个指标的个体惩罚评星数高于其他指标，就会影响该指标的群体惩罚评星值高于其他指标。这体现为一种平等协商的民主绩效管理精神。

涉及多单位绩效指标和临时交办事项指标的评星评定具体执行的步骤和注意事项如下：

第一步，绩效办分别向评价者提供绩效指标清单及评星标准。这项准备工作必须做到细致、充分，以保证每位评价者能够给出自己的分析和判断。第二步，各评价者单独对评价指标进行客观的分析，给出自己的判断。规则要求是各评价者之间不能相互沟通意见。第三步，绩效办对各评价对象的评价结果进行对比分析，对未达到要求的评价星值，反馈给相应的评价者。需要注意的是，反馈要做到“一对一”，各评价者不能共享反馈信息。第四步，绩效办将审核通过的各评价者给出的指标星数评定结果输入统计分析软件，计算出各指标的最终星值。同时对于各评价者的打星情况给出判断，对特殊样本进行特例分析，找出原因，用于纠正完善惩罚评星法评定机制。

# 2016年标准化绩效管理体系改进报告

（2017年2月21日）

## 一、起草背景

省财政厅标准化绩效管理体系运行已历时三年，各项制度办法及操作流程日臻完善，通过2016年的绩效改进环节，可以将以往成熟的制度体系和好的操作规范固定下来，用于指导未来的标准化绩效管理工作。标准化绩效管理是推动厅党组决策部署高效落实的有效工具，本着“工作有目标，任务能分解，过程有沟通，年终有考评，结果有应用”的思路，结合绩效管理的实践运行经验及从各单位收集的征求意见情况，对现行体系进行了全面对照梳理，针对出现的问题和不足，经过反复研究讨论提出了改进意见和建议，形成了《报告》。

《报告》通过厅党组会审议后，绩效办根据《报告》修改完善了标准化绩效管理办法及实施细则、特别加扣分规定等标准化绩效管理制度，并与3月初印发执行，标准化绩效管理水平得到进一步提升。

## 二、报告案例

按照河北省财政厅标准化绩效管理办法和实施细则相关要求，根据我厅2016年度绩效管理的实践运行经验和从各单位收集整理的意见，就现行标准化绩效管理体系的完善和优化，从绩效计划、监控、考评、结果运用及经营性单位目标绩效管理等方面分别提出了改进建议，并对下一步工作思路进行了明确，现将有关情况报告如下：

### （一）绩效计划方面

1. 关于单位指标设定体系

（1）存在问题。在单位个性绩效指标分类中指标设置“自成体系”。当前的绩效考评是对指标进行分类比较，有的单位在设置指标时更多考虑单位内部所承担职责的“小天地”，没有放到全厅范围内统筹考虑，在分类时只能自己作为一类，导致这类指标单位内部比较，无法与其他单位所承担指标比较，体现不出单位间工作努力程度的差异。

（2）改进意见。建议在办法或细则中加入关于厅内各单位在这类指标编制时要考虑到与其他单位可比性的要求，便于指标整体分类，也可以避免出现个别单位指标设置“孤立”的情况。

2. 关于指标调整

（1）存在问题。一是绩效计划变更流程不够细化。制度办法中对绩效计划变更的操作流程规定不太明确，在实际运行时可能会遇到执行难和操作不规范的问题。二是指标增减缺乏标准规范。有的单位在绩效计划执行过程中多次提出指标增减意见，甚至年终考评时仍在要求调整指标，这样不仅会改变单位内部副职之间责任系数结构，还会对本单位和其他单位副职的考评结果产生影响，进而影响到绩效管理的严肃性和考评的公正性。三是厅外来文事项转化指标方式欠规范。当前厅外来文事项转化为指标的操作方式为按项分析后转化为指标，每个来文事项都可能转化为一条指标。过多外来事项指标的临时加入会影响厅内指标结构的稳定性。

（2）改进意见。一是细化绩效计划变更流程。建立绩效指标动态纳入、修改、删除的运行机制，细化管理流程和操作规范，纳入标准化绩效管理办法和细则。二是严肃指标调整规范。对于指标标准调整的，年初绩效计划确定后，除国家政策调整、省委省政府决策部署等特殊情况，原则上年度内不再修改；对于新增指标的，各单位确因工作需要，可在每年第二、三、四季度末申请新增指标。新增申请需经分管厅领导同意，绩效办将调整申请汇总，报经标准化绩效改革领导小组（以下简称“领导小组”）成员单位同意并确定星值后，请主要厅领导审定，通过后录入标准化绩效管理系统。三是转变厅外来文事项转化指标方式。建议回归往年厅外来文事项转化指标的处理方式，对厅外来文事项的承办人设置一项“厅外来文事项”指标，根据来文处理的数量、难度、成效由单位自己来评定不同的星值，既能体现承办人的工作努力程度，又不会对全厅指标的整体结构造成严重冲击。

3. 关于基准加减分

（1）存在问题。基准加减分引入的初衷是为了通过技术手段区分工作努力差异，让工作成绩突出的获得奖励，工作成绩一般的获得平均分值。但在年度考评后部分单位提出两类问题：一是基准加减分的适用范围未做界定，导致在有些指标中出现单位“起点不一致”的问题。比如“综合文稿”指标，由于部分单位的职能所限，在该项工作指标比较中处于劣势，可能通过努力也很难取得优秀等次，导致各单位争取优秀的机会不均等，本年该工作分配时会受到阻力，与推行绩效管理是为了更好地全面推动工作落实的初衷相违背。二是基准加减分各档次之间档差较大，在整体指标分差较小的情况下，会对全部得分情况造成冲击，不利于计分体系结构稳定。

（2）改进意见。建议在2017年绩效指标编制中取消基准加减分法，将该方法作为一个课题进行研究，充分论证其实用性和适用性，为我厅未来指标标准的合理制定及优化积累经验和技术支持。

4. 关于第三方数据

（1）存在问题。一是预算执行进度和结余结转第三方数据计算难度大。各考评小组反映，预算执行进度和结余结转两项涉及多单位指标的第三方数据计算方法过于专业，涉及因素较多，考评时由考评小组中属非专业人士的各位成员各自计算，不好掌握统一计算尺度，工作难度大且效率不高，还存在失真或不公的风险。二是外部审计的时间范围均为以往年度，甚至是多年前的财务事项。期间，由于相关工作的分管领导和承担人员已进行多次调整，必然会出现目前承担“外部审计”指标的工作人员出现扣分情况。

（2）改进意见。涉及多单位指标是整个指标体系的关键部分，预算执行进度和结余结转两项指标又是关键中的关键，因此必须确保考评计算结果的客观准确和真实有效。一是由相关责任单位直接提供涉及多单位指标得分结果建议，避免各考评小组掌握尺度不一致，计算结果可能出现失真的风险。二是由相关责任单位牵头，负责组织指导各考评小组集中计算，审核考评小组的计算结果，防止与真实情况出现偏差。三是对于外部审计指标问题，建议监督局在2017年编制“外部审计”指标时充分考虑该项工作的实际情况，修订原考评标准，以推进主体责任落实，鼓励积极整改。

## （二）绩效监控方面

1. 关于周记月结

（1）存在问题。一是周记录、月小结录入弹性机制不完善。有的单位提出平时由于出差或病假、产假等客观因素，没有按时将工作完成情况录入系统，需要提供相关证明材料后剔除相应扣分因素，但由于系统关闭无法补录相关内容。二是月小结已完成事项需重复录入问题。投资评审中心等单位提出月小结完成进度百分之百的绩效指标，在完成之后仍需要每月写小结，增加了处室的工作量。

（2）改进意见。一是进一步强化弹性管理。2016年实际工作中，已经考虑了病假、产假等客观因素，周记录的时间为本周及其后的两周。为进一步强化弹性管理，建议如由于工作原因或病假、产假等（以厅人教处相关规定为准）客观因素，相关单位和个人在每个考评周期结束前，将证明材料报经责任单位审核通过后，可补录指标完成情况，剔除相应扣分因素。二是完善月小结录入功能。建议由绩效办商信息中心修改软件，增加“办结”按钮，做到指标一旦确定完成，后期不必再进行月小结操作。

2. 关于过程留痕

（1）存在问题。季度考评发挥作用不够充分。我厅标准化绩效管理体系已建立“周记、月结、季考、年评”全程管控机制，每个季度都会组织开展考评工作，投入一定人力和时间，但目前季考结果仅作展示使用，激励与监控作用不明显。

（2）改进意见。建议将季度考评结果作为有效成绩。按照加强公务员平时考核的改革发展趋势，应该进一步增强季度考评的重要性。建议删除绩效管理办法和细则关于季度考评后仅作为展示的表述，将季度考评结果作为年度考评的数据留痕和重要参考。

### （三）绩效考评方面

1. 关于特别加分类别

（1）存在问题。现行特别加分类别设置不太科学，不同程度地存在着交叉重叠问题。在当前的加分体系中，整体分为创新工作、突破工作和其他加分三类，其中创新工作尤其是其他加分类别，每类又分为多个档次或多种评定项目，给加分的申报和认定工作增加了难度。同时其他加分内设的几种加分情况与创新和突破的认定标准有部分重复，导致有的单位“一事多报”，增大了审核的工作量，对其他单位也不公平。

（2）改进建议。建议调整优化特别加分类别。将类别调整为突破性工作、争取资金、增比进位和其他加分5个类别。其中突破性工作由创新工作和原突破性工作合并而来，分为特别重大突破、重大突破和一般突破，试点争取成功直接列为突破工作，根据争取工作努力程度、试点争取批次和社会经济效益确定突破档次；争取资金实行分项加分制，从增幅、增量和占比三个方面分别认定加分，单位争取资金和单项争取资金增量达到一定规模（由预算处测算提供）均可申报，但二者不可重复申报；增比进位由原其他加分类别中的工作评比排名和会议经验交流合并而来，其中工作评比中加入优秀等级评比内容；其他加分调整为埋头苦干及主要厅领导推荐加分等。另，试点争取已认定为突破工作的，该试点获得的中央资金不得重复申报争取资金加分。

2. 关于特别加分比重

（1）存在问题。一是当前单位内部创新加最大分差的2%，导致创新、突破工作和其他加分与难易程度不匹配，没有充分体现导向性。二是限定特别加分项目全年累计分值不超过最大分差的30%，如果出现单位特别加分超过上限的情况，在一定程度上会削减这些单位尽最大努力创新突破的工作劲头。

（2）改进建议。根据上文调整优化特别加分类别建议，取消了单位内部创新的2%加分，创新突破中，重大突破和一般突破分别加最大分差的5%和3%，特别重大突破经厅党组会研究审定后，酌情加分；争取资金中，增幅、增量和占比分别加最大分差的1%，合计加最大分差的3%；增比进位的工作评比排名和会议经验交流分别加最大分差的5%；其他加分的任劳任怨加分，加最大分差的3%；原则上特别加分项目全年累计分值不超过最大分差的30%。同时，为进一步激励全厅干部职工改革创新、奋勇争先，对特别加分超过上限的情况，由绩效办汇总全厅加分综合情况报厅党组审定后，可对超出上限部分酌情加分。

3. 关于加分分值分配

（1）存在问题。一是加分分配随意性较大。从历年来的运行情况看，在加分分值分配时，有的单位将加分"撒芝麻盐"，搞平均主义；有的单位则将加分集中到某名人员，形成极端倾斜，使被加分者与实际工作承担者出现"出入"。二是存在非正常争抢加分现象。特别加分项目认定后，出现了单位间无序、随意争抢分现象，影响了项目申报单位的工作积极性和认定工作的严肃性。

（2）改进意见。一是加分分配须符合工作实际。在项目申报时，就要对应绩效指标承担情况，明确该项工作的分管领导和一般承担人员，提出分值分配意见。认定成功后，加分直接分配给既定人员，保证公平公正。二是涉及多单位项目共同申报。凡涉及多单位工作任务，由牵头单位和各参与单位协商一致后，共同申报特别加分，提出分值分配建议。特别加分认定结束后，未参与申报的单位原则上不允许争抢加分。

4. 关于突破性工作认定

（1）存在问题。一是存在专家"跨类入库"现象。在2016年实际执行中，个别专家同时进入了不同类别的子专家库中，重复成为备选专家，无法保证专家库的专业性和权威性。二是专家抽选没有遵循随机原则。专家论证环节由领导小组成员单位负责人分别从3个子专家库中选取厅内专家和厅外专家，形成专家组，不是随机抽选，没有完全避免主观导向。三是厅领导评定流程不明确。厅领导对专家初步确定的突破性项目按照重大突破、一般突破和不推荐三类进行投票，对未通过专家论证初步确定的项目，进行提名补选，未明确具体的投票流程和补选比例。四是同等次加分项含金量不同。认定过程中发现，一些工作按标准均符合加分要求，但在实际工作中付出努力程度不同。比如有的工作是通过单位自己谋划、努力拼搏干出来的，有的则是落实上级工作部署中自然派生出来的；有的是通过积极争取得来的“第一份羹”，有的则是按上级工作计划分到自然获利。如果不能够区分对待，对付出更大努力的单位是不公平的。

（2）改进意见。一是明确专家职责。专家库专家应该突出“专”，专业必须对口，并专注一个类别创新突破项目的研判和鉴别，专家分类入库，且各库之间专家不得交叉。杜绝“跨类入库”现象，以保证专家评选结果的严肃性和权威性。二是随机抽选专家。专家论证环节由领导小组成员单位负责人组成推荐团队，驻厅纪检组负责现场监督，分别从预算管理类、其他管理类、事业及经营性单位类子专家库中，通过技术手段随机选取厅内专家、厅外专家和备选专家，形成 3 个专家组拟定人员名单。三是明确厅领导评定事项。首先，厅领导对专家论证初步确定的突破性工作推荐重大等次，推荐项目数量不限，绩效办将结果汇总后呈厅长，为其提名重大等次提供参考。其次，未通过专家初步确定的项目，可由厅领导补充推荐创新突破等次，推荐数不超过专家应推荐数量和实际达标数的差额。绩效办将推荐结果按票数由高到低排序后，提交厅党组会研究。最后，厅领导对专家推荐通过的结果有异议的，可提出剔除意见，直接提交厅党组会研究。四是认定档次时区分工作努力程度。通过主动谋划、不懈努力取得突破性进展，工作成果具有先进性、主动性或推广价值的作为特别重大突破和重大突破认定的重要依据；对于落实上级部署、完成本职工作，取得突出成效的建议认定为一般突破。

### （四）结果运用方面

1. 存在问题。有单位提出绩效考评成绩作为对单位和个人的客观评价，在评先评优中所占比重较弱，主观的人为打票可能会对客观结果造成冲击，不利于树立结果运用的正确导向作用。

2. 改进意见。一是建议在评先评优中增强评价结果与绩效成绩的关联性，提高绩效考评成绩的占比，发挥标准化绩效管理的主导作用。二是建议评先评优中非绩效因素的计算，在方法和分差上向绩效成绩靠拢，尽量促使绩效成绩与非绩效成绩的

“等价”对接。具体事项建议由人教处提出改进意见。

**（五）软件系统方面**

1. 存在问题。主要表现为人员信息更新不及时。有的单位发生人员变动，如调动、退休、长期请假、产假或到厅外帮助工作等情况，以往都是由相关单位自主申报，绩效办汇总后，在系统中调整相应指标，但这种做法存在着相关单位故意隐瞒不报、疏忽漏报或者申报不实的隐患，容易引起绩效系统中人员信息与实际工作不符，造成失真现象。

2. 改进意见。建立人员信息定期更新机制。建议人教处每季度向绩效办提供一次人员变动情况清单，结合各单位自行申报的人员变动情况，由绩效办报领导小组成员单位审核通过后，对系统中人员和指标情况进行及时调整。

**（六）经营性单位方面**

1. 存在问题。一是业绩考核类指标有待细化。各经营性单位业务差别大、区分度高、专业性强、政策要求不同，采用“一刀切”式标准的同类指标进行业绩考核不能适应单位实际，有违“客观公正、激励有效”的绩效基本遵循。二是目标绩效管理未覆盖我厅全部经营性单位。由于初创设立、条件尚未成熟，农业信贷担保公司和冀财公共事业投资公司未纳入2016年度我厅经营性单位目标绩效管理，不能及时、全面的反映我厅经营性单位管理总体情况。

2. 改进意见。一是结合不同单位的各自特点，制定业绩考核类目标指标，如：文印中心在确定利润指标的同时，还要兼顾到全面安全稳定运营、为厅里搞好服务；涿州培训基地和北戴河培训基地属于酒店性质，绩效目标考核应以经营收入指标为主，以净资产指标为辅；冀财基金公司考虑其经营特点，其业绩考核指标应着重体现提高财政资金使用效益、发挥财政资金的杠杆作用。省农担公司则按照财政部有关文件要求，在业绩考核中应弱化盈利考核要求，更注重业务规模、合作银行数量和担保体系建设等方面。二是农业信贷担保公司已成立一年有余，各项业务已步入正轨，建议按照《关于对经营性单位开展2016年度绩效目标管理的通知》的有关规定，将其纳入我厅2017年度对经营性单位目标绩效管理体系中。考虑到冀财公共事业投资公司新成立不久，建议待正式运营后，择机将其纳入我厅经营性单位目标绩效管理体系中。

### （七）下一步工作思路

目前，我们正在组织厅内各单位制订年度绩效计划。上述建议如无不妥，我们将迅速组织修订绩效管理办法及实施细则、特别加扣分规定，并升级绩效管理系统，完成标准化绩效管理体系“优化提升、成熟定型”工作，为本年度绩效计划制定及以后其他绩效管理工作开展提供稳固的支持。

# 附录

## 相关领导在标准化绩效管理现场观摩会上的讲话

2016年6月29日，河北省省级机关学习推广省财政厅标准化绩效管理经验现场观摩会召开，该项专题会议由河北省级机关目标绩效管理领导小组主办、河北省财政厅承办。时任河北省委副书记、省级机关目标绩效管理领导小组组长赵勇出席观摩会并讲话，省委常委、省政府常务副省长、省级机关目标绩效管理领导小组副组长袁桐利主持观摩会。省级机关目标绩效管理领导小组及办公室成员，省级机关作风整顿第十五巡回督导组负责同志，省直各部门主要负责同志和有关处室负责同志，厅内副处级以上干部，共约500余人，参加了会议。观摩会上，河北省财政厅向与会人员介绍了标准化绩效管理改革掠影和流程演示，时任厅党组书记、厅长高志立同志系统介绍了推行标准化绩效管理的做法和体会。河北省财政厅绩效办副主任成军介绍了标准化绩效管理体系框架及主要流程。

# 全面推行标准化绩效管理
# 充分调动干部干事创业积极性

——在省级机关学习推广省财政厅标准化绩效管理经验现场观摩会上的讲话

赵　勇

（2016年6月29日，根据记录整理）

今天这次现场观摩会，是克志书记、庆伟省长同意召开的，是一次推进省级机关改革建设和作风整顿的重要会议。前段时间，克志书记在省财政厅标准化绩效管理经验交流材料上作出批示："省财政厅椎进标准化绩效管理改革的做法很好，可以先在省级机关总结推广，持续推进处室合并，优化流程，激发活力，提高效率，服务发展。"庆伟省长批示："按克志书记批示要求，组织总结推广。"省委、省政府把推广省财政厅标准化绩效管理经验作为省级机关作风整顿八项硬任务之一。5月初，省级机关作风整顿领导小组印发通知，要求省直各单位学习推广省财政厅经验。刚才，我们观看了省财政厅标准化绩效管理掠影和流程演示，高志立同志作了一个系统的经验介绍。相信大家听了以后，都会有耳目一新、跃跃欲试的感觉。

前不久，我专门到省财政厅搞过一次调研，随机走访了部分处室，与各级干部进行了深入交流。总的感到，省财政厅这套做法是科学的、过硬的，是一套完全可以复制的成熟经验。概括起来，主要有六条：一是以创新性措施推行机关内部管理改革。省财政厅党组一班人从大局出发、从事业出发、从关心爱护每一名干部出发，以改革的勇气和担当的精神，铁下心推行机关内部管理改革，连续抓了两三年时间，极大地提升了机关效能。二是以绩效计划实现了"千斤重担人人挑，人人头上有指标"。解决了过去管理粗放、模糊的问题，让机关每一个人都清楚应该干什么、什么时候干到什么程度、干不好要承担什么责任。三是以绩效监督实现严格的过程管理。每周对每一个人的工作有一个评价、有一个反馈，做不到位的立马调整，达不到标准的立马提升，真正把结果管理变成了过程管理。四是以绩效考评实现考核的精准化。绩效考核结果精确到小数点后第四位；经过几年的探索与实践，越来越贴近实际，越来越科学，考核结果得到普遍公认。五是以绩效改进促进工作的持续改进。在绩效考核过程中，绩效考核办法根据实际情况不断改进，同时也促进了工作思路、工作举措的不断改进和完善。六是以绩效结果运用调动每一个人的积极性和创造性。把绩效结果与面子、票子、位子、板子挂钩，有效激发了积极性和创造性。

省财政厅的做法取得明显成效。全厅上下一心谋事、一心干事，夙兴夜寐、激情工作，去年以来多项工作在全国名列第一，省委、省政府对省财政厅的工作充分肯定、高度评价。当前，河北发展正处在一个十分关键的历史时期，战略垂青，机遇难得，关键是通过深入的教育引导和科学的制度安排，充分调动每一个干部干事创业的积极性。下面，我围绕落实克志书记、庆伟省长批示精神，在省级机关全面推行绩效管理，调动每一个干部的积极性和创造性，讲几点意见。

## 一、实行标准化绩效管理是省级机关作风整顿的一项重大制度安排

省级机关作风整顿的核心是为了调状态、转作风，激发每一个干部的内生动力，凝聚干事创业的强大力量，开创河北改革发展的新局面。实行标准化绩效管理，就是要通过这项重大制度安排，持续激发干部内生动力，要从战略的、全局的高度认识这项工作。

**第一，实行标准化绩效管理是推进治理体系和治理能力现代化建设的重要举措。**党的十八届三中全会提出，全面深化改革的总目标是完善和发展中国特色社会主义制度，推进国家治理体系和治理能力现代化。实践证明，没有科学严谨的制度安排，人的积极性是不可持续的。推进治理体系和治理能力现代化的一个重要目的，就是激发人的积极性，使管理规范化、制度化、现代化。过去，我们在管理上存在着不少粗放和模糊的地方，明明知道一些. 事情没办好、一些干部不胜任，却不能批评、不好调整，让人感到很无奈。实行标准化绩效管理，通过制度性安排，有效解决不敢管、不会管、不善管的问题，是推进治理体系和治理能力现代化建设的一个重要抓手，有利于推动机关由传统管理迈向现代管理，有利于把治理体系和治理能力现代化建设一步一步落实到行动上、落实到具体工作中，为决胜“十三五”、全面建小康提供持续动力。

**第二，实行标准化绩效管理是解决“为官不为”问题的重要举措。**习近平总书记反复强调，对“为官不为”问题，要高度重视，有针对性地加以解决。这次省级机关作风整顿的一个出发点就是下决心整治“为官不为”，更广泛更有效地调动干部干事创业积极性。“为官不为”是一个需要系统治理的问题，涉及方方面面，主要成因就

是没有形成一个让人不敢不为、不能不为的客观公正的制度环境和自强不息的人文环境。没有制度性安排，单靠会议、靠谈话很难持续发挥作用，不可能从根本上解决问题。实行标准化绩效管理，基本实现了在现有制度框架下让每个干部不得不为、不敢不为，解决了变“要我干”为“我要干”的问题，是一条以制度促使干部思想自觉和行动自觉高度统一的新路子。

**第三，实行标准化绩效管理是解决机关作风顽疾的重要举措。**作风问题是一个顽疾。习近平总书记指出：“作风问题具有顽固性和反复性，抓一抓就好转，松一松就反弹。”总书记讲得十分深刻。现在开展省级机关作风整顿，各单位主动服务意识增强了、办事效率提高了，基层感到变化很大，但是不是可持续，大家心里没底。这就需要我们有一套科学的机制，把任务一分解下去，每个单位每个人就会自动转起来，就会自觉地去抓落实。这样，机关作风就会为之一变，作风顽疾就能得到根治。这样，各级领导干部就可以集中精力谋大事、抓大事，不必在一些琐碎的事务性工作上浪费时间和精力。久而久之，就会形成一种习惯、一种文化，各级干部就会自觉抓落实，自觉追求细致、精致、极致。

**第四，实行标准化绩效管理是完善选人用人机制的重要举措。**克志书记指出：“要完善选任机制，对干部的认识不能停留在感觉和印象上，必须健全考察机制和办法，多渠道、多层次、多侧面了解干部，反映干部的真实情况。”实行标准化绩效管理，选人用人用绩效考核结果说话，“拉票”没用了，找领导不管用了，干部就会把主要精力放在做好工作上，变“拉票”为“拉套”。用人规则阳光了，竞技舞台建起来了，能者上、平者让、庸者下就会成为常态，选人用人就会变得更加公开公正。这是一件牵一发而动全身的事情。这件事情搞好了，整个机关管理的科学化水平就会大大提高，政治生态就会得到大大净化，干部积极性就会得到空前激发，整个工作局面就会为之一新。

## 二、抓住关键、科学系统地推进标准化绩效管理

标准化绩效管理是一项系统工程，是一个新机制，要科学谋划、突出重点，稳扎稳打、系统推进，确保顺利推开。

**第一，要搞好顶层设计。**经过两年多的实践，省财政厅构建起了“14111”的绩效管理体系，即以标准化为基础，以绩效计划、绩效监控、绩效考评、绩效改进为主要环节，以绩效沟通为主线，以信息化为支撑，以结果应用为保障。各单位情况虽然

有所不同，但大的原则、大的思路应当是一致的，顶层设计方案既要把大原则、大思路坚持好，又要结合实际、量体裁衣。关键是做到“三个全”：一是体现全覆盖，要涵盖所有工作、所有单位和所有干部职工。二是突出全方位，对每一项任务、每一项流程、每一项职责都要有具体要求、具体标准。三是注重全过程，把绩效计划、绩效监控、绩效考评、绩效改进和结果应用组成一个闭合系统，进行全过程动态跟踪问效。

**第二，要精准分解目标任务。**工欲善其事，必先利其器。要舍得下功夫，把基础工作做扎实，把目标体系建起来。要把与本单位有关的中央和省委、省政府决策部署、分管省领导要求、省直单位党组（党委）研究的年度目标任务，分成三级指标，精准分解到每一个处室、每一个岗位。要把全年目标任务全部落实到处室和岗位、落实到每+一个人，让每一个人都清楚应该干什么、怎么干、干到什么程度、实现什么目标、没有实现会受到怎样问责。

**第三，要科学实施绩效考评。**要利用大数据、智能化、移动互联网和云平台等手段加强绩效考评，实行严格的动态管理，让每一个干部的工作都有过程留痕和数字化痕迹。要量化考核指标，借鉴省财政厅“五星赋值法”、责任系数、工作负荷系数等经验，建立得分换算模型，赋予每一项绩效指标以相应权重，确保不同单位、岗位间绩效结果可比较、可排队。要引入第三方考评，通过设置严密的考评流程，邀请相关领域的权威机构进行第三方评审，从多个维度开展绩效考评，着力解决单一考评主体主观判断失真等问题。

**第四，要注重全面参与。**标准化绩效管理涉及每个机关干部，要让每个干部都参与讨论设计方案、参与提出改进意见、参与自我考核、参与相互激励和监督，充分调动每一个人的积极性、主动性、创造性。只有把每个干部的积极性都调动起来，集众智、集众思、汇群智，这项改革才能真正落地、真正收到实效。要切实做到集思广益、群策群力，努力让每个人都形成思想自觉、行为自觉，确保绩效管理各项工作得到全面落实。

**第五，要强化考核结果运用。**各单位一把手要敢于担当，不要怕得罪个别人，这样就可以赢得绝大多数人，就可以赢得事业、赢得效率。要把绩效考核结果与面子、票子、位子、板子直接挂起钩来。与“面子”挂钩，就是要公布绩效考核结果，让干得好的人有面子；与“票子”挂钩，就是要按照省委确定的绩效考核办法发放岗位津贴，把个人收入与考核结果关联起来；与“位子”挂钩，就是把绩效考核结果与干部选拔使用挂钩，把考核结果体现到选人用人上；与“板子”挂钩，就是要敢于追责问责，该打板子的打板子。

### 三、切实加强对标准化绩效管理工作的组织领导

实行标准化绩效管理，是省级机关作风整顿的一个“杀手锏”。下一步，省级机关作风整顿的重点就是抓标准化绩效管理，并在此基础上抓流程再造、抓思想转变，进一步提高机关办事效率。这是刚性要求，也是一项硬任务，必须放在重要位置来抓。

**第一，一把手要亲自抓。**这件事情难度很大，涉及省级机关每一个人，又是一个持续的过程，没有一把手的高度重视、协调调度，一些工作很难落到实处、很难达到预期效果。省直各单位一把手要下定决心，亲自谋划，亲自推动，这也是省财政厅的一条重要经验。在“两学一做”学习教育中，要把推行标准化绩效管理作为一项重要内容，身体力行、率先垂范，在各方面带好头，坚定不移地把这件事情做深做实做出成效。

**第二，要进行全员动员培训。**今天会议之后，省级机关作风整顿领导小组要系统谋划，分层开展培训。要用好省财政厅这个平台和典型，对省级机关负责绩效考核工作的“操盘手”，由省里进行集中培训；对省级机关的所有干部，由各单位组织动员培训。要通过动员培训，让每一个干部都对这件事情能形成共识、形成自觉，都清楚这套系统怎么运行、怎么操作，都积极主动地参与到这项工作中来。

**第三，要建设一支绩效管理的专兼职队伍。**阿里巴巴等很多成功企业成功的奥秘之一，就是有一批人力资源管理人员，由他们负责调动每一个员工的积极性，激励员工创造性地开展工作。省直各单位要借鉴这些经验，抓紧培养一批专兼职结合的人力资源管理干部。这支队伍除了承担本职工作外，还要负责每周评价、过程监督、大数据管理等。对他们的绩效考评，既要包括业务工作，也要包括人力资源管理工作，真正让这支队伍充分发挥作用。

**第四，要积极探索创新。**尽管省财政厅的经验很好，但也不是万能的。其基本核心内涵可以遵循，但在具体操作过程中，各单位要根据各自的不同情况进行适当调整，按照精准、规范的目标，在操作方式方法、具体标准制定、绩效考核过程等方面进行大胆创新，让绩效考核更符合单位实际，更能激发每一个人的内生动力。

**第五，要加强统筹结合。**开展省级机关作风整顿目的是为了推动工作。当前，我

省改革发展任务很重，经济下行压力很大，需要我们铆足劲、拼命干。省级机关作风整顿八项硬任务是一个整体，要统筹起来、协调推进。要把绩效管理与内设机构改革结合起来，在精简编制和人员基础上，优化处室职能，整合相近职能。要把绩效管理与简政放权结合起来，通过严格的绩效管理把“放管服”落实到岗位、落实到人头，把该下放的权力放到位。要把绩效管理与流程再造结合起来，把绩效管理与流程再造同步推进，确保提质提效同步到位。要把绩效管理与推进当前工作结合起来，把目标任务分解到处室、分解到人头，确保各项工作落实到位。

省级机关作风整顿领导小组要切实加强对推行绩效管理工作的组织领导。要加强总体谋划，加强培训，加强指导，加强督查，加强评估，对搞得好的予以表扬，对搞得不到位的通报批评。要运用报刊、电视、网络等各种媒体，开展多角度、多形式、多层次的宣传，为推行标准化绩效管理营造浓厚氛围。

总之，希望大家高度重视、精心谋划，亲自动手、扎实推进，切实把这件好事办好、难事办成，带动各项工作为之一跃、促进整个局面为之一新。

# 不断深化标准化绩效管理改革
# 靠机制持续激发干部内生动力

## ——在省级机关学习推广省财政厅标准化绩效管理经验现场观摩会上的讲话

高志立

（2016年6月29日）

尊敬的赵勇副书记、桐利常务副省长，各位领导，同志们：

大家上午好！

首先，我代表财政厅全体干部职工，对赵勇副书记、桐利常务副省长、各位领导和同事的到来，表示热烈欢迎！对大家长期以来给予财政工作的关心、支持和帮助，表示衷心感谢！这次标准化绩效管理现场观摩会在我厅召开，既是对我厅工作的充分肯定，更是对我们莫大的鼓励和鞭策。下面，我简要汇报一下我厅标准化绩效改革推进情况，谈几点认识和体会。

### 一、改革初衷和效果

我厅自2013年年底开始推行标准化绩效管理改革。当时，党的十八大和十八届三中全会相继召开，全面深化改革向纵深推进，财政职能定位发生较大变化，加上经济迈入“三期叠加”新常态，以及我省化解过剩产能、治理大气污染等特殊困难，财政工作头绪多、任务重、难度大，但有力的抓手少，常常觉得事倍功半。经过对形势任务、改革要求的深入分析，我们认为靠单项的改革创新，或者引入单一的管理工具很难从根本上解决问题，只有从战略上、根本上、机制上系统思考，从管理理念、模式和方法上整体创新，才能突破困境、实现整体提升。通过反复比较研究，按照中央和省委省政府行政管理改革有关要求，决定实施标准化绩效管理改革。

改革推进过程中，我们边学习、边实践，边摸索、边改进，经过全厅上下两年多的不懈努力，逐步构建起规范高效的标准化绩效管理体系。这一管理体系可概括为“14111”，即：以标准化为基础，以绩效计划、绩效监控、绩效考评、绩效改进为主要环节，以绩效沟通为主线，以信息化为支撑，以结果运用为保障。**在改革目标上，**

着眼治理体系和治理能力现代化，立足行政管理实际，突出问题导向，认真梳理“评价难量化、横向不可比、结果难应用”等管理瓶颈的体制机制原因，借鉴吸收现代管理理念和优秀传统管理思想，以构建持续激发内生动力的长效机制为目标，努力创造客观公正的制度环境和自强不息的人文环境，变组织目标为个人指标、变单兵作战为团队协作、变模糊评价为精准考评、变被动执行为自觉作为，最终实现传统指令式单向管理向机制激励的转变。**在体系设计上，**系统研究国内外公共管理、标准化管理、绩效管理等现代管理理论，深入剖析国内外成功案例，对管理体系进行整体谋划、系统设计，既注重核心流程的构建，又突出管理基础、信息支撑和动力保障；既注重制度建设，又强调实际操作；既注重引入先进的管理技术方法，又紧密结合部门实际。在优化机构设置、再造业务流程、完善岗责体系的基础上，创造性地将标准化管理和绩效管理融合起来，搭建体系框架和管理流程，并建立了规范的结果应用制度。中国行政管理学会、全国政府绩效管理研究会等权威机构的知名专家认为，这一做法在全国尚属首创。**在具体操作上，**按照“精细化设计、便捷式操作”的思路，建立全面系统的标准化绩效管理制度体系，构建覆盖所有工作、所有单位和全体干部职工的绩效目标指标模板，同时加强大数据、信息技术、数理统计等现代管理技术的应用，通过制度化、模板化和信息化，实现了“事倍功半”到“事半功倍”的转变。机关作风整顿以来，又根据新要求，做了系统的修改完善，进一步提升了管理体系的科学性、实用性和可操作性。

两年多的实践中，标准化绩效管理的作用逐步显现，在规范行政管理、提高行政效能、激发队伍活力、转变工作作风等方面取得了良好成效，为推动改革发展提供了强劲动力。我们感到，多重困境下财政工作能够忙而不乱，工作成就能够得到领导的肯定，与推行标准化绩效管理是分不开的。我个人体会，有几点变化非常明显：**一是工作好抓了。**每年年初，花上一两周时间，与主管厅长、处长一起研究省委省政府决策部署，系统谋划全年工作，将上级部署、重点任务和工作职责转化成绩效目标指标，明确完成时限、工作要求和推进步骤，层层分解落实到处室、人头；日常对上级临时部署的工作任务，通过厅长碰头会、办公会交办分解，随时形成绩效指标落实到责任处室、人员。这些工作不需要一遍一遍的督导调度，各级干部会主动按要求完成。我可以腾出不少时间谋大事、抓大事。**二是质效提升了。**每项工作任务的完成要求都很明确，工作部署下去以后，各级干部知道怎么干、什么时候干完、干到什么程度，执行中及时纠偏、过程留痕，“马上就办、办就办好”已经成了习惯。同时，我们还有创新工作、突破工作加分制度，各处室都在谋划怎么创造性地落实上级部署、怎么更好地服务部门和基层、怎么出工作亮点，主动把工作做到“细致、精致、极致”。**三是队伍好带了。**一方面，现代管理技术和方法的应用，能够相对客观地衡量处室、干部的工作努力程度，广大干部对绩效结果服气；另一方面，充分运用绩效结果，工作干好了有面子、有位子，下一步在绩效目标奖上还要有差别，树立了正确导向。大家都普遍自觉把心思用在工作上，人与人之间、处室与处室之间比得是工作劲头、贡献大小，看重的是人品、能力和工作业绩，实现了“要我做”到“我要做”的转变，涌现出许多夙兴夜寐、激情工作的先进典型。**四是干部素质和能力提高了。**通过周记、月结、季评、年考的全过程管理，引导干部逐渐养成了良好习惯，前段时间跟一些干部沟通，大家普遍反映现在做事有条理了，轻重缓急把握的越来越到位，有的甚至已经把这套理念和方法用在家庭里。同时，绩效考评、绩效改进让干部有了明确的提升方向，能力短板在哪很清楚，可以有针对性地加强学习培训。近两年，PPP、股权投资、政府债券发行、地下水超采治理、政府购买服务、预算改革、税制改革等都是财政的新事、大事、难事，但我们的干部在短时间内掌握了工作要领，这些工作都走在全国财政系统前列，去年全厅得到上级领导肯定性批示34次。

## 二、标准化绩效管理的本质和内涵

刚才，大家观看了标准化绩效管理的介绍短片，观摩了管理流程演示，对这套管理体系已经有了初步了解。但标准化绩效管理内在的运行原理、作用机制、价值理念等，很难在这么短时间里全部直观呈现。随着探索和实践的持续深入，我们对标准化绩效管理的理解也在不断深化。个人认为，其本质和内涵主要体现在以下几个方面：

**第一，标准化绩效管理是一套激发内生动力的长效机制。**在任何一个体系或系统中，机制都起着基础性、根本性的作用。标准化绩效管理不只是一个好平台、好工具、好抓手，更是激励引导广大干部向上向善的一整套机制。经过不断的摸索和实践，目前一系列机制成果已经或者正在形成。比如，通过在改革的过程中充分发扬民主，在管理过程中强化双向沟通，形成了统一思想机制；通过明晰岗位职责和责任义务，合理分解绩效目标指标，形成了权责协调机制；通过实施计划、监控、考评和改进四环节闭环管理，周期性总结提升，形成了螺旋式持续改进机制；通过明确相对客观公正的用人标尺，规范干部选用流程，形成了科学的选人用人机制；通过全方位动态监管工作流程，把内部防范和外部监督寓于管理之中，形成了风险防控机制；通过目标明确、导向明确、预期明确、结果（运用）明确的全过程管理，激励干部自觉把上级决策变成岗位（单位）行动，持续焕发干事激情，形成了活力激发机制等等。整体来看，这套机制既包括实现组织目标的机制，又包括实现个人发展的机制，也包括形成良好环境和财政文化的机制。这些机制在日常管理中协调共振，正在广泛聚合起各种积极因素，自动发挥出越来越大的作用，成为风清气正、干事创业的源头活水，不仅激励和引导着干部职工做正确的事、正确的做事、把事做正确，而且培养他们逐渐养成良好的思维、工作和生活习惯，进而形成积极进取的价值理念和绩效文化，把个人理想落在岗位，让大家干事感到舒心，最终实现每个人的自我管理、自我提升、全面发展。

**第二，标准化绩效管理是一种凝聚集体智慧和力量的实践活动。**“管理是一种实践，其本质不在于知，而在于行。”标准化绩效管理是一种以“全员、全方位、全过程”参与为主要特征的实践活动。比如，制定办法、完善体系时，几上几下反复沟通，集思广益，深入讨论，既充分考虑组织和个人需求，又较好兼顾纵向和横向的结合；日常管理中，始终注重密切沟通、有效协调，上下级之间、同级之间共同制定绩效计划，共同开展日常管理，共同参与绩效考评，共同实施绩效改进，实现思想统一、质效提升。再比如，在团队和个人的关系处理上，既强调个人奋斗，又突出团队协作，单位绩效结果占个人绩效结果的40%，引导个人在自我管理、自我发展的同时，时刻关注团队、关注他人等等。可以说，从管理体系的整体设计，到日常执行，再到优化完善，凝结的是集体智慧，聚合的是集体力量。再深一层看，标准化绩效管理更是一种促进价值理念形成的实践活动，通过引导广大干部积极参与管理、主动设定目标、自觉审视工作、自愿提升绩效，不断明晰兢兢业业、勤勤恳恳、履职尽责、追求卓越的价值取向，激励每名干部主动而为、自觉而为，共同推动组织、团队和个人发展的共赢。

**第三，标准化绩效管理是一项强调持续改进的管理创新。**回顾改革过程，我们也遇到过不少难题和瓶颈。但我们感到，标准化绩效管理不是难在流程和操作上，有了精细化设计、信息技术支撑，流程和操作并不复杂；而是难在操作中公平和机会的把握上，比如怎么不断提高指标的精准度，怎么体现工作量大小和难易程度，怎么实现横向可比，怎么处理加分机会等，这些都是管理中的难点。实践中我们引入“五星赋值法”、责任系数、工作负荷系数、得分换算、第三方评审等一系列现代管理技术和方法，逐步有针对性地解决了这些难题。实践表明，持续改进是这套管理体系的另一重要特征，也正是其不断焕发活力的重要原因。**一方面，**标准化管理和绩效管理的有机融合，形成了一个开放的、螺旋上升的良性循环。在整个循环中，坚持过程控制、持续改进，不断深化对职责任务的认识，不断优化工作流程和落实方法，不断提升干部素质和能力，从而实现工作水平的稳步提升。**另一方面，**通过一个周期接一个周期的优化改进，管理本身也在不断完善，目前我们已经实现了管理过程和结果的相对客观公正，绩效结果对工作实际的反映，达到了“八九不离十”。同时我们也感到，管理不可能一蹴而就、一劳永逸，更难以达到绝对的客观公正，相对客观公正应该就是标准化绩效管理追求的目标，在改革初始阶段甚至只能做到不离“七八十”，这一点需要广大干部职工正确看待。

### 三、实践中的几个关键问题

标准化绩效管理是一种全新的现代管理模式，在实施过程中特别是在改革之初，可能会遇到这样那样的问题。比如，个别干部职工有抵触心理，一些中层干部对关键环节和技术方法缺乏深刻理解，一些领导干部对重要事项拿捏不当等。这些问题需要直接面对、正确把握，不然标准化绩效管理很可能做成“夹生饭”。

**（一）领导干部的信心决心恒心，这是顺利实施的前提条件。**标准化绩效管理不仅是一次管理机制和管理方式的变革，更是一次思想观念和传统习惯的改变，涉及到工作的方方面面，更触及到每个人的切身利益，需要1至2个周期才能真正规范运行，而且在推进过程中难免会有阻力、有压力、有困难。因此，这项改革能否顺利推行，不仅取决于完备的制度设计、合理的路径选择，更取决于领导干部的信心、决心和恒心。实际推行中，各级领导干部应该放眼长远，盯紧目标，一步一个脚印地扎实推进。既要敢于直面矛盾，敢于担当责任，有效化解各种阻力和压力；也要把握好节奏，在工作中和大家一道创造性地解决各种困难和问题。只有这样，才能把标准化绩效管理落到实处。

**（二）广大干部职工的思想认同，这是改革推进的重要基础。**一些干部职工存在认识上的误区、理解上的偏差，既是改革初期的常见问题，也是影响改革推进的思想根源。解决思想问题，凝聚推进合力，重点需要做好三项工作：一是加强思想引导。需要反复讲明一个道理，实施标准化绩效管理不仅仅是为了管人、约束人，更重要的是为广大干部职工搭建一个展现的舞台，让大家更加清楚自己的目标任务，更加明确自己的努力方向，更好地发挥自己的主动性、创造性。二是抓好绩效培训。标准化绩效管理对各层级干部职工要求各不相同，需要开展分层次、有重点的绩效知识和操作技能培训。比如，各级领导干部需要明白管理理念、体系架构，掌握指标审核、过程管理、纠偏改进、绩效沟通等方法；绩效员需要了解管理体系、管理流程，掌握指标编制、分配和赋值方法，还要会日常记录和绩效考评；一般干部需要了解标准化绩效管理的作用和意义，会编制指标、会周记月结等。三是共同做好日常管理。这就是前面提到的“全员、全方位、全过程”参与。要通过制度设计、绩效沟通，引导广大干部职工积极参与，还要及时了解干部职工日常遇到的困难和取得的进步，给予有针对性的帮助和鼓励，增强干部职工的自信和动力。

**（三）思维模式和工作习惯的深刻转变，这是实质性落实的关键因素。**只有广大干部职工突破惯性思维，真正学会用现代管理思维和方法谋划工作、落实工作，进而形成工作习惯，才能说标准化绩效管理得到了实质性的落实。两年多来，我们始终强调用标准化绩效管理的思维和方法抓工作，取得了明显效果。从年初制定工作要点开始，就明确每项目标任务的时间、数量、质量等要求，形成绩效指标并分解落实到处室、人头；日常工作调度、年终工作总结，都要求逐项分析绩效指标完成情况，查找存在问题，有针对性地开展绩效改进等。现在“研究指标就是研究工作，加强监控就是推动工作，绩效改进就是提升工作”在我厅已经深入人心，特别是研究指标怎么设置、怎么分解、怎么落实，已经成为每名干部职工的必修课、基本功。

**（四）关键节点和重要事项分寸的准确拿捏，这是影响管理成效的核心要点。**从我们的实践来看，同样的管理流程、同样的技术方法，不同的领导干部可能“管”出不同的结果。对各部门来讲，管理基础、职责任务、干部队伍、技术水平各不相同，更没有放之四海而皆准的管理模式。只有根据管理实际和形势变化，准确拿捏各个环节、各种技术方法的力度，才能确保管理不偏差、结果不走样。比如，指标的权重、工作负荷系数的大小、创新性和突破性工作的数量和分值等等，都需要反复权衡、反复调整，这考验的是各级领导干部的管理能力和管理艺术。还有一点比较深的感触是，在管理框架和体系设计上，既要做到科学严密，确保管理规范高效，又要有一定的弹性，为各级领导干部留下制度内的管理空间，确保实施过程中能够把握方向、掌控全局，工作开展中能够突出战略重点、树立正确导向。比如，在上级部署指标和重点指标的确定上，应由各级领导干部最终审定；再如，创新性、突破性工作要让领导干部有一定的裁量权等。

**（五）绩效结果的充分运用，这是标准化绩效管理的生命力所在。**结果不运用或者运用不充分，效果肯定会大打折扣。实践中，我们逐步建立起“位子、票子、板子、面子”四位一体的全方位激励约束机制，每年将绩效结果拉出清单（前60%）公示，并作为干部选任、年度考核、评先评优、各种奖励以及实施惩戒的重要依据，真正将绩效结果用了起来。特别是以绩效考评结果为重要依据，按照“绩效初选、民主推荐、能绩评定、党组研究”的程序，三年来先后选拔处级干部35名，不仅得到全厅干部的高度认同，激发了他们的工作积极性、主动性，也为标准化绩效管理的顺利推行提供了有力保障。

标准化绩效管理，是我们基于现代管理理念、针对现实困境进行的初步探索和实践，还有不少地方需要完善，希望大家多提宝贵意见。这次会议结束以后，我们一定认真贯彻落实赵勇副书记、桐利常务副省长重要讲话精神，以这次观摩会为契机，进一步优化完善标准化绩效管理体系，力争迈上一个新的台阶！

以上发言不妥之处，敬请批评指正。

谢谢大家！

# 标准化绩效管理流程介绍

成　军

（2016 年 6 月 29 日）

各位领导：

大家好！下面，为大家介绍标准化绩效管理体系框架及主要流程。

标准化绩效管理，是基于现代管理理念，将标准化管理和绩效管理有机融合的一种行政管理新模式。

其运行架构可以概括为 14111，即："一基础，以标准化为基础；四环节，以绩效计划、绩效监控、绩效考评、绩效改进为主要环节；一主线，以绩效沟通为主线；一支撑，以信息化为支撑；一保障，以结果应用为保障。"

**实施标准化绩效管理，首先要打牢标准化基础。**

重点包括四项内容：**一是**优化机构设置。先后对厅机关 9 个内设机构进行调整撤并，有效解决了内部职责交叉、衔接断档等问题。**二是**再造业务流程。重新对业务流程进行梳理，简并冗余环节，提高工作质效，方便部门和基层办事。**三是**完善岗责体系。按照以责设岗、因岗定标、人岗匹配的原则，全厅设立 411 个岗位，实现了岗位全部覆盖，标准规范统一。**四是**编制标准化体系文件。梳理工作任务清单，编制 470 多个作业指导书，明确每项工作的控制节点、完成标准。

实施标准化绩效管理，四环节是核心内容。

**第一个环节：制定绩效计划。**

就是将年度目标任务层层分解为可量化、可执行、可衡量的具体指标，落实到所有单位和人员，做到"千斤重担众人挑、人人头上有指标"。

在指标设定上，根据省委省政府决策部署、财政重点工作、部门职责，设定绩效目标和一级指标，逐级分解细化成单位（二级）指标和岗位（三级）指标。2016 年年初，我厅设 7 项绩效目标、52 项一级指标、1605 个二级指标、2195 个三级指标。执行中，还将上级交办事项随时纳入，实现工作任务全覆盖。

**在指标标准上，**按照"跳一跳、摘得到"的原则，依据上级要求、历史水平、同行业先进水平三个方面，从时间、质量、数量三个维度进行确定，在组织和个人预期之间找到平衡点。

**在指标赋值上，**依据对应工作的重要程度、难易程度和工作量，将指标分别确定为1至5星。

这是我厅的一条二级指标“预算编审”，可以看到指标编码、名称、释义、标准、维度、节点、依据、数据来源和承担人员等详细信息。

**第二个环节：实施绩效监控。**

就是每个单位、每名干部都在信息化平台上周记、月结，实现每项工作过程留痕，各级领导干部可以随时掌握工作进展，对出现的问题及时发现、及时提醒、及时纠偏。

**第三个环节：开展绩效考评。**

就是每季度末和年终，对照约定的标准，考核评价单位、个人工作完成情况。

**在分值设置上，**对单位采取“双千分”考评，业务工作1000分，党风廉政建设1000分；对个人采取“双百分”考评，业务工作100分，个人德勤廉100分。同时，实行创新性和突破性工作特别加分、重大失误特别扣分的制度，激励增比进位、评先创优。

**在数据来源上，**通过信息化平台直接提取绩效监控环节的过程留痕资料，统计汇总形成每项指标的绩效得分。

**在可比性上，**通过建立数学模型，运用数理统计方法，将每项指标绩效得分换算成可比的考评结果，重点衡量工作努力程度，实现不同单位、不同岗位不可比变为可比。

**在结果排队上，**单位分为业务处室、综合管理和事业单位三类，分别排队；个人按照职级排队，排名得分为单位得分的40%与个人得分60%之和。

**第四个环节：实现绩效改进。**

就是根据考评结果反映出的问题，查找工作和管理存在的不足，持续进行整改提升。

比如，**在业务方面，**去年年初我们深入研究全国预决算公开情况，查找我省存在的不足，及时修订“预决算公开”指标标准，加强日常监控，年底在财政部检查中，取得了全国第一的好成绩。

**在管理体系改进方面，**每年都广泛征求广大干部意见，优化管理流程和技术方法。2014 年，对指标赋值、负荷系数等方面进行了改进；2015 年又增加了鱼骨图分析法等。

实施标准化绩效管理，绩效沟通是贯穿全程的主线。

简单讲，就是持续不断的双向交流，贯彻于管理始终，渗透于各个环节。比如，在计划环节，进行两上两下反复沟通，形成目标共识；在监控环节，实施提醒与辅导，及时解决问题，共同努力完成工作，实现目标任务。

实施标准化绩效管理，信息化是支撑。

自主研发集标准化绩效管理、行政办公、业务办理为一体的信息化平台，实现了标准化绩效管理各环节信息化操作、过程留痕，同时从行政办公系统、业务办理系统提取数据，作为日常管理和绩效考评的重要依据，为标准化绩效管理提供大数据支撑。

实施标准化绩效管理，结果应用是保障。

建立起“位子、票子、板子、面子”四位一体的全方位激励约束机制，树立能干事的有舞台、干成事的有位置、兢兢业业有出路、老老实实不吃亏的鲜明导向。

**与位子挂钩，**主要体现在干部选拔任用和岗位交流。我厅建立了“以德为先、绩效导向、综合评价”的选人用人机制，其主要程序为：

第一步，绩效初选。根据绩效考评分值，按照选配职位数量3—5 倍的比例择优入选。其中，第一年用当年成绩；第二年用近两年的，各占 50%；第三年以后用近三年的，比例为 30%∶30%∶40%。

第二步，推荐补充。绩效初选未入围干部，民主推荐得票需高于绩效初选人员得票平均数，才能补充入围。

第三步，能级评定。将绩效成绩作为基础分数，加上资历、学历、突出贡献、特殊人才、笔试、面试、其他特殊加分项七部分加分项。根据评定结果排序，按照 1∶2 的比例确定人选。

第四步，综合评价。包括民主推荐、民意测评、酝酿等环节。其中，民主推荐按照选配数量进行推荐。

第五步，党组研究。按照 1∶1 的比例确定考察对象。

**与票子挂钩，**主要体现在评先评优奖励上，下一步还要与绩效目标奖挂钩。

**与板子挂钩，**主要体现在对连续两年排名居后或排名后移的单位和个人进行约谈。

**与面子挂钩，**主要体现在每年公示绩效结果单位同类别、个人同职级排名前60%，还将对连续三年排名居后或排名后移的单位和个人进行公示。

此外，改革一开始，我厅就成立了标准化绩效管理改革领导小组，抽调专职人员组建绩效办，并制定标准化绩效管理办法及实施细则、特别加扣分规定和结果运用等相关配套制度，为标准化绩效管理顺利实施提供了组织和制度条件。这两年，我们按照“精细化设计、便捷式操作”的思路，在健全制度体系、完善管理流程、强化信息支撑等方面又下了不少功夫，目前已基本定型。

以上是标准化绩效管理体系的简单介绍，请各位领导多提宝贵意见，谢谢大家！